Gestaltung Japanischer Gärten

Marc P. Keane

Gestaltung Japanischer Gärten

Marc P. Keane
mit Photographien von Ōhashi Haruzō
und Zeichnungen vom Autor

Verlag Eugen Ulmer

Titel der englischen Originalausgabe:
Japanese Garden Design, by Marc P. Keane
Erschienen bei Charles E. Tuttle Company, Inc.,
Rutland (Vermont) & Tokyo (Japan).

© 1996 Charles E. Tuttle Publishing Co., Inc.

Die Deutsche Bibliothek – CIP-Einheitsaufnahme

Gestaltung japanischer Gärten / Marc P. Keane.
Mit Photogr. von Ohashi Haruzo und Zeichn. vom
Autor. [Übers.: Laila G. Neubert-Mader]. – Dt. Ausg. –
Stuttgart : Ulmer, 1999
 Einheitssacht.: Japanese garden design <dt.>
 ISBN 3-8001-6671-2

Deutsche Übersetzung: Laila G. Neubert-Mader, Ettlingen

© Charles E. Tuttle Publishing Co., Inc., Tokyo
Titel der englischen Originalausgabe:
Japanese Garden Design, erschienen 1996

Das Werk einschließlich aller seiner Teile ist urheberrechtlich
geschützt. Jede Verwertung ausserhalb der engen Grenzen des Urheberrechtsgesetzes ist ohne Zustimmung des
Verlages unzulässig und strafbar. Das gilt insbesondere für
Vervielfältigungen, Übersetzungen, Mikroverfilmungen und
die Einspeicherung und Verarbeitung in elektronischen
Systemen.

Deutsche Ausgabe © 1999
Eugen Ulmer GmbH & Co.
Wollgrasweg 41, 70 599 Stuttgart
Lektorat: Hermine Tasche
Satz: Typomedia Satztechnik GmbH, Ostfildern

Printed in Singapore

Für meine Mutter,
  die mir die Schönheit der Natur zeigte,

  und für meinen Vater,
    der mich an die Natur heranführte.

INHALT

VIII   **Dank**

X   **Vorwort**

XIII   **Einführung**

KREATIVE INSPIRATION

3   **Der Geist der Götter in der Natur**
Vorgeschichtliche Ursprünge

19   **Paradiesdichtung**
Gärten der Heian Aristokratie

45   **Die Kunst der Leere**
Die Gärten des Zen-Buddhismus

67   **Der geistige Weg**
Der Teegarten

83   **Private Nischen**
Tsubo-Gärten

97   **Der Park eines Sammlers**
Wandelgärten

GESTALTUNG

117 **Gestaltungsprinzipien**

129 **Gestaltungstechniken**

145 **Gestaltungselemente**

159 **Ausblick**

162 **Fußnoten**

168 **Zeittafel**

170 **Verzeichnis der im Text erwähnten Pflanzen**

172 **Glossar**

180 **Bibliographie**

182 **Register**

DANK

Mein Dank gilt vor allem den Mitarbeitern des Verlagshauses Charles E. Tuttle Company, dass ihre Wahl auf mich fiel und sie mich bei der Arbeit an diesem Buch unterstützt haben. Professor Nakamura Hajime danke ich für die Starthilfe, die er mir in Japan gab und Wybe Kuitert für die mir erwiesene Freundschaft und seine zahlreichen verständnisvollen Hinweise, die sich sehr positiv auf dieses Buch ausgewirkt haben. Ganz besonders herzlich danke ich Kinochita Ryoichi für die nimmermüde Unterstützung. Weiterhin bin ich Monica Bethe, Richard Tanter, Tacy Apostolik, Andrew Hare und vielen anderen dafür dankbar, dass sie mir neue Welten geöffnet haben, indem sie mir ihre Bücher ausliehen. Yoshiko Mastubara verdient eine besondere Erwähnung, weil ihre Tuschezeichnungen die betreffenden Seiten verschönern. Mit ganz besonderem Dank fühle ich mich drei Menschen verbunden, ohne deren Beiträge das vorliegende Buch nicht in dieser Form zustandegekommen wäre:

Ōhashi Haruzo danke ich für seine wunderbaren Gartenphotographien. Er begann ungefähr zu der Zeit Gärten zu photographieren, als ich geboren wurde. Das Photographieren von Japanischen Gärten wurde zu seinem Lebenswerk, und er hat etwa dreißig Bücher zu diesem Thema veröffentlicht.

John Einarsen danke ich für seine Lektoratsarbeit. Er wohnt seit fünfzehn Jahren in Kyoto und ist als Herausgeber und Art Director des *Kyoto Journal* bekannt, einer hervorragenden, vierteljährlich erscheinenden Zeitschrift über Japan und Asien.

Preston L. Houser danke ich für sein Verständnis als Herausgeber. Er ist Verfasser des Buches *Invitation to Tea Gardens: Kyoto's Culture Enclosed* – Einladung in die Teegärten: Kyotos umschlossene Kultur – und der CD-ROM: *Kyoto Gardens: A Virtual Stroll Through Zen Landscapes* – Die Gärten von Kyoto: Ein virtueller Spaziergang durch die Landschaftsgärten der Zen-Kultur.

Das vorliegende Buch ist Ergebnis einer elfjährigen Untersuchungs- und Dokumentationsarbeit. Es ist unmöglich, die vielen Menschen alle namentlich aufzuführen, die mir auf meinem Weg geholfen haben: Die Fachleute, die mir ihr Wissen weitergaben und die Gärtner, die mich in ihre Welt einblicken ließen. Ihnen allen bin ich zu Dank verpflichtet.

Mein innigster Dank gilt Momoko und Kai, sie haben durch ihre Gegenwart dies alles erst lohnend gemacht.

Vorwort von Preston L. Houser

Touristen sind unersättliche Geschöpfe. Man kann zwei Grundtypen unterscheiden: Die „Pilgerfahrer" und die reinen Konsumenten, die immer eifrig suchen und „verschlingen". Täglich kommen tausende von Touristen aus allen Teilen Japans und aus den entferntesten Winkeln der Welt nach Kyoto. Sie besichtigen meistens die Tempelanlagen und die Gärten – die geheiligten Orte. Die Vertreter der Kategorie Pilgerfahrer kommen, um ein Gefühl für das künstlerische Erbe zu erhalten und möchten auf diesem Wege ihre kulturelle Identität erweitern. Sie halten sich für einen kurzen Moment in den Räumen auf, in denen zu früheren Zeiten Künstler, Adelige und Zen-Meister lebten und haben nun, da sie den gleichen „Blick" mit ihnen teilen, das Gefühl, dass dieser Besuch ihren Horizont erweitert hat.

Für die Kategorie der reinen Konsumenten hingegen ist das Reisen nur ein Prestigeobjekt. Sie „machen" New York oder den Louvre, sie tun so, als ob man eine Kultur absolvieren oder abhaken könnte, wie den Besuch eines Allerweltsortes, etwa eines Freizeitparks oder eines Shopping Centers. Die reinen Konsumenten scheinen sich in dieser Geistlosigkeit auch noch wohlzufühlen. In der Quintessenz dieses Tourismuses zeigt sich eine typische Krankheit unseres Jahrhunderts: „Da gewesen, gesehen und abgehakt".

Die meisten Touristen, die nach Kyoto kommen, sind allerdings eher der Kategorie der „Pilgerfahrer" zuzurechnen. Der Lohn ihrer weiten Reise liegt nicht nur einfach in dem Dagewesensein – jedenfalls möchten sie es nicht so sehen. Die Pilger haben Kyoto wegen seines kulturellen Reichtums und seiner Vielzahl an Sehenswürdigkeiten als Reiseziel ausgesucht – also meist wegen der Tempel und Gärten.

Die Gründer von Kyoto haben bei der Neuanlage der Stadt, der Konzeption von Straßen und Bebauungen, ein altes chinesisches Städtebausystem angewandt und die gesamte Stadt wie einen herrschaftlichen Garten konzipiert. Anders als jene Städte, die sich aus einem Militärlager entwickelt haben, wurde Kyoto bewusst nach künstlerischen Gesichtspunkten angelegt, und die im Stadtgefüge verteilten Gärten zeigen uns ein ausgeklügeltes Entwurfssystem.

In der Regel sind es idealistische Beweggründe, die den Touristen nach Kyoto führen. Man möchte an der großen Kultur Anteil haben und sei es nur für kurze Zeit. Man möchte ganz besondere Garteneindrücke mit nach Hause nehmen und auf diese Weise eine Überhöhung erleben. Deshalb ist der Tourist ein Alptraum, der einen Tempelgarten nur halbherzig betrachtet und die subtilen Qualitäten der Landschaftsgestaltung gar nicht nachvollzieht und nur das Oberflächliche aufnimmt. Doch auch die „Pilgerfahrer" laufen Gefahr, sich selber und ihre Umgebung zu betrügen, wenn sie nicht die volle Bedeutung dessen erkennen, was sie gesehen haben. Für sie ist es ein Verrat, wenn sie von einer Reise in geistiger Hinsicht mit leeren Händen nach Hause kommen. Das gleiche gilt, wenn sie nicht die gewünschten Entdeckungen machen und keine neue Weltsicht mitbringen. Deshalb ist das Nichtverstehen einer anderen Kultur eine der schlimmsten Erfahrungen, die man sich bei einer Reise vorstellen kann, obwohl sie häufig unabwendbar ist.

Der Japanische Garten verweigert sich einem schnellen und direkten Verständnis, denn er ist viel mehr als nur eine malerische Anordnung von Steinen und Gehölzen. Er beglückt unsere Sinne und fordert die Seele heraus – er ist ein erhabenes Rätsel. Wir betrachten den Japanischen Garten mit dem nagenden Gefühl, dass wir mehr verstehen könnten, wenn wir mehr wüssten. Frustriert stellen wir unsere Wissensdefizite fest. Wie wissen ja, dass wir von unserer Selbstverwirklichung schrecklich weit entfernt sind, wenn wir noch nicht einmal unsere Umwelt verstehen. Da Kunstverständnis gleichgesetzt wird mit dem Verständnis unserer eigenen Seele (und umgekehrt), haben wir zu Recht das Empfinden, dass die Nähe zum Einen uns auch an das Andere heranführt. Für viele gibt es nichts, das diese Nähe zwischen Welt und Seele besser zum Ausdruck bringt als der Japanische Garten.

Jede Kunst entsteht aus einem Zusammenspiel mehrerer Kräfte, auch wenn ein Roman oder ein Musikstück üblicherweise Ergebnis der Anstrengungen eines Einzelnen sind, aber ein Künstler ist vielfältigen Einflüssen ausgesetzt. Die meisten Künstler bestätigen, dass sie ihre Kunst der Kraft unterschiedlicher Quellen verdanken. Diejenigen, die behaupten, ihre Kunst völlig autark zu entfalten, sind Lügner. Heutzutage wird diese simple Wahrheit häufig unter einem Berg von Lobhudelei begraben, mit dem ein künstlerisches Talent oft überschüttet wird. Selbst bei der Beurteilung der japanischen Gartenkunst lässt sich immer wieder der Wunsch feststellen, die Gestaltung eines Gartens einem bestimmten Künstler zuzuordnen. Dieser Garten wurde von Soami, jener von Enshu Kobori entworfen. Es scheint, als ob wir unbedingt eine Person als Repräsentant einer Epoche oder Strömung sehen wollen. Wir tun so, als ob dies möglich wäre und halten es für wünschenswert. Aber Gartenkunstwerke sind eher mit epischen Dichtungen vergleichbar als mit Romanen. Oft genug haben viele Generationen von Planern und Künstlern zur Komposition eines Gartenkunstwerkes beigetragen. Ebenso wie die Bibel, die *Odyssee* oder das *Mahabharata*, ist der Japanische Garten die Essenz, das Produkt vieler Hände, vieler Herzen und vieler Generationen. Epische Dichtungen und Japanische Gärten bieten eher einen Einblick in die Größe menschlichen Geistes, als dies bei den Werken einzelner Künstlerpersönlichkeiten möglich ist. Deshalb stellt der Gärtner die Ehre des Gartens über die Ehre seiner eigenen Persönlichkeit und trägt auf diese Weise zur Unsterblichkeit des Kunstwerkes bei, an der alle Mitwirkenden ihren Anteil haben.

Als Garten- und Landschaftsarchitekt und als Dozent geht es dem Autor Marc Keane weniger um Spekulationen darüber, wer im einzelnen für welchen Gartenstil federführend war. Er möchte vielmehr aus den Gartenkunstwerken die einzelnen Gestaltungsabsichten herauslesen. Mit dieser Verschiebung der Schwerpunkte schafft Keane eine Verbindung zu unserem eigenen Kulturgut, und bringt eine bestimmte „Sehweise" zum Ausdruck. Damit schärft er auch die Wertschätzung dessen, was wir sehen.

Wir dürfen nicht vergessen, Gärten sind wie ihre entfernten Verwandten, die Freizeitparks, künstliche Anlagen, weil sie nicht von Natur aus gewachsen, sondern geplant sind. Die Wirklichkeit eines Gartens gehört zu einer anderen Welt. Es sind andere Gründe, die uns zu einem Gartenbesuch bewegen, als die, die uns veranlassen, eine Wanderung zu machen oder einen Campingurlaub. Der Gartenbesucher nimmt an einer künstlerischen Inszenierung teil, die häufig auf symbolische Weise eine tiefere psychologische Realität beinhaltet, als unsere tagtägliche Erfahrung sie bietet. Das ist das Paradoxon jeder Kunst. Ein Garten mag ein künstliches Gebilde sein, aber die Wahrheiten, die er ausdrückt, sind ebenso real wie die des Hamlet, des Don Quichote oder des Doktor Faust. Wie die Figuren der Literatur so spricht auch der Garten zu uns, allerdings in einer Bildersprache: Ozeane, Berge, Flüsse, Wasserfälle, Schildkröten, Kraniche. Gartengestalter benutzen diese kulturellen Embleme, um eine Raum-Skulptur zu schaffen. So wird der Garten zu einer Art Anthologie symbolischer Bilder und Muster. Allerdings muss man lernen, die Bilder eines Gartens zu lesen, ebenso wie man lernen muss, die Charaktereigenschaften einer literarischen Gestalt dem Text zu entnehmen.

Auf den folgenden Seiten zeigt Marc Peter Keane, wie diese kulturell verankerten Sinnbilder in der Entwicklung des japanischen Gartens eingesetzt wurden. So haben zum Beispiel die Adeligen am Hofe von Heian in Ermangelung eines Fernsehbildschirms eine Art der visuellen Unterhaltung entwickelt, die unseren heutigen Videoprojektionen gar nicht so unähnlich ist. Man saß in einem eigens dafür konzipierten Raum und blickte hinaus in den Garten. Dieser beschwor Bilder herauf – meist aus der chinesischen Mythologie und Literatur – und manchmal wurde die Szenerie musikalisch oder durch die Rezitation eines Gedichtes untermalt. Nach einer gewissen Zeit, als man sich nicht mehr nur mit einem unveränderlichen Betrachterplatz zufrieden geben wollte, sind die Menschen in den Garten hinausgegangen und traten mit den Bildern in eine Art Interaktion – zuerst vom Boot aus und dann, indem sie durch den Garten wandelten, um so die optimale visuelle Wirkung zu erleben. Die Adeligen fügten sich in die Gartenszenerie ein und zwar in einer Art und Weise, wie es heute noch bei keinem interaktiven Computerspiel möglich ist. Für die Menschen jener Zeit bedeutete der Schritt in den Garten ein Eindringen in einen Mythos, in dem man eine aktive Rolle übernahm. Heutige Touristen, die für einen Moment in die Rolle der Adeligen schlüpfen, können das gleiche tun; tatsächlich behaupten ja Psychoanalytiker aus der Schule von C. G. Jung, dass wir seit Urzeiten genau dies tun.

In unserer heutigen Zeit werden wir ständig daran erinnert, dass wir in einer materiellen Welt leben. Gärten sind die schönste Darstellung unserer materiellen Welt. Sie stehen im Gegensatz zu den unsichtbaren, ideologischen Welten von Nirwana, des Himmels, der Hölle oder von Cyberspace. Marc Peter Keane zeigt uns, in welchem Maße ein Garten zur Erweiterung unserer Gesellschaft, unseres Planeten wird, und dann zeigt er uns umgekehrt, wie der Garten zur Metapher unserer innersten Gedanken wird. Das vorliegende Buch ist Ergebnis jahrelanger sorgfältiger Studien und einer intensiven Auseinandersetzung mit der japanischen Gartenkunst. Marc Peter Keane gelingt es, mit diesem Buch Kenntnisse im ursprünglichen Sinne des Wortes zu vermitteln – er schafft eine kultivierte Vertrautheit mit dem Japanischen Garten. Was wir als Leser und „Pilgerfahrer" schließlich lernen ist folgendes: Der Garten bringt das Muster einer kollektiven psychischen Energie zum Ausdruck. Das Erkennen dieses Musters versetzt uns in die Lage, an nichts Unbedeutenderem als an einem geistigen Paradiestanz teilzunehmen.

Gegen Ende seines Lebens erkannte der amerikanische Dichter Ezra Pound, der sich mit dichterischen und politischen Ideologien gleichermaßen auseinandersetzte, dass es unmöglich ist, hier auf Erden das Paradies nachzubilden. In einem seiner letzten Gesänge schreibt er: „Lasst den Wind sprechen. Das ist das Paradies". Der Gestalter des Japanischen Gartens schafft wie der Dichter eine Bühne, wo der Wind sprechen kann; und zu unserem Entzücken stellen wir fest, dass der Wind Worte hat. Indem wir zuhören, nehmen wir Anteil an etwas Höherem als nur an einer netten Gartenszene; wir erleben unsere eigene Unsterblichkeit. Mit seinem Werk *Gestaltung Japanischer Gärten* stellt uns Marc Keane ein etymologisches Wörterbuch, eine Grammatik und ein Lexikon zur Verfügung, mit dessen Hilfe wir entziffern können, was der Wind uns sagen will.

Einführung

von Marc P. Keane

Rückblickend stelle ich fest, dass das vorliegende Buch seinen Anfang in einem anderen Buche hat – genauer gesagt handelte es sich dabei um sechs schmale Bände, die sorgfältig in einem mit Leinen bezogenen Kästchen lagen, das mit niedlichen kleinen Elfenbeinstäbchen verschlossen wurde. Es waren Bücher mit japanischen Kindergeschichten, die um die Jahrhundertwende erschienen waren, und dies sogar auf Englisch. Sie gehörten zu einer Buchserie mit Namen *chirimen-bon* und waren von einem Privatmann aus Tokio, Takejiro Hasegawa, verlegt worden. Er wollte die japanische Kultur der ganzen Welt zugänglich machen. Ein Satz dieser Bücher gelangte durch meinen Vater auf meinen Nachttisch. Er hatte sie unmittelbar nach dem Zweiten Weltkrieg aus Japan mitgebracht.

Die Bände enthielten alle klassischen Erzählungen: „Momotaro", die Heldentaten eines jungen Mannes und seiner Gefährten; „Der Spatz mit der abgeschnittenen Zunge", eine Geschichte, die uns lehrt, dass die Guten und die Bösen jeweils ihren gerechten Lohn empfangen und „Der alte Mann, der die Bäume zum Blühen brachte", die hinreißende Geschichte von einem alten Mann, der aus dem Nichts größte Schönheit schuf. Aber es waren gar nicht so sehr die Geschichten, die mich beeindruckten, es waren die Bücher selbst und die Art und Weise, wie sie sich anfühlten. Sie waren auf *chirimen*-Papier gedruckt – eine knitterige Mischung aus Japanpapier und Seide. Die Bücher waren trotz ihres Alters immer noch angenehm geschmeidig, wenn man sie anfasste. Jedes Buch war sorgfältig von Hand fadengeheftet und gebunden, und so wiesen die Bände eine Qualität auf, die mir damals unbekannt war. Die Farbgebung und die Ausgewogenheit der Darstellungen, die Textur der Seiten und ihre sorgfältige Verpackung, weckten in mir die erste Ahnung für eine neue, bis dahin unbekannte Ästhetik. Damals habe ich allerdings noch nicht solche Überlegungen angestellt. Aber es war ein Samenkorn gesät und nun, da ich in Ruhe darüber nachdenke, werde ich mir darüber klar, wie dieses mächtige Samenkorn Wurzeln geschlagen hat und aufgegangen ist.

Diese Bücher haben mich nach Japan geführt. Dort entdeckte ich dann die gleichen ästhetischen Vorstellungen, die ich aus den Büchern kannte, in den Gärten. Das war meine erste Lektion: Die Kräfte, die die Kultur einer Gesellschaft gestalten, sind auf sehr komplexe Art und Weise miteinander verwoben, und die Ästhetik, die in einem kulturellen Bereich zum Ausdruck kommt, findet man ebenso auf allen anderen Gebieten. Ich stellte fest, dass die Beschäftigung mit dem Garten eine Steigerung erfahren kann, wenn man ein Stück des Noh-Theaters ansieht, der Melodie einer *shakuhachi*-Flöte zuhört und auch, wenn man japanische Speisen zu sich nimmt.

In meiner zweiten Lektion lernte ich, dass es nicht „den" Japanischen Garten gibt. Im Laufe einer 1 500jährigen Entwicklung ließen sich die Menschen von den verschiedenartigsten Ereignissen – einer neuen Religion oder Philosophie oder durch einen Wandel der gesellschaftlichen Struktur – zur Gestaltung unterschiedlicher Gärten inspirieren. Wenn wir diese Perioden der kreativen Inspiration genauer betrachten, finden wir Hinweise darauf, was ein Garten ist – nicht nur, was historisch gesehen den japanischen Garten so einzigartig macht, sondern wir erkennen auch eine Essenz für die heutigen Gartengestalter.

Dann folgten zehn Jahre, in denen ich Gärten in Japan geplant und mit vielen Gärtnern gesprochen habe. Dabei entwickelte ich ein *Gefühl* für die Gestaltung der Japanischen Gärten – die ästhetischen Vorstellungen, den Rhythmus und die Balance, die Strukturen, die den Felsen und den sorgfältig beschnittenen Kiefern zugrunde liegen. Dies wird die letzte Lektion sein, die ich mit Hilfe des vorliegenden Buches vermitteln möchte: Es gibt etwas wesentlicheres als die Materialien eines Gartens – das Wesen des Gartens liegt in der Art und Weise, *wie* er gestaltet und nicht *woraus* er gestaltet ist.

KREATIVE INSPIRATION

Die japanische Kunst, einschließlich der Gartenkunst, hat sich über einen Zeitraum von etwa tausend Jahren entwickelt. Trotz dieser langen, kontinuierlichen Geschichte gab es gewiss zu bestimmten Zeiten dramatische Verschiebungen. Zu diesen Zeiten bewirkte das Zusammenspiel vielschichtiger Veränderungen innerhalb der Gesellschaft, der Politik, der Religion, der Architektur und im Schönheitsempfinden einen Aufschwung der Kultur. Unter dem Einfluss dieser Veränderungen wurden die Gartengestalter dazu inspiriert, neue Formen der Gartenkunst zu schaffen und – was noch wichtiger ist – neue Wahrnehmungen dafür zu entwickeln, was das Wesen eines Gartens ist – Wahrnehmungen, durch die wir Inspirationen für unsere eigene Entwurfsarbeit beziehen können.

Der Geist der Götter in der Natur

Vorgeschichtliche Ursprünge

Gärten sind Ausdruck unserer Beziehung zur Natur. Beginnend in vorgeschichtlichen Epochen entwickelte sich diese Beziehung im Laufe der Geschichte in zunehmend geistiger, ästhetischer und verstandesmäßiger Weise. Möglicherweise führte das gesteigerte Bewusstsein zu Formen der Gartengestaltung, mit denen die Künstler eine idealisierte Sicht der Natur und unsere Stellung in der Natur zum Ausdruck brachten. Deswegen müssen wir, um den Japanischen Garten zu verstehen, erst einmal auf das Land schauen und auf die Menschen, die es zuerst besiedelten.

Links: Berge und Wasser – der Inbegriff des Japanischen Gartens.

Unten: Eine kleine Figur aus der Jōmon-Zeit.

Der vulkanische Halbmond

DAS LAND

Die sichelförmige Inselgruppe des japanischen Archipels zwischen Hokkaido und Kyushu, einschließlich der Ausläufer der Ryukyu Inseln, befindet sich am östlichen Rand der tektonischen Platte des asiatischen Kontinents. Weil die unter dem pazifischen Ozean liegende Platte sich unter die Kontinentalplatte schiebt, verwandeln sich die Gesteinsmassen durch den enormen Druck zu Magma, das gewaltsam nach oben entweicht und im Laufe der Erdgeschichte die vulkanischen Gebirge hervorgebracht hat, die Japans Rückgrat bilden. Von weltweit ungefähr 850 tätigen Vulkanen befinden sich etwa fünfzig allein in Japan.[1] Fünfundsiebzig Prozent der japanischen Landmasse besteht aus Gebirgslandschaften (mit mehr als fünfzehn Prozent Gefälle); der Rest besteht hauptsächlich aus engen Gebirgstälern und Küstenstreifen. Die natürlichen Einschränkungen der Landschaft trugen wesentlich zur Entwicklung der japanischen Gesellschaft bei. Hinsichtlich der Gartenkunst kann man sagen, dass das erste prototypische Bild für den Garten von der geomorphologischen Struktur Japans abgeleitet wurde. Kurz gesagt: Das Bild der unvermittelt aus dem Meer emporsteigenden Berge.

Durch das Absinken des Meeresspiegels während der letzten Eiszeit bildeten sich Landbrücken, die die japanischen Inseln mit dem Festland verbanden. Es enstanden zwei Verbindungsrouten: Im Süden von Kyushu zur koreanischen Halbinsel und nach China; im Norden führte eine Verbindungsroute über die heutige Insel Sachalin zum Festland. Damals bildete das Japanische Meer ein großes abgeschlossenes Becken. Den Tieren, die über diese Landbrücken zogen, folgten die Menschen und besiedelten das Land. Eine allgemeine Erwärmungsphase, die etwa um 10.000 v. Chr. begann, veränderte die Geographie des Archipels. Die flacheren Küstenzonen wurden von dem geschmolzenen Gletscherwasser überspült, und so entstand aus der ehemals langgestreckten Halbinsel eine Inselkette. Warme Gewässer und vom Regen schwere Winde drangen von Süden vor und hauchten den Inseln neues Leben ein – Laubwälder im Norden und immergrüne Wälder im Süden. Neuere Untersuchungen von Samen, die man bei archäologischen Ausgrabungen gefunden hatte zeigten, dass es auch weite Wiesenlandschaften gab. Zu jener Zeit entstand das ökologische System mit seiner reichen und vielfältigen Flora, wie wir es heute kennen.

Die von engen Tälern geprägte Landschaft war in vielerlei Beziehungen wichtig für die Entwicklung der japanischen Kultur.

JŌMON • YAYOI

Deutlich zu erkennendes Kordelmuster auf einem Gefäß aus der Jōmon-Zeit. National Museum Kyoto.

Die Menschen

Nach der Eiszeit begann die Jōmon-Periode (10 000 bis 300 v.Chr.), deren charakteristisches Merkmal Töpferarbeiten sind. Diese technische Neuerung ist wahrscheinlich aus China oder Korea nach Japan eingeführt worden, manche gehen aber auch davon aus, dass sich die Töpferkunst in Japan unabhängig entwickelt hat. Jōmon bedeutet wörtlich „Kordelmuster" und bezieht sich auf typische Muster der Töpferarbeiten aus dieser Zeit.

In der frühen Jōmon-Zeit lebten die Menschen als Jäger und Sammler in den Gebirgsregionen. Mit zunehmend wärmerem Klima konnten sich die Menschen leicht mit Schalentieren, Fischen und Algen von dem – erdgeschichtlich – erst vor kurzer Zeit überflutetem Kontinentalschelf versorgen. So verlagerten sich die Siedlungsgebiete in die Küstenregionen. Die großen Mengen weggeworfener Muschelschalen, die man bei Siedlungsausgrabungen gefunden hat, weisen auf die Bedeutung von Meerestieren und -pflanzen im Nahrungsangebot hin. Neuere archäologische Funde deuten auf primitive Formen der Landwirtschaft mit Brandrodung hin. Man glaubt auch, dass im Landesinneren Getreide und Wild weiterhin wichtige Nahrungsmittel waren. Diese Lebensverhältnisse bestanden fast unverändert bis zum dritten Jahrhundert v. Chr.

Die nächste bedeutende vorgeschichtliche Epoche ist die Yayoi-Zeit (300 v.Chr. bis 300 n.Chr.). Sie ist nach einem Ort in der Nähe von Tokio benannt, wo man zum ersten Mal die sogenannten Yayoi-Töpferwaren entdeckte. Das Merkmal dieser Epoche ist die Perfektionierung des Wasserreisanbaus und der Wandel einer Gesellschaft von Jägern und Sammlern zu einer Agrargesellschaft.[2] Die neuen Ackerbaumethoden wurden auf Kyushu eingeführt und verbreiteten sich von dort aus innerhalb weniger Jahrhunderte. Das Auftauchen von Bronzegegenständen und der ersten Werkzeuge aus Eisen, weisen zusammen mit den neuen Ackerbaumethoden auf einen starken kulturellen Einfluss des asiatischen Kontinents hin. Es fand damals eine neue Völkerwanderung statt, die allerdings mit Booten über das Meer erfolgte. Die heutige japanische Kultur entstand aus einer Überlagerung der Kulturen der Ureinwohner und der Einwanderer dieser Zeit. Die Siedlungen der frühen Yayoi-Zeit befanden sich im Flachland, in der Nähe von Sumpfgebieten, wo sich ideale Voraussetzungen für die Anlage von Reisfeldern boten, ohne dass aufwendige Bewässerungssysteme notwendig waren. Gegen Ende dieser Epoche hatten sich die Ackeranbautechniken soweit entwickelt, dass auch die Hochlandtäler bewirtschaftet werden konnten. Bis zum zweiten Jahrhundert v.Chr. hatte sich die Yayoi-Kultur bis in den Norden der heutigen Provinz Honshu ausgebreitet. Viele der Sitten und Gebräuche, die das Leben der Japaner bis zur Mitte dieses Jahrhunderts bestimmten, haben ihre Wurzeln in der bäuerlichen Gesellschaft der Yayoi-Zeit.

Ein Dorf aus der Yayoi-Zeit, als die Entwicklung der Landwirtschaft begann.

VORGESCHICHTLICHE URSPRÜNGE

Die Ursprünge der Gartenkunst

Der Garten als hochentwickelte Kunstform wurde im sechsten oder siebten Jahrhundert v.Chr. aus China oder Korea eingeführt. Unabhängig davon können verschiedene Aspekte der japanischen Gartengestaltung bis in prähistorische Zeiten zurückverfolgt werden. Ein Aspekt, der sich über die Jahrhunderte entwickelt hat, ist das Gleichgewicht von natürlicher und künstlicher Schönheit – ein Leitprinzip, das die künstlerische Grundlage aller Japanischen Gärten bildet. Diese Art des Schönheitsempfindens entstand aus den kulturellen Übergangsphasen während der Jōmon- und der Yayoi-Zeit, als sich in Japan eine bäuerliche Gesellschaft entwickelte. Dieser Übergang lässt sich etymologisch in den beiden geläufigsten Begriffen für Garten *niwa* und *sono* nachweisen.[3]

NIWA

In der Jōmon-Zeit entwickelte sich eine architektonische Urform – ein strohgedecktes Dach über einer flachen Grube. Ganze Siedlungen waren so angelegt. Von hier zogen die Menschen der Jōmon-Zeit aus, um entlang der Küste und im Landesinnern nach Nahrung zu suchen. Sie waren keine ausgesprochenen Nomaden, wie die Existenz fester Siedlungen zeigt, aber man kann davon ausgehen, dass sie auf der Suche nach Nahrung und Werkstoffen in weitem Umkreis umherzogen. Obgleich es keine schriftlichen Aufzeichnungen aus jener Zeit gibt, können wir annehmen, dass der für diese ausgedehnten Bezirke verwendete Begriff *niwa* war. Jedenfalls lässt sich dieses Wort durch die Zeiten zurückverfolgen.

Das älteste schriftliche Dokument, das den Begriff niwa enthält, ist die *Man'yōshū*, eine Gedichtesammlung aus dem achten Jahrhundert n.Chr., in der das Wort niwa im Zusammenhang mit der weiten, offenen See und den Fischgründen verwendet wird.

Links: Aufgrund ihrer besonderen Merkmale und ihrer gesamten Atmosphäre sind Orte wie dieser Wasserfall geweihte Stätten. Yōrōnotaki, Gifu

Rechts: Die zerklüfteten Felsen an der japanischen Küste waren oft eine Quelle der Inspiration für die mit Felsenblöcken gestalteten Uferbereiche der Teichgärten. Küste bei Tosa

Kreative Inspiration

*kehi no umi no
niwa yoku arashi
karikoma no
midarete izumiyu
ama no tsuribune.*[5]

*Die Fischgründe bei Kehi
müssen heute ihre Schätze hergeben;
auf den Wellen verstreut,
umhertreibend wie frischgeschnittenes Schilf,
kann ich die Fischerboote sehen.* [4]

Der Begriff für die Jagdreviere *kari-niwa* hat den gleichen etymologischen Ursprung, ebenso wie Orte, an denen etwas stattfindet wie zum Beispiel *sa-niwa* oder die gereinigten Orte für das Gebet *yu-niwa*. Im Mittelalter benutzten fahrende Sänger und Schauspieler das Wort niwa, um den Bereich ihres Auftritts zu bezeichnen, dabei bestand weiterhin die Konnotation eines Reviers oder Gebietes.[6] Heutzutage gibt es noch den Begriff *uri-niwa* – Verkaufsfläche – wo heutige „Sammler" Krawatten und Anzüge kaufen. Mit niwa bezeichnete man auch ein Stück Land ohne Besitzer, im Unterschied etwa zum Begriff Territorium, mit dem ein genau umrissenes Stück Land mit klaren Besitzverhältnissen gemeint ist. Man kann sich gut vorstellen, dass bis zur Einführung der Landwirtschaft, die sich die Natur zum Wohle des Menschen unterwarf, Menschenwelt und Naturwelt nicht getrennt voneinander wahrgenommen wurden. Die Jōmon-Zeit, eine vor-agrarische Epoche, erlebte die Welt noch vollständig als Einheit. Unter diesem Aspekt betrachtet bezeichnet das Wort niwa auch die Menschen als inhärenten und untrennbaren Teil der Natur.

Dieses Bergdorf zeigt, wie die Landschaft durch die Landwirtschaft eine neue Gestalt bekommt.

SONO

Durch die Einführung und Entwicklung des Wasserreisanbaus während der Yayoi-Zeit wurde das Verhältnis zwischen Mensch und Natur unwiderruflich verändert. Der Wasserreisanbau verlangte, weit mehr als andere Getreidekulturen, gravierende Eingriffe in die Landschaftsgestalt. Innerhalb relativ kurzer Zeit veränderte sich die Landschaft in dem Maße, wie Land in der Umgebung der Siedlungen für den Ackerbau urbar gemacht wurde. Die Gärten, in denen Arzneikräuter gezogen wurden, die Parzellen, wo die Feldfrüchte wuchsen, die Tierpferche und die Reisfelder waren alle neugestaltete agrarische Landschaften, die anfangs sogar die gleiche Bezeichnung trugen – *sono*.[7] Ein Beispiel für die frühe Verwendung dieses Wortes findet man ebenfalls in der *man'yōshū*, wo es sich auf einen „Garten" mit Pflaumenbäumen bezieht.

ume no hana
ima sakeru goto
chiri sugizu
waga e no sono ni
arikosenu kamo[8]

Ich möchte die Pflaumenblüten
immer in meinem Garten haben
sie dürfen niemals herabfallen
wie diese, die jetzt vor mir blühen.[9]

Sono kann mit Feld- oder Weidelandschaft übersetzt werden und bedeutet in diesem Zusammenhang Beherrschung der Natur durch den Menschen – ist also die Antithese von niwa.

TEIEN

Heute werden im Japanischen beide Worte, sowohl niwa als auch sono als Bezeichnung für Garten benutzt. Es ist bemerkenswert, dass man aus beiden Begriffen auch ein zusammengesetztes Substantiv bilden kann, das nicht nur die Bedeutung von Garten hat, sondern auch zusammenfassend ein Leitmotiv für Gartengestaltung ausdrückt – das Gleichgewicht von der Schönheit der Natur und der vom Menschen geschaffenen Schönheit. Fast alle Worte der japanischen Sprache werden, je nach dem Kontext, unterschiedlich ausgesprochen. Dies ist auch bei niwa und sono der Fall. Eine Aussprache ist die alte japanische; die andere ist eine Annäherung an die chinesische, welche mit der Schriftsprache im sechsten Jahrhundert n. Chr. nach Japan kam. Wenn zwei oder mehr Schriftzeichen verwendet werden, um einen einfachen Zusammenhang auszudrücken, wird normalerweise die chinesische Aussprache verwendet. Niwa kann *Tei* und sono kann *En* ausgesprochen werden. Wenn beide Wörter zusammengeschrieben werden, lautet der Begriff nicht etwa niwa-sono, sondern wird *teien* („tay-ehn") ausgesprochen. Obgleich es mehrere Begriffe im Japanischen gibt, die soviel wie Garten bedeuten *(niwa, niwa-saki, sono, teien, sentei, senzai, sansui, chisen, gyoen)*, ist teien doch der am häufigsten verwendete Begriff.

Schriftzeichen	庭	園
„chinesische" Aussprache	TEI	EN
japanische Aussprache	*niwa*	*sono*
ursprüngliche Bedeutung	Territorium (freie Natur)	umgrenzte Felder (gestaltete Natur)

Obgleich die ursprüngliche Bedeutung in dem modernen Begriff zum Teil verloren gegangen ist, beinhaltet teien zwei Gegensätze – *ungestaltete Natur* und *gestaltete Natur*. Die außerordentlich feine Balance dieser beiden grundlegenden Qualitäten verleiht dem japanischen Garten seine universale Bedeutung. Wenn man still auf der Veranda eines Tempels sitzt und in das Licht des Gartens schaut, kann man immer noch die Sinneswelt der Jōmon-Zeit nachempfinden, obgleich sie durch das Eingreifen und die Kunstfertigkeit der Gärtner zu einem geistigen, ästhetischen und sogar zu einem intellektuellen Ausdruck umgewandelt worden ist.

Steine und Teiche

Ein weiterer Aspekt der japanischen Gartengestaltung, der sich bis in vorgeschichtliche Zeiten zurückverfolgen lässt, ist die Verwendung von Steinen und Teichen. Dies sind zwei fundamentale Gestaltungselemente, die ihren Ursprung – mehr als tausend Jahre vor den ersten Gärten – in der Anlage heiliger Orte haben. Die ursprüngliche Religion in Japan, die heute Shintō genannt wird, ist eine animistische Religion.[10] *Die Chronik Japans (Nihongi)* ist eine Dokumentation der Geschichte Japans, die im frühen achten Jahrhundert zusammengestellt wurde. In ihr wird die Periode des frühesten Altertums als die Zeit beschrieben, in der Felsen und Pflanzen menschliche Eigenschaften besaßen. Folgende Textpassagen lassen dies deutlich werden: „Selbst die Felsen, Bäume und Kräuter neigten zur Gewalt", oder „es gab auch Bäume und Pflanzen, die sprechen konnten".[11]

Steine und Teiche in den japanischen Gärten stehen in Verbindung mit alten animistischen Religionspraktiken. Nach einer bestimmten Interpretation kann man die alten japanischen Gottheiten, *kami* genannt, in zwei Gruppen unterteilen, diejenigen, die von oben kommen, die *amakudaru kami* und die kami, die über das Meer gekommen sind, die *tōrai kami*.[12] In der Frühzeit gab es keine religiösen Kultbauten, keine Schreine oder Tempelbauten, nur die Natur. Man glaubte – und viele glauben es noch heute – dass bestimmte Orte in der Naturlandschaft wegen ihrer besonderen Atmosphäre von den Göttern als Wohnstätten bevorzugt würden. Inseln, Wasserfälle, große alte Bäume oder auffällige Felsblöcke, die aus der freien Landschaft oder dem Meer herausragen, waren solche Orte. Um mit den Gottheiten in Verbindung zu treten, zu ihnen zu beten, sie zu beschwichtigen und ihre Gunst zu erlangen, wurden an diesen Orten in der Natur, „wo die Geister wohnen" heilige Orte geschaffen. Nach dem gleichen Verständnis, nach dem die Gottheiten in zwei Gruppen eingeteilt sind, wird auch bei den heiligen Orten nach zwei Kategorien unterschieden: Heilige Steine sind den von oben kommenden Göttern gewidmet und heilige Teiche den aus der Tiefe des Meeres kommenden. Ob diese Deutung zutrifft, können wir nicht prüfen, aber die heiligen Steine, *iwa-kura* genannt, und die heiligen Teiche, *kami-ike*, bestehen bis heute.

IWAKURA

Die iwa-kura (geschrieben wird dieser Ausdruck wie „Felsensitz" in dem Begriff „Sitz der Götter") findet man in ganz Japan. Sie liegen in den Bergen in der Nähe von Städten oder Dörfern an verborgenen Plätzen. Die Völker des Altertums bezeichneten und reinigten den Bereich um die iwa-kura, um den kami ihren Respekt zu bezeugen. Sie bezeichneten den Ort, indem sie Strohseile um ihn legten (*shime-nawa*), und sie reinigten ihn, indem sie den Platz von Bewuchs

Iwakura: *Steine, die als der Sitz der Götter verstanden werden.*
Achi Jinja, Okayama

◆ DIE ENTWERFER

DIE ERSTEN GÄRTNER

Während der Asuka-Zeit (552 bis 710 n.Chr.) und der Nara-Zeit (710 bis 794 n.Chr.) bestanden rege Kontakte mit Korea und China, die dazu führten, dass deren Religion und Kultur vom asiatischen Kontinent nach Japan gelangten und dort ohne große Veränderung übernommen wurden. Viele Handwerker und Gelehrte wurden nach Japan eingeladen oder kamen auf eigene Faust, um hier ihr Glück zu versuchen. Es gab bedeutende koreanische Gemeinden in Japan, und man kann davon ausgehen, dass auch Freunde und Verwandte folgten und sich ebenfalls dort niederließen.[15] Wenn man bedenkt, dass die Kulturen Chinas und Koreas zur Asuka und zur Nara-Zeit viel weiter entwickelt waren als die japanische Kultur, ist es nur verständlich, dass die ersten Gartenanlagen in Japan von ausländischen Handwerkern für die japanischen Auftraggeber, besonders für die kaiserliche Familie oder andere mächtige Familien, angelegt wurden. Einer dieser Handwerker war der koreanische Einwanderer Michiko Takumi, über den in der „Chronik Japans" vermerkt ist, dass er zu Beginn des siebten Jahrhunderts n.Chr. in Japan einen Garten angelegt hat.

Es gab auch Japaner, die sich für Gartengestaltung interessierten und die Arbeiten bei der Anlage des eigenen Gartens geleitet haben, wie zum Beispiel Soga no Umako und Otomo Tabito. Umako ließ in seinem Garten einen Teich mit einer Insel anlegen. Damit machte er einen so starken Eindruck auf seine Umgebung, dass man ihm den Titel Minister der Insel verlieh. Tabito war ein berühmter Dichter, und sein Werk ist größtenteils Bestandteil der Man'yōshū-Gedichtesammlung. Er legte gemeinsam mit seiner Frau einen Garten an, der in vielen seiner Gedichte eine bedeutende Stellung einnimmt.

---

freihielten. Später ging man dann dazu über, den geheiligten Bezirk mit Sand oder auch mit weißem Kies auszulegen.[13] Der auf diese Weise abgegrenzte Bereich wurde *kekkai* genannt und bezeichnete die „Grenzzone" zwischen der säkularen Welt und der Welt der Götter. Wenn nun der Ort gebührend vorbereitet war, konnte man mit den Gebeten beginnen.

Zunächst waren die Iwa-kura natürliche, unbearbeitete Steine. In der Weiterentwicklung der Religionspraktiken wurden die Steine aufrecht gestellt und markierten dadurch rituelle Orte. Zu diesen künstlichen Konstruktionen gehören auch *iwa-saka* und „Steinkreise". Um eine iwa-saka, eine „Grenze zu den Göttern" zu schaffen, wurden zwei gleiche Felsen so nebeneinander gestellt, dass sie eine Spalte oder einen Schlitz offen ließen und so in abstrahierender Form das weibliche Geschlechtsteil nachbildeten. „Steinkreise" wurden aus flach liegenden, säulenförmigen Steinen angelegt, die in einem großen Kreis einen zentralen Stein umschlossen. Diese Steinkreise markieren einen heiligen Ort, so wie es shime-nawa tun. Um iwa-saka und Steinkreise zu bauen, bedurfte es eines geistigen Einsatzes und handwerklichen Könnens. Diese Art Steine als Hilfsmittel zu benutzen, um mit den Göttern in Verbindung zu treten, ist Ausdruck einer späteren Entwicklung.[14]

KAMI-IKE

Die Wasserquellen, die die Teiche, kami-ike, speisten, scheinen meist natürlichen Ursprungs gewesen zu sein. „Wasser ist Leben", also ist Quellwasser gleichbedeutend mit der Quelle des Lebens an sich. Folgt man dieser Auslegung, dann ist der kami-ike ein Schrein für die Götter, die in dieser Quelle wohnen. Außerdem kann man die kami-ike als Schreine für die tōrai-kami ansehen, die Götter, die von jenseits des Meeres kamen. Es würde durchaus mit dem pantheistischen Wesen der Shintō-Religion übereinstimmen, wenn beide Erklärungen sich als zutreffend erwiesen. Man glaubte, dass die Götter, die über das Meer gekommen waren, ihren Wohnsitz auf Inseln nahmen, die man als *haha-guni*, Mutterland oder Land der Vorfahren, bezeichnete. Traditionell gibt es bei dieser Inselgruppierung drei Inseln, mit je einer eigenen Hauptgöttin. Möglicherweise haben die Menschen der Vorzeit dieses Bild neu geschaffen, indem sie Inseln in die Teiche bauten. Es ist allerdings ungewiss, inwieweit diese Teiche natürlich oder vom Menschen geschaffen waren. Es ist am wahrscheinlichsten, dass man für Schaffung eines kami-ike bereits vorhandene Teiche nutzte, sie tiefer aushob und die Inseln in ihrer Mitte hinzufügte. Im Laufe der Zeit baute man auf den Inseln Schreine, um die Götter zu verehren.

Kami-ike und iwa-kura wurden nicht aus ästhetischen Gründen gebaut. Es waren heilige, für Gebet und Rituale bestimmte Orte. Allerdings besaßen sie eine stark ästhetische Komponente, die später „entdeckt" werden sollte und bei der Gartengestaltung in den Vordergrund

Ein shime-nawa *genanntes Strohseil kennzeichnet den Baum als einen heiligen Ort.* Zentsū-ji, Kanagawa

rückte. Die besondere Schönheit der kami-ike liegt in der absolut ebenen Wasseroberfläche – ursprünglich immer auch ein Sinnbild für die weite Meeresoberfläche. Einige Texte nehmen darauf mit dem Ausdruck „Schönheit, die sich in der Vogelperspektive offenbart" (*fukan-bi*) Bezug, wobei impliziert wird, dass das wichtigste Schönheitskriterium im zweidimensionalen Grundrissplan liegt. Die Schönheit des iwa-kura hingegen ist skulptural und plastisch (*rittai-bi*) – also dreidimensional. Eine der grundlegenden Entwurfstechniken, die bei der Konzeption aller Japanischer Gärten angewandt wurde, kann man wohl am deutlichsten bei den Trockengärten des Mittelalters erkennen: Hier ist es das harmonische Zusammenspiel von ebenen Flächen (flache, geharkte Sandflächen, Mauern und Zäune) und Körpern (Felsen und beschnittene Pflanzen).

Im sechsten und siebten Jahrhundert n.Chr. begann der aufstrebende japanische Adel, in der Absicht sich zu „zivilisieren", die Kulturen Chinas und Koreas nachzuahmen. Dort, auf dem Festland, waren Gärten ein unabdingbarer Teil des kultivierten Lebens. Infolgedessen gehörten nun auch für die japanischen Adeligen Gärten zum neuen Lebensstil. Gartengestaltung, wie man sie vom Kontinent einführte, war eine hochentwickelte Kunstform mit einer Unzahl symbolischer Bilder, von denen einige mit Steinen und Teichen assoziiert wurden. Aufgrund der alten Rituale, die mit iwa-kura und kami-ike verbunden waren, waren den frühen japanischen Gartenkünstlern die „ausländischen" Ideen in gewisser Weise vertraut. Diese Annahme ist naheliegend, da die frühen japanischen Gartengestalter, als sie diese neueingeführten Ideen aufnahmen, zugleich die alte, animistische Auffassung als wesentliches Element ihrer Gartenkonzeption aufrecht erhielten. Nach dieser Auffassung sind die in der Natur vorkommenden Dinge – Felsen, Teiche und Inseln – nicht unbelebt, sondern sie sind die schützende Wohnstatt heiliger Geister.

Kami-ike: *Ein Bild des Meeres und den heiligen Inseln im Hintergrund.* Ryūsenji, Osaka

PARADIESDICHTUNG

GÄRTEN DER HEIAN ARISTOKRATIE

Die Umwandlung einer Gesellschaft von Jägern und Sammlern zu einer bäuerlichen Gesellschaft während der Yayoi-Zeit ging einher mit der Sesshaftwerdung und der Entwicklung dauerhafter Gesellschaftstrukturen. Die zentralistischen, sozialen und politischen Systeme folgten chinesischen und koreanischen Vorbildern. Im Rahmen dieser Veränderungen entstand die hochentwickelte höfische Kultur der Heian-Zeit, in der sich die Gartenkunst zu einer ersten Blüte entwickelte. Um die Gärten der Heian-Zeit (794 bis 1185 n.Chr.) zu verstehen – wie sie einerseits zu ihrer Zeit wahrgenommen wurden und andererseits, welche Anregungen wir heute aus ihnen beziehen können – ist es notwendig, auch einen Blick auf die gesamtgesellschaftliche Entwicklung zu werfen: Hier ist vor allem das sozio-politische Umfeld mit der Einführung des Kaisertums, seinem Hof und dem darauf folgenden Einfluss der Fujiwara-Herrscher von Bedeutung. Wichtig ist auch die Entwicklung des kulturellen Umfeldes, beeinflusst von neuen Ideen, die vom Kontinent eingeführt wurden: Dem Konfuzianismus, der Geomantie, dem Buddhismus, der Dichtkunst und schließlich auch der Gartenkunst. Die Entwicklung des Siedlungswesens, die Stadt Heian-kyō (das heutige Kyoto) und die *shinden*-Wohnsitze, wo die Gärten angelegt wurden, sind ebenfalls von Bedeutung.

Leider sind keine Gärten aus der Heian-Zeit erhalten. Unser Wissen basiert auf literarischen Quellen, der Malerei und archäologischen Ausgrabungen. Die Gärten der Heian-Zeit gleichen nicht den traditionellen „Japanischen Gärten", die auf Gartenstilen basieren, die sich vom Mittelalter an entwickelten. Das meiste, was charakteristisch für die japanische Kultur ist – das Noh- und Kabuki Theater, die Tee-Zeremonie, die Kunst des Blumensteckens, die Samurai, der Zen-Buddhismus, Tatami und Sushi – gab es zur Heian-Zeit noch nicht. All diese Bilder müssen also beiseite gelegt werden, um ein Gefühl dafür zu bekommen, wie das Leben im 10. und 11. Jahrhundert in der alten Hauptstadt aussah.[1]

Links: Die zentrale Insel in den Teichgärten der Heian-Zeit war über zinnoberrot lackierte Brücken mit dem Ufer verbunden. Sie waren ein Symbol für die Verbindung der Welt der Menschen mit dem Paradies. Shōmyō-ji, Kanagawa

DER KAISERLICHE HOF UND DIE FUJIWARA

GESELLSCHAFT UND POLITIK

Die Kofun-Zeit (300 bis ca. 550 n.Chr.), die unmittelbar auf die Yayoi-Zeit folgte, ist nach den großen Grabhügeln benannt, welche die Clan-Führer für sich errichteten. Während der Kofun-Zeit wurde auch das Kaiserhaus gegründet. Mit dem Anspruch von der Sonnengöttin Amaterasu Omikami abzustammen, errangen die Kofun eine Vormachtstellung innerhalb einer Reihe rivalisierender Clans und gründeten das Kaiserhaus Yamato. Sie hatten nicht nur den Rang des Oberhauptes der Nation, sondern auch den der Hohepriester, die in direkter Beziehung zu den Göttern des Landes standen. Anderen Clans wurden besondere Aufgaben am Hof übertragen, wie zum Beispiel die Versorgung mit Gütern und die Bereitstellung von Dienstleistungen. Mit der Kofun-Zeit wurde der kaiserliche Hof zu einem wesentlichen Bestandteil der japanischen Geschichte und Kultur.

Das Kaiserhaus festigte seine Macht immer mehr, indem es die Regierungssysteme Chinas und Koreas nachahmte und den anderen Clans bestimmte Titel, Rechte und Verantwortungsbereiche zuerkannte, die sie in die kaiserliche Hierarchie einbanden. Im siebten Jahrhundert gründete einer dieser Clans, die Nakatomi (die Hofliturgen) eine neue Familiendynastie, die Fujiwara. Durch Heirat verbanden sich die Fujiwara sehr geschickt mit dem Kaiserhaus und erlangten so eine starke Machtposition am Hof. Im zehnten Jahrhundert entrissen sie der kaiserlichen Dynastie de facto die Macht, indem sie Kindkaiser ernannten und an ihrer statt als Regenten die eigentlichen Machthaber waren (*sesshō*). Die letzten drei Jahrunderte der Heian-Zeit werden allgemein als die Fujiwara-Epoche bezeichnet, nicht nur, weil diese Familie die Regierung kontrollierte, sondern auch, weil während ihrer Vorherrschaft eine andere Kultur am Hofe Einzug hielt.

Die politischen und kulturellen Ideale, die zur Entwicklung der Fujiwara-Epoche beitrugen, kamen aus China und Korea. Sie waren chinesischen Ursprungs, auch wenn unklar ist, ob sie über die Königreiche in Korea oder direkt aus China eingeführt wurden. Die japanische Kultur stand bis zur Heian-Zeit in höchstem Maße unter dem Einfluß chinesischer Vorbilder. Die Heian-Zeit ist vor allem deswegen von Bedeutung, weil damals die japanische Aristokratie alle offiziellen Beziehungen zu China abbrach. Die T'ang-Dynastie in China stand damals kurz vor ihrem Zusammenbruch. Dies ließ bei den Japanern das Gefühl entstehen, dass die kulturelle Reife, die sie mittlerweile erreicht hatten, es unnötig machte, die chinesische Gesellschaft noch länger nachzuahmen. Obwohl noch das eine oder andere private Schiff nach China segelte und auch chinesische Schiffe nach Kyushu kamen, wurden im Jahre 894 die Botschaften geschlossen. Dieser Unterbrechung folgte eine Zeit der Selbstbeobachtung, während derer die kulturellen Importe der vorausgegangenen Jahrhunderte sich herauskristallisierten und sich eine eigenständige japanische Kultur entwickelte – einschließlich einer bestimmten, typisch japanischen Form der Gartengestaltung.

Kulturelle Entwicklung

Nach der Überlieferung waren es zwei koreanische Gelehrte, Achiki und Wani, die im Jahre 404 beziehungsweise 405 n.Chr. nach Japan kamen und konfuzianisches Gedankengut einführten. Die Lehre des chinesischen Philosophen Konfuzius war im vierten Jahrhundert n.Chr. von China aus auf die koreanische Halbinsel gelangt. Konfuzius (551 bis 419 v.Chr.) lebte während der ausgehenden Zhou-Dynastie (1027 bis 256 v.Chr.).[2] In dem Bestreben, die harmonische Gesellschaft der Frühzeit der Zhou-Dynastie wiederzubeleben, formulierte Konfuzius Grundregeln für eine ideale Gesellschaft. Diese Regeln sollten nicht durch Gesetze mit Zwang durchgesetzt werden, sondern alle Mitglieder der Gesellschaft sollten sie freiwillig einhalten. Die Grundlage der konfuzianischen Gesellschaft bildete das angemessene Verhalten eines jeden gemäß seiner gesellschaftlichen Stellung, insbesondere sollten diejenigen, die eine Führungsrolle innehatten, moralisches Beispiel sein und Selbstlosigkeit beweisen. Von zentraler Bedeutung für die Entwicklung eines moralischen Verhaltens war der Respekt, den die Kinder ihren Eltern gegenüber zu zollen hatten. Dies bedeutete, dass ein Kind seinen Eltern (vor allem dem Vater) mit unbedingtem Respekt und Gehorsam begegnen musste. Die japanische Kaiserfamilie glaubte, dass die hierarchische Ordnung des Konfuzianismus der Schlüssel zum Erfolg der chinesischen Kaiserdynastien war und akzeptierte ihn als Vorbild für ihr eigenes Land. Der Konfuzianismus legte großen Wert auf das Erziehungsideal und das Bemühen um die eigene Selbstzucht. Dank des Konfuzianismus entwickelte die Gesellschaft eine positive Haltung gegenüber der Gelehrsamkeit. Diese Haltung erlebte in der Fujiwara-Zeit einen Höhepunkt. Obgleich sich die konfuzianischen Ideale nicht unmittelbar in der japanischen Gartenkunst widerspiegelten, waren sie doch auf jeden Fall eine wichtige Grundlage für die gebildete, kunstliebende Gesellschaft, welche die Gartenanlagen schuf.

KONFUZIANISMUS

GEOMANTIE

Der Konfuzianismus war in China weit verbreitet, bevor er in Japan eingeführt wurde. Von besonderer Bedeutung für die Entwicklung der japanischen Gartenkunst war während der Han-Dynastie (206 bis 220 n.Chr.) die Erweiterung des konfuzianischen Denkens durch die Geomantie. Es gibt zwei japanische Begriffe für Geomantie: Der eine heißt *eki* und wird oft mit Orakelkult übersetzt, und der andere lautet *fūsui*, was soviel wie Wind und Wasser bedeutet.³ Geomantie ist eine Theorie zur Struktur des Universums. Diese Theorie spricht von zwei gegensätzlichen, aber sich ergänzenden Kräften, und zwar von Yang (der positiven, aktiven Kraft) und Yin (der negativen, passiven Kraft). Sie deutet auch die unterschiedlichen Wirkungen von Yin und Yang auf die fünf Elemente: Holz, Feuer, Erde, Gold (Metall) und Wasser. Im Japanischen heißen Yin und Yang *in* (manchmal *on*) und *yō*. Die Elemente haben verbindende Eigenschaften, einschließlich einer Haupthimmelsrichtung, einer Farbe und eines mythologischen Tieres. Im fünften Jahrhundert war die japanische Geomantie sehr viel weiter entwickelt als die Orakelpraktiken der Ureinwohner, die aus den durch Hitzeeinwirkung entstandenen Rissen in Hirschknochen oder Schildkrötenpanzern weissagten. Das Studium der Geomantie wurde in Japan unter dem Namen der Weg des Yin-Yang (*on-yō-do*) bekannt, und im siebten Jahrhundert wurde von der Regierung das Yin-Yang Amt (*on-yō-ryō*) eingerichtet, das sich mit Fragen der Zukunftsdeutung befasste. Leider entfernte sich die Geomantie in Japan bald von ihren strengen geistigen Ursprüngen, sie degenerierte zu einer Pseudoreligion. Wie die frühen japanischen Gartenkünstler die Geomantie einsetzten, kann man daran erkennen, wie sie den Lauf des Wassers gestalteten, und bestimmte Pflanzen und Felsen platzierten, um einen harmonischen Garten zu schaffen. Die Konzeption chinesischer Gärten, die gegensätzlichen Kräfte von Yin und Yang ins Gleichgewicht zu bringen, indem Leere und Flüssigkeiten (beides Yin) mit Massen und Körpern (beides Yang) in ein ausgewogenes Verhältnis gebracht werden, lässt sich wahrscheinlich auch auf die Gartenentwürfe der Heian-Periode anwenden.⁴

Oben: Ein Diagramm mit den wichtigsten Merkmalen der Geomantie, die mit den fünf Elementen in Verbindung gebracht werden.
Rechts: Pagoden, ihre Vorbilder sind die indischen Stupas, hier werden heilige buddhistische Reliquien oder Sutra aufbewahrt.

KREATIVE INSPIRATION

BUDDHISMUS

Der Buddhismus ist eine Philosophie, die das *Dharma* – das wahre ewige Gesetz oder das wahre Wesen des Lebens – aufzeigen möchte. Der Budddhismus lehrt, dass wir alle in einen endlosen Kreislauf des Leidens eingebunden sind, dessen Hauptwurzel unsere Wünsche und Begierden sind. Um sich aus diesem Kreislauf des Sterbens und der Wiedergeburt zu befreien, muss man das Dharma begreifen und die äußere Erscheinung der Dinge durchschauen, um sie so zu sehen wie sie wirklich sind. Der historische Buddha, Siddharta Gautama, der in Japan als Shakamuni bekannt ist, wurde im fünften Jahrhundert v.Chr. als Prinz in Bimbini, dem heutigen Nepal, geboren. Er gab sein Leben im Wohlstand auf und erlangte durch seinen strengen Meditationsweg den Zustand der Erleuchtung - er erkannte das Dharma. In der Öffentlichkeit lehrte er, was er erfahren hatte, obwohl er zu dem Schluss kam, dass die Erleuchtung selbst nicht gelehrt werden kann – sie muss persönlich erlebt werden. Im zweiten Jahrhundert n.Chr. kam der Buddhismus von Nepal nach China, verbreitete sich später auf der koreanischen Halbinsel und gelangte von dort nach Japan.

Der Buddhismus kam Mitte des sechsten Jahrhunderts, ebenso wie zuvor bereits das konfuzianische Denken, durch koreanische Gelehrte nach Japan. *Die Chronik Japans* vermerkt das Jahr 552, als koreanische Abgesandte die ersten Sutras und eine vergoldete Bronzestatuette des Buddha als Geschenke mitbrachten. Doch wahrscheinlich ist, dass der Buddhismus zu diesem Zeitpunkt in Japan bereits bekannt war.[5] Der Buddhismus wurde zu einer lebendigen Kraft, durch die gesellschaftliche Normen und ästhetische Vorstellungen geprägt wurden. Zur Zeit der Fujiwara gab es in Japan bereits Schulen des Buddhismus.

Die Erbauer der ersten japanischen Gärten integrierten ganz unterschiedlich die Symbolsprache des Buddhismus in ihre Gartengestaltungen. Ein besonders bedeutendes Symbol war die Darstellung des Berges *shumisen* (Sanskrit: *sumeru*) und des Reinen Landes des Amida Buddha. Shumisen ist der sagenumwobene Berg im Zentrum der buddhistischen Kosmologie. Seine Umgebung überragend, wird Shumisen ringförmig von acht niedrigeren Bergketten umgeben, zwischen die jeweils acht Meere eingebettet sind. Es heißt, dass sich die Wohnstatt des Menschen auf der äußersten Gebirgskette, am Ufer des achten Meeres befindet. Dieses Motiv der Gebirgsketten, die einen zentralen, höheren Berg umschließen, wurde zu einem der zentralen Themen der japanischen Gartenkunst. Es wurde dargestellt, indem man einen besonderen Stein lotrecht aufstellte. Manchmal wurde er von einer Gruppe kleinerer Steine umschlossen. Den Japanern erschienen die shumisen-Steine wegen ihrer Ähnlichkeit mit den alten iwa-kura-Steinsetzungen sehr vertraut.

Eine andere Darstellung aus der buddhistischen Lehre, die oft in der Gartenkunst umgesetzt wurde, war das Bild des Reinen Landes (*jōdo*). Es geht auf die Lehre des Amida Buddha zurück, die zur Heian-Zeit wohlbekannt war. Aber erst im Mittelalter, als eine eigene Volkssekte entstand, wurde es zu deren Mittelpunkt.[6] Amida Buddha herrscht über das Reine Land, das Land der Seligen, wo die Geister der Erleuchteten in den endgültigen Tod eingehen und so dem fortwährenden Kreislauf von Tod und Wiedergeburt entrinnen. Dieses Bild des Reinen Landes beeinflusste viele Gartengestalter der Heian-Zeit. Einige bauten spezielle Gärten als irdische Nachbildung des Reinen Landes. Der berühmteste dieser Gärten ist der Byodo-in, der Landsitz eines Fujiwara-Adeligen in dem Ort Uji südlich von Kyoto, der heute als Tempel dient. Der zentrale Saal von Byodo-in ist auf wunderbare Weise erhalten – nach mehr als 900 Jahren. Die Gartengestalter der Heian-Zeit entwarfen ein Bild des Reinen Landes, indem sie eine Insel im „Meer", das heißt eine Insel in einem Teich anlegten. Manchmal war der Teich mit Lotusblumen bepflanzt. Die Hauptinsel war häufig über eine oder mehrere Brücken mit dem Ufer verbunden, wodurch impliziert wurde, dass man das Reine Land erreichen kann. Die Ähnlichkeit mit den alten *kami-ike* wird sofort deutlich und beweist, wie eine tradierte Vorstellung mit einer vom Festland kommenden neuen Idee verschmolzen wird.

DICHTKUNST

Es heißt, der Heian-Hof habe der Dichtung mehr Bedeutung beigemessen als jede andere Gesellschaft in der Geschichte. Poesie durchzog alle Aspekte des höfischen Lebens, vom Liebesbrief bis zum kaiserlichen Edikt. Es war ein absolutes Muss, alle Werke der Dichtkunst, sowohl der chinesischen Klassik als auch der in Japan geschriebenen Werke, zu kennen. In allen Arten von Diskursen jener Zeit wurden ständig poetische Anspielungen gebraucht. Zuerst war die Dichtkunst auf die chinesische Klassik beschränkt, die man auswendig lernte. Später begannen die Japaner ihre eigenen Gedichte zu schreiben, jedoch nach chinesischem Muster. Während der Fujiwara-Zeit hatten die Japaner ein phonetisches Schriftsystem entwickelt, *kana* genannt, das einen großen Schatz an Gedichten in der eigenen Sprache hervorbrachte. Die Themen kreisten um japanische Helden und die Schönheit der japanischen Landschaft. Das verstärkte Interesse an der Natur zeigte sich deutlich in der Vielzahl von Naturbildern in den Gedichten.

GÄRTEN

Die Chronik Japans erzählt auch von einem anderen Ereignis, durch das der japanische Hof zum ersten Mal mit der Gartenkunst in Berührung kam.[7] Im Jahr 612 verließ ein Künstler das koreanische Königreich Paekche, zog nach Japan und nahm den japanischen Namen Michiko no Takumi an. Die Einheimischen nannten ihn Shikomaro

(hässlicher Maro), weil sein Gesicht und sein Körper mit weißen Flecken einer Pilzflechte übersät war. Zu jener Zeit wurde der Kontakt zu der höher entwickelten Kultur auf dem Festland sehr gefördert, aber da Michiko no Takumi so entstellt war, wurde von offizieller Seite erwogen, ihn auf eine einsame Insel zu verbannen. Er bat um Milde und beteuerte, dass er eine besondere Kunst beherrsche, die Kunst „Hügel und Berge zu formen" – mit anderen Worten die Gartenkunst.[8] Daraufhin wurde ihm erlaubt zu bleiben, und es heißt, er habe den Auftrag bekommen, den Berg Shumisen und die Brücke von Wu im Südlichen Hof der Kaiserin nachzugestalten.

Diese Erzählung zeigt uns mit der Betonung des Bauens von „Bergen", dass das Grundprinzip der damaligen Gartenkunst die Umsetzung buddhistischer Vorstellungen war und, dass die ersten Gärten in Japan im koreanischen (chinesischen) Stil von Handwerkern, die vom Festland gekommen waren, für japanische Adelige angelegt wurden. Eine wesentliche Komponente der frühen Gesellschaft war die Stellung der ausländischen Handwerker und Gelehrten sowie der Einfluss, den sie zur damaligen Zeit auf den japanischen Adel ausübten. Zweifellos waren die Gärten meist Nachgestaltungen der zeitgenössischen Anlagen in Korea und China. All jene Bilder, die in den Garten miteingewoben wurden, wie zum Beispiel der Berg Shumisen, das Reine Land Amidas und die verschiedenartigen Bilder der Geomantie, waren aus China und Korea eingeführt worden. Die Gärten werden sich von den Anlagen auf dem Festland nur durch die klimatischen Rahmenbedingungen und die jeweils heimische Flora unterschieden haben. Im Zuge des kulturellen Wandels in der Heian-Zeit entwickelte sich auch die Gartenkunst, als die japanischen Adeligen begannen, ihre eigenen Gartenanlagen zu entwerfen.

Eine Tanzvorführung in einem shinden-Palast der Heian-Zeit. Man sieht den shinden oben in der Mitte des Bildes und die tainoya, chūmonro und izumidono rechts und links davon. Bei dem Garten sind der gewundene Bach, die sparsame Bepflanzung, das Boot auf dem Teich und die gewölbte zinnoberrote Brücke, die auf die zentrale Insel führt, erwähnenswert. Für diesen Anlass wurde auf der Insel eine Bühne für die Musiker aufgebaut, die Tafel mit den Flammendarstellungen ist die Dekoration einer großen Trommel (dadaiko). Aus nenjū gyōji emakimai goran, Original aus dem Jahre 1165, die vorliegende Kopie stammt aus dem 17. Jahrhundert. Sammlung der Familie Tanaka

HEIAN-KYŌ

Die Einbindung in die Umgebung

Die rasche Einführung der vom Festland kommenden Kultur, die auf die Konsolidierung des Kaiserhauses folgte, beinhaltete auch Neuerungen in der Architektur und im Städtebau. Die großen Grabhügel wichen buddhistischen Tempeln. Außerdem führten der Kaiser und die führenden Familien bei Hof eine neue Architektur für ihre Wohnresidenzen ein. Aus den Wohnhäusern mit einfachem Strohdach wurden nun weitauskragende Dächer mit zierlichen Holzkonstruktionen. Der Einfluss des Shintoismus mit seinem besonderen Akzent in der rituellen Reinigung, schrieb vor, dass jedesmal, wenn ein Kaiser starb, der Palast an einem anderen Ort neu errichtet werden musste. Die Entfernung mag manchmal nur wenige hundert Meter betragen haben, aber der Ortswechsel war notwendig, um der durch den Tod verursachten Verunreinigung zu entgehen. Die erste ständige kaiserliche Hauptstadt, Fujiwara-kyō (*kyō* = Hauptstadt), wurde 694 südlich der heutigen Stadt Nara erbaut. Die Stadt war auf einem regelmäßigen, symmetrischen Raster nach chinesischem Vorbild errichtet worden, wie alle folgenden Hauptstädte, einschließlich Heian-kyō, das genau 100 Jahre später gegründet wurde. Das Tal, in dem Heian-kyō lag (es wird heute vollständig von der Stadt Kyoto ausgefüllt), wird auf allen Seiten, außer im Süden, von niedrigen Gebirgszügen schützend umschlossen. Neben dieser geographisch günstigen Lage erfüllte das Tal bestimmte geomantische Bedingungen für eine harmonische Wohnstätte – einige waren bereits von Natur aus vorhanden, andere wurden geschaffen. Die wichtigste Bedingung war, dass die vier Schutzgottheiten (*shijin*) in der Landschaft ihren Ausdruck fanden: Die Schwarze Schildkröte (*genbu*) im Norden, der Blaue Drache (*shōryū*) im Osten, der Purpurrote Phönix (*suzaku*) im Süden und der Weiße Tiger (*byakko*) im Westen. Das Bild der Schwarzen Schildkröte fand seine symbolische Gestalt in einem niedrigen Berg mit abgerundeter Kuppe (Funaoka-yama), nach dem die Zentralachse der Stadt festgelegt wurde. Der Purpurrote Phönix wurde durch einen großen Teich (Ogura-ike) im Süden der Stadt dargestellt, und eine gerade Linie, die von dem Funaoka-yama zum Teich gezogen wurde, teilte den Stadtgrundriss genau in der Mitte. Ein breiter Fluss (Kamo-gawa), der diagonal durch das Tal floss, wurde umgeleitet, so dass er im Osten an der Stadt vorbeifloß und dadurch den Blauen Drachen symbolisieren konnte, und der Weiße Tiger im Westen fand seine Gestalt in einer langen, einen Kanal begleitenden Straße (Konoshima-ōji), die außerhalb der westlichen Begrenzung parallel zur Stadt verlief.[9] Hinzu kam, dass die nordöstliche Ecke des Tales – das Tor des Teufels, der *kimon*, durch welches das Böse leicht seinen Einzug halten kann, auf natürliche Weise durch einen auffälligen Berg, Hiei-zan, geschützt war. Dort befand sich bereits der Hieizan-ji-Tempel (später Enryaku-ji), der schließlich zu einem großen Tempelkomplex wurde und das Schutzschild am Tor des Teufels noch verstärkte.

DIE IDEALSTADT

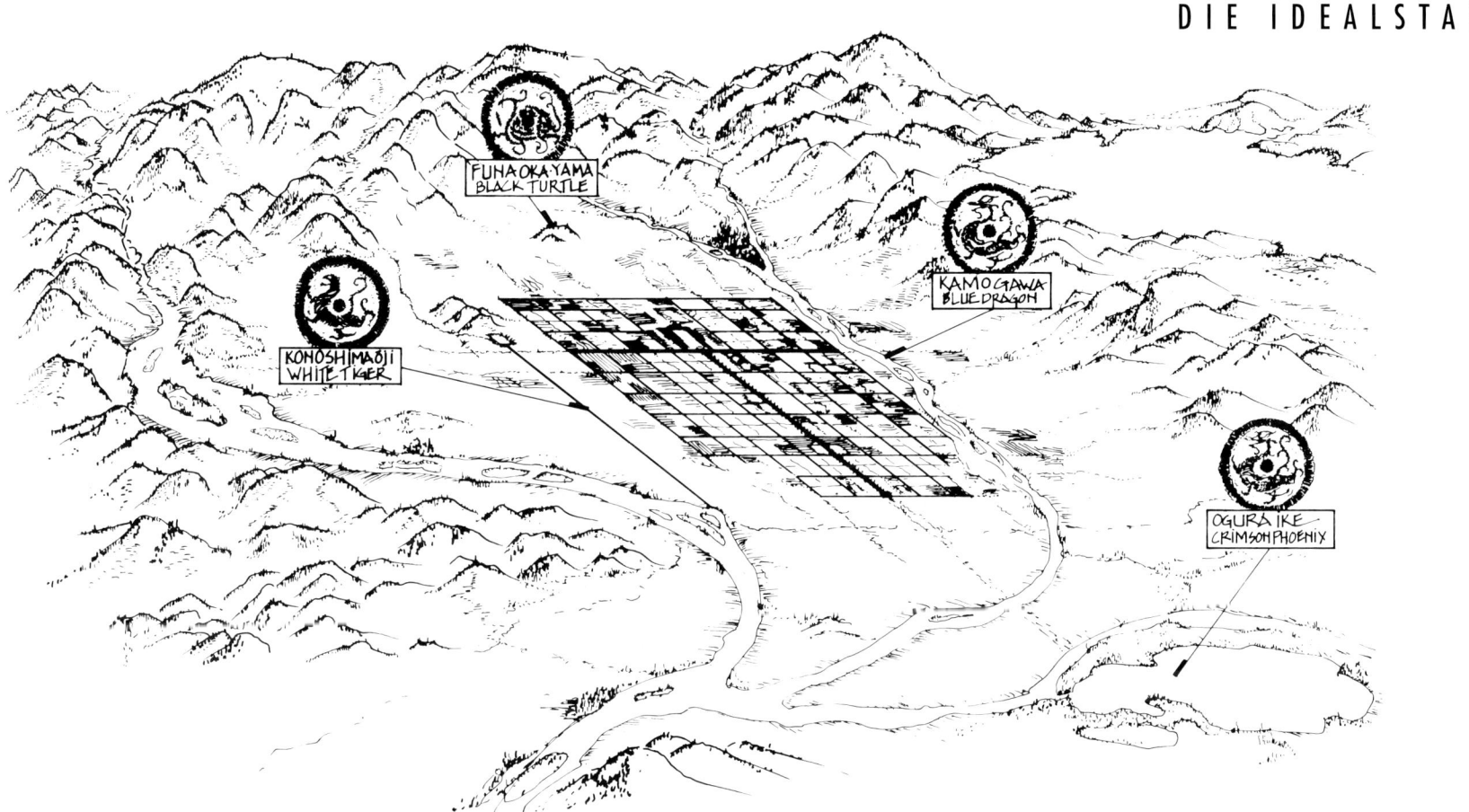

Einer der Anlässe für die Gründung einer neuen Hauptstadt – trotz hoher Kosten und Aufwendungen – war, dass man der bereits erwähnten Verunreinigung entgehen wollte, welche über die bestehende Hauptstadt gekommen war. Auch die idealistischen Vorstellungen des Kaisers Kammu hinsichtlich der Zukunft seines Volkes waren im Falle von Heian-kyō eine treibende Kraft für den Umzug. Die konfuzianischen Ideale einer gerechten und moralischen Gesellschaft galten als höchst erstrebenswert, und es besteht Grund zur Annahme, dass der Kaiser sie institutionalisieren wollte. In der alten Hauptstadt Nara hatten inzestuöse Beziehungen und Intriegen der verschiedenen Parteien überhand genommen. In diesen desolaten Verhältnissen, in denen sich jeder unbedeutende Mensch zum Priester oder Fürsten machte, schien es fast unmöglich,

Heian-kyō lag geschützt in einem Tal, das sich nur nach Süden öffnete. Die vier Himmelsrichtungen hatten jeweils ihre eigene Schutzgottheit und das „Tor des Teufels" (kimon) im Nordosten wurde durch den Berg Hiei geschützt.

Einige der Abbildungen auf den Seiten 29 und 31 wurden aus dem Buch Kyoto no rekishi atorasu von Chūō Kōronsha entnommen und umgezeichnet.

eine konfuzianische Staatsform einzuführen, die auf selbstloser Führung basiert. Einer der Hauptgründe für den Umzug des Kaiserhauses war, den Hof den unmittelbaren Einflüssen der großen buddhistischen Tempel in Nara zu entziehen. Heian-kyō sollte durch seine Gestalt auf die Werte hinweisen, die gefördert werden sollten. Rational in seiner Symmetrie, hierarchisch in seinem Grundriss und für alle Bürger gut geordnet. Zur Heian-Zeit war Japan keine Demokratie, aber alle Bürger sollten gemäß ihrem gesellschaftlichen Status einen Anteil zugewiesen bekommen.

Für japanische Verhältnisse war das Tal von Heian-kyō relativ groß und eben, und es bot ausreichend Platz für die großangelegten Planungen des Kaisers. In der gleichen Art wie die Hauptstadt Chang'an der T'ang-Dynastie, allerdings in verkleinertem Maßstab, wurde Heian – wie bereits früher die Fujiwara-kyō, Nara-kyō und Nagaoka-kyō – auf einem Raster von 5,2 Kilometern in Nord-Süd-Richtung und 4,5 Kilometern in Ost-West-Richtung gebaut.[10] Eine 84 Meter breite, zentrale Allee, die Suzako-ōji, teilte die Stadt symmetrisch in einen Ost- und einen Westteil. Der nach Süden orientierte Kaiserpalast lag am nördlichen Ende dieser Prachtstraße. Die Südorientierung zeigt sich in der Tatsache, dass der Ostteil der Stadt auch heute noch Linke Hauptstadt (Sakyō) heißt und der Westteil Rechte Hauptstadt (Ukyō).

Das Raster für die gesamte Stadt Heian-kyō wurde durch Alleen bestimmt, die je nach ihrer Bedeutung zwischen 24 m und 51 m breit waren. Neun Alleen verliefen von Norden nach Süden und elf von Osten nach Westen, so dass die Stadt in vierundsiebzig große Straßengevierte unterteilt war.[11] Der Kaiserpalast nahm in der Mitte am oberen Ende die Fläche von sechs Blöcken ein. In jedem Block gab es untergeordnete Straßen, die ihn in vier gleiche Teile, *hō* genannt, unterteilten. Diese vier Parzellen wiederum wurden gleichmäßig in vier *chō* geteilt. Ein chō maß etwa 120 mal 120 Meter, dies entspricht 1,4 Hektar und war das Standardmaß für ein Grundstück, das einem Adeligen oder einer anderen hochgestellten Person zustand, allerdings gab es hochgestellte Familien, deren Besitz zwei oder gar vier chō groß war.

Ein chō konnte weiter in 32 *henushi* unterteilt werden (vier in Ost-West-Richtung und acht in Nord-Süd-Richtung) und bezeichnete die Standardgrundstücksgröße für einen Bürgerlichen. Heian-kyō wurde ausschließlich zur Unterstützung der kaiserlichen Bürokratie gegründet, deshalb gab es anfangs keinen unkontrollierten „privaten" Stadtteil. Jedem Stadtteil war eine bestimmte Funktion zugewiesen, es gab einen Bereich, der ausschließlich den Adelspalästen vorbehalten war, einen Tempelbezirk, ein Marktviertel und so weiter. Entsprechend dem Wunsch des Kaisers, den Einfluss des Buddhismus möglichst gering zu halten, waren nur zwei Tempel, der Tōji- und der Saiji-Tempel, der Ost- und der West-Tempel offiziell zugelassen. Die Paläste der Aristokratie befanden sich größtenteils in den nördlichen und östlichen Bezirken der Stadt.

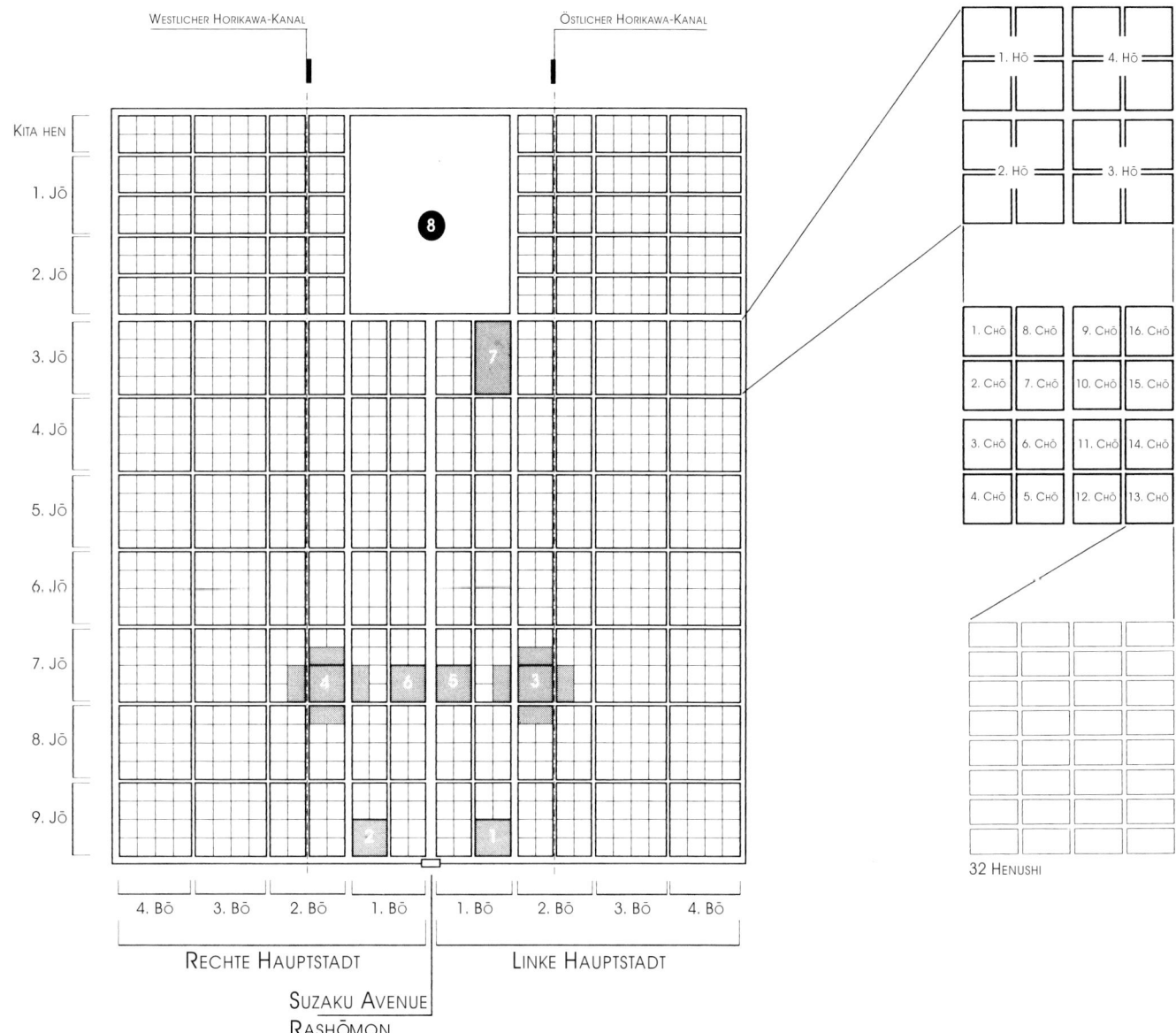

HEIAN-KYŌ

1. **ÖSTLICHER TEMPEL,** *toji*
2. **WESTLICHER TEMPEL,** *saiji*
3. **ÖSTLICHER MARKT,** *higashi no ichi*
4. **WESTLICHER MARKT,** *nishi no ichi*
5. **ÖSTLICHER HOF FÜR DEN EMPFANG VON GESANDTEN,** *higashi kōrokan*
6. **WESTLICHER HOF FÜR DEN EMPFANG VON GESANDTEN,** *nishi kōrokan*
7. **KAISERLICHER GARTEN,** *shinsen en*
8. **KAISERLICHER HOF UND RESIDENZ,** *dai dai ri*

GÄRTEN DER HEIAN ARISTOKRATIE

SHINDEN-PALÄSTE

1. Westliches Tor
2. Fischerpavillon, *tsuri dono*
3. Überdachter Korridor mit innerem Tor, *chūmonro*
4. Westliche Halle, *nishi tainoya*
5. Halle des Hausherren, *shinden*
6. Südlicher Hof, *nantei*
7. Östliche Halle, *higashi tainoya*
8. Gewundener Wasserlauf, *yarimizu, kyokusui*
9. Überdachter Korridor mit mit innerem Tor, *chūmonro*
10. Östliches Tor
11. Quellpavillon, *izumi dono*
12. Bogenbrücke, *soribashi*
13. Zentrale Insel, *nakajima*
14. Teich

Jeder baute sein Haus innerhalb des städtebaulichen Rastersystems. Lage, Größe und die Ausführungsqualität wurde durch den gesellschaftlichen Rang vorgeschrieben, aber die Grundform der Adelspaläste blieb immer gleich. Das Grundstück wurde mit einer hohen Mauer umgeben, sie war aus gestampfter Erde und mit einem dachförmigen oberen Abschluss (*tsuiji-bei*) versehen. An der Ostseite des Anwesens lag das Haupteingangstor. Häufig gab es noch ein zweites Tor auf der Westseite. Im Zentrum, etwas versetzt, befand sich eine weiträumige nach Süden orientierte Halle, *shinden* genannt (die wörtliche Übersetzung ist Schlafsaal), das Wohngebäude des Hausherrn. Von dieser Halle stammt die Bezeichnung *shinden-zukuri*, die sich auf diese Art der Architektur insgesamt bezieht. In seiner klassischen Form wurde die shinden-Halle mit zwei kleineren Hallen gerahmt, den *tainoya*. Manchmal schlossen sich dahinter, im nördlichen Bereich des Grundstücks, noch weitere Hallen an. In diesen Hallen befanden sich die Wohnräume der Ehefrauen und Gemahlinnen sowie die Dienstbotenunterkünfte. Von den tainoya führten lange überdachte Gänge nach Süden in den Garten. Die Endpunkte wurden durch Pavillons markiert, mit Namen wie *tsuridono* (wörtlich Fischerpavillon, meist boten die Pavillons jedoch einen Raum für die musikalische Aufführungen oder ermöglichten eine geeigneten Ausblick auf den Garten) und *izumidono* (der Quellpavillon) der oberhalb oder in der Nähe einer Quelle errichtet wurde, deren Wasser den Teich speiste. Die Gebäude – shinden, tainoya und die Pavillons – waren als Ensemble so angeordnet, dass man den Eindruck hatte, insgesamt auf einen weiträumigen Garten zu blicken, obgleich der Garten nur etwa ein Drittel der Gesamtfläche einnahm, das entspricht etwa der Fläche eines halben Hektars.

Das Hineinzwängen der Gärten in den städtebaulichen Rahmen der shinden-Paläste, beeinflusste die Entwicklung des japanischen Gartens. Die koreanischen Gärten, von denen sich die Japanischen Gärten ableiteten, waren häufig in die Naturlandschaft eingebettet, da sie sich auf dem Lande befanden. Die Umgebung spielte also eine wesentliche Rolle bei der Gestaltung des Gartens. Die Gärtner der Heian-Zeit versuchten die Reize der Naturwelt zu verdichten und in dem relativ begrenzten Raum eines shinden-Palastes umzusetzen. Dabei entwickelten die Gartengestalter eine strenge Theorie der Gartenkunst, *fuzei* genannt. Fuzei wird mit den Schriftzeichen für „Wind" und „Emotion" dargestellt und kann als emotionale Antwort auf die Natur interpretiert werden.[12]

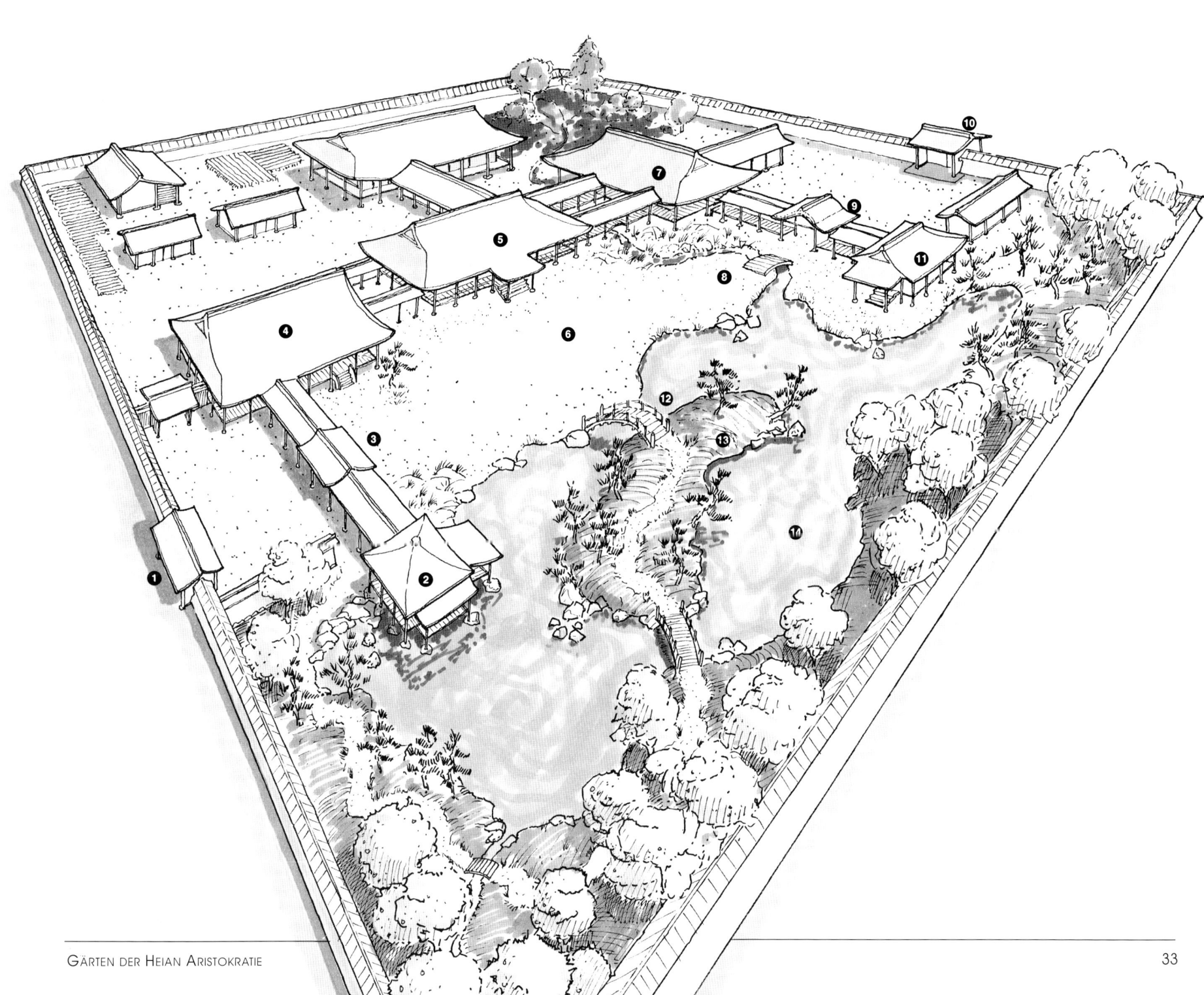

GÄRTEN DER HEIAN ARISTOKRATIE

Schönheitsempfinden

MIYABI   Der kaiserliche Hof entfernte sich während der Fujiwara Epoche mehr und mehr von der Wirklichkeit der Welt außerhalb von Heian-kyō und war immer stärker nur auf sich selbst fixiert. Dabei entwickelte er jedoch eine hohe ästhetische Kultur. Es war eine Zeit, in der ein gutes Gedicht zu einem hochrangigen Posten verhelfen konnte, und eine misslungene Farbzusammenstellung bei einer der vielen Schichten des Kimonos hatte unter Umständen eisige Blicke und Verachtung zur Folge. Trotz der allgegenwärtigen politischen Intrigen gaben die Mitglieder der Fujiwara-Aristokratie der Entwicklung der Künste vielerlei Impulse und trugen auch zur schöpferischen Inspiration der Gartenkunst bei.[13] *Miyabi* – Eleganz und ein kultivierter Geschmack – war das höchste ästhetische Prinzip des Fujiwara-Hofes. In allen Bereichen der Fujiwara-Kultur – in der Literatur, der Musik, der Einhaltung des Hofprotokolls, der Kleidung, der Haltung und im Benehmen – waren fließende Grazie und allerhöchste Sensibilität auch für das unwichtigste Detail eine absolute Grundvoraussetzung. Miyabi war die alles beherrschende Ästhetik des Hofes, welche von den Adeligen angestrebt wurde. Aber es gab auch einen tiefen, melancholischen Aspekt in dieser Kultur, der zum Merkmal der Heian-Zeit wurde.

MUJŌ   Diese Melancholie hatte ihren Ursprung in *mappō* und *mujō*. Man glaubte, dass in den 2000 Jahren, die auf den Tod des historischen Buddha folgten, der Buddhismus drei unterschiedliche Epochen durchlaufen würde: *shōbō* (das wahre Gesetz), *zōbō* (das nachahmende Gesetz) und *mappō* (das Ende des Gesetzes), wobei diese letzte Epoche von einem Niedergang der gesellschaftlichen und religiösen Sitten gezeichnet sein würde. Malerei und Literatur jener Zeit lassen nicht erkennen, dass die gesellschaftliche Struktur von Heian-kyō gegen Mitte des 11. Jahrhunderts auseinander brach. Raubüberfälle waren nichts Ungewöhnliches. Die Häuser der Adeligen wurden niedergebrannt und der Kaiser wurde von Priester-Kriegern bedrängt. Da man dachte, die Mappō-Periode würde im Jahre 1052 einsetzen, schien sich die buddhistische Prophezeiung zu erfüllen, und auf der Fujiwara-Epoche lastete das Vorgefühl drohenden Unheils. Mujō, Unbeständigkeit oder Vergänglichkeit, wurde aus dem ersten der Drei Gesetze des Buddhismus, *shogyō mujō*, „alle Bereiche des Seins sind vergänglich", abgeleitet. Es lehrt, dass alle Dinge mit der Zeit verblassen und verschwinden. In Japan wurde mujō von den Höflingen der Heian-Zeit wörtlich aufgefasst. Die Vergänglichkeit des Lebens, die Unsicherheit der gesellschaftlichen Stellung, der plötzliche Tod geliebter Menschen, der nicht aufzuhaltende Wandel jugendlicher Schönheit und der Wechsel der Jahreszeiten – all diese Betrachtungen wurden mit sehnsuchtsvoller Trauer interpretiert, von Künstlern aufgegriffen und in der Ästhetik des *mujō-kan* ausgedrückt.[14]

AWARÉ • YOJŌ

Eine andere Form von Ästhetik, die in diesem düsteren Klima entstand, das charakteristisch für die Heian-Periode war, ist das *awaré*. In der Literatur der Heian-Zeit erscheint *awaré* meist als einzelnes Wort, wenn man sich allerdings auf awaré als ästhetische Vorstellung bezieht, verwendet man den Satz *mono-no-awaré* – die gesteigerte Empfänglichkeit für die Dinge. Für eine sensible und kultivierte Person war mono-no-awaré eine unabdingbare Eigenschaft. Man kann awaré als starke Emotion bezeichnen, mit der auf Schönheit reagiert wird, insbesondere die subtile, flüchtige Schönheit oder die emotionale Antwort auf die dem Leben anhaftende Urtrauer. Man nimmt an, dass das Wort selbst von den Überraschungsausrufen *ah!* und *hare!* abgeleitet ist. Mit awaré wird eine Erscheinung bezeichnet, wenn im Pathos des Lebens Schönheit entdeckt wird. Wird ein für die Ästhetik von awaré empfänglicher Mensch mit einer solchen Schönheit konfrontiert, wird er unweigerlich emotional reagieren. Da sich die Emotion in einem seelischen Bereich jenseits der Haltung abspielt, bricht sie spontan hervor. Dies wird *yojō* (wörtlich Überfließen der Emotion) bezeichnet. Awaré und yojō wurden gewöhnlich im Zusammenhang mit der Dichtkunst verwendet. Es gilt als sicher, dass diese Emotionen sich nicht auf eine Kunstgattung bezogen, sondern alle Aspekte des höfischen Lebens betrafen.

In der Heian-Periode gab es den Beruf des Gärtners nicht. Auch wenn es nur wenige Zeugnisse darüber gibt, wer die Gärten schuf, kann man davon ausgehen, dass die Menschen ihre eigenen Gärten entwarfen, oder sie beauftragten bestimmte Höflinge, die sich diesem Thema verbunden fühlten. Die Gärten wurden also von den gleichen Menschen geschaffen, die schrieben und awaré in der Dichtkunst feierten; und gewiss wandten sie die gleichen emotionalen und ästhetischen Vorstellungen auf beide Künste an. Die sehnsuchtsvolle Traurigkeit von awaré und die Eleganz von miyabi waren die wesentlichen emotionalen und ästhetischen Eigenschaften der Heian-Kultur. Und zweifelsohne wurden sie nicht nur in der Gartenkunst, sondern auch in der Dichtkunst angewandt.

Die Gärten der Aristokratie in der Heian-Zeit

Ein Garten aus der Epoche vor der Heian-Zeit, der in Nara ausgegraben wurde. Heijō-kyō Sakyō Sanjō Nibō Kyūseki, Nara

Da man keine vollständig überlieferten Gartenanlagen untersuchen kann, stützt sich unser Wissen über die Gärten der Heian-Periode auf Kenntnisse, die aus ganz unterschiedlichen Quellen herrühren. Dazu gehören Überreste von Gärten (wie zum Beispiel Mōtsu-ji in der Präfektur Iwate), archäologische Ausgrabungen, Malereien aus der Spätzeit der Heian-Periode (obwohl die meisten Kopien sind, die erst zwei- bis fünfhundert Jahre später als die Original entstanden) und die zeitgenössische Literatur. Eine Zusammenstellung all dieser Quellen zeigt, dass die Gartengestalter genau im Süden des shinden einen ebenen Bereich, *nantei* (Südlicher Hof), entwarfen. Man bedeckte den nantei mit Sand. Dies wurde zum Teil aus Gründen der ästhetischen und geistigen Reinheit gemacht, aber auch, um Raum für die unterschiedlichsten Gartenveranstaltungen zur Verfügung zu haben – Dichterlesungen, Kickball (*kemari*), Bogenschießen und Hahnenkämpfe, um nur einige zu nennen. Die Gärtner betonten die Randbereiche der Sandfläche nahe den Veranden des shinden und der langen überdachten Korridore mit einigen Bäumen, Gräsern und Blumen. Ohne dass hier mit Symmetrie gearbeitet wurde, konnten sie auf diese Art und Weise dem nantei eine vornehme Atmosphäre verleihen – ein hervorragend geeigneter Platz für elegante Veranstaltungen. Sie arbeiteten viel mit Wasser und bauten häufig einen gewundenen Wasserlauf (*yarimuzi*) an der Ostseite des nantei, der den zentralen Teich speiste. In dem Kontrast zwischen dem scheinbar natürlich gewundenen Wasserlauf und der strengen Formalität der Architektur des shinden, spürt man die spielerische Lust, mit der die Gestalter Menschenwerk und natürliche Elemente nebeneinander gesetzt haben. Dieses Nebeneinander ist der charakteristische Grundzug der japanischen Gartengestaltung.

Südlich des nantei und um die in den Garten hinausragenden Korridore herum, legten die Gärtner einen großen, unregelmäßig gestalteten Teich an, der manchmal die Hälfte der gesamten Gartenfläche einnahm. Manche Gärtner zogen es vor, den gewundenen Wasserlauf durch den ganzen Garten zu führen, und ihn statt eines Teiches zum Hauptmotiv zu machen. In dem Teich legten sie mindestens eine Insel an, die über wenigstens zwei Brücken mit dem Ufer verbunden war. Eine Brücke führte ans nördliche, die andere ans südliche Ufer. Eines der Wörter, mit dem in der Heian-Zeit ein Garten bezeichnet wurde, war das Wort Insel (*shima*). Heute werden diese Gärten wegen des zentralen Sees und wegen der damaligen Sitte, den Garten per Boot zu erfahren, statt ihn zu Fuß zu durchwandern, als Seetour-Garten bezeichnet (*chisen shūyū teien*).[15] Die Boote der Adeligen waren in leuchtenden Farben bemalt. Der Bug war mit geschnitzten Drachen- oder Vogelfiguren geschmückt, und sie ließen fröhlich gekleidete Musikanten auf dem Teich herumrudern, wodurch eine sehr festliche Atmosphäre entstand. Es ist unwahrscheinlich, dass die Eigentümer der Gärten und deren Gäste wegen der offiziellen Kleidung, die sie bei wichtigen Anlässen trugen, selbst das Ruder ergriffen. Für Frauen, die

Kimonos in bis zu zwölf Schichten übereinander trugen, war das völlig unmöglich. Bei privaten Anlässen mit weniger formaler Kleidung liebten sie das Bootfahren ebenso sehr wie das Schreiben von Gedichten von dem neuen schönen Aussichtsplatz aus. Die Teiche der Heian-Zeit waren nicht besonders groß, im Gegensatz zu den gewaltigen Seen, welche die Chinesen anlegen ließen. Eine vollständige Gartenrundfahrt per Boot wird nicht sehr lange gedauert haben. Wenn die Brücken, welche die Insel mit dem Ufer verbanden sich nicht in einer starken Wölbung über das Wasser spannten, war eine solche Rundfahrt mit dem Boot gar nicht möglich. Man darf annehmen, dass die Boote hauptsächlich wegen der herrlichen Aussicht benutzt wurden, die jene genossen, die den Garten von den nahe gelegenen Gebäuden aus betrachteten.

Die Gärten der Heian-Zeit waren licht und offen, ihre Gestalter bezogen spielerisch unterschiedliche Naturelemente mit ein, wie zum Beispiel blühende Büsche, Blumen, Gräser und Tiere von der Ente bis zur Grille.[16] Die Tatsache, dass sie Laubbäume und Stauden pflanzten, bedeutet, dass sich die Gärten damals im Laufe der Jahreszeiten sehr viel mehr veränderten, als die, die wir heute betrachten können und die hauptsächlich mit Strukturelementen komponiert sind, wie zum Beispiel Felsblöcken und immergrünen Pflanzen. Man hat das Gefühl, als ob die Gartengestalter bei den sehr formal angelegten nantei bestrebt waren, miyabi – die höfische Ästhetik – zum Ausdruck zu bringen, und in der Vergänglichkeit der Pflanzungen versuchten sie awaré umzusetzen. Selbstverständlich gab es eine Durchmischung der beiden ästhetischen Auffassungen, und man spürt in diesen Gärten wie ihre Gestalter eine Ausgewogenheit zwischen den wachsenden Bedürfnissen einer immer stärker manierierten Gesellschaft und der uralten Anziehungskraft der Naturwelt schufen.

Zwei Texte aus der Heian-Zeit nehmen wegen der aufschlussreichen Klarheit, mit der sie die zeitgenössischen Gärten beschreiben, eine herausragende Stellung ein: *Das Buch der Gartenkunst* (*Sakuteiki*) und *Die Geschichte des Prinzen Genji* (*Genji Monogatari*), eine Beschreibung der romantischen Prüfungen und Leiden eines Prinzen der Heian-Zeit. Beide Werke vermitteln unschätzbare Einblicke, obwohl sie sich in der Form stark voneinander unterscheiden. Dies liegt wohl zum Teil auch daran, dass der erste Text von einem Mann und der zweite von einer Frau verfasst wurde.

GEOMANTIE IM GARTEN: DAS SAKUTEIKI

Als Autor des *Sakuteiki* gilt Tachibana no Toshitsuna. Das Buch wurde etwa Mitte bis Ende des elften Jahrhunderts verfasst, allerdings sind die ältesten erhaltenen Manuskripte Abschriften aus dem 12. Jahrhundert. Toshitsunas Vater war der Erbauer von zwei, damals sehr berühmten Gärten, dem Kaya-no-in, einem großen Besitz in Kyoto, und dem Byodo-in, in Uji. Das *Sakuteiki* gibt klare Ratschläge, wie man einen Garten anlegen soll, es enthält sogar genaue Maße für die Tiefe des nantei, die sich nach dem Rang des Besitzers richtet, und es beschäftigt sich eingehend mit dem richtigen Gefälle, das ein Wasserlauf haben muss, damit das Plätschern des Wassers den richtigen Klang erzeugt. Im Vergleich zu den traumhaften Bildern der Malereien aus der Heian-Zeit, in der sich die Objekte in Nebelschleiern verlieren, überrascht die Präzision des *Sakuteiki*. Das Buch behandelt verschiedene Aspekte der Gartenkunst, sogar unterschiedliche Gartenstile und die Verwendung von Wasser, Fels und Pflanzen. Die Informationen über den Gartenbau sind heute noch für eine gute Anlage eines Gartens anwendbar.

Als Leitfaden für die Gartengestaltung wird auch der Geomantie im *Sakuteiki* ein bedeutender Platz eingeräumt. Der Text beschreibt ausführlich Tabus, die mit diesem Orakelkult zusammenhängen und behauptet, dass eine schlechte oder geschmacklose Gartengestaltung Katastrophen heraufbeschwören kann. Andererseits kann Übel abgewehrt werden, wenn man einen Garten gestaltet, in dem die geomantischen Elemente richtig angeordnet sind, insbesondere der sorgsame Umgang mit Wasser, Felsen und Pflanzen sind zu beachten. Es wird zum Beispiel gesagt, dass Wasserläufe immer von Nordosten nach Südwesten fließen müssen, damit die Macht des Blauen Drachen im Osten Unheil abwenden kann, das den Weg des Weißen Tigers im Westen behindern könnte. Ein weiteres Beispiel bezieht sich auf die Tabus, die mit Steinen zusammenhängen, besonders auf die aufrecht stehenden Formen, die gemäß den Aussagen der Geomantie Bergformen darstellen. Ihnen wohnt die Macht inne, den Fluß der Lebensenergie, *ki*, zu blockieren oder in einer anderen Form zu beinflussen. Der Gartengestalter wird gewarnt, die Steine in linearer Reihe als Fortsetzung der Stützen der Wohnhalle zu setzen, auch darf kein aufrecht stehender Stein im Nordosten, dem Tor des Teufels, aufgestellt werden, da dadurch die bösen Geister zum Garten Zutritt bekämen. Der zweite Gedanke, demzufolge Geister die Felsen als „Berührungspunkt" benutzen, um sich auf der Erde niederzulassen, geht teilweise auf die Tradition der alten *iwa-kura* zurück und zeigt deutlich die Vermischung der alten Naturreligionen mit der chinesischen Geomantie. Im *Sakuteiki* erhält der Gartengestalter Ratschläge für die Verwendung von Pflanzen anstelle der üblichen geomantischen Gestaltungsform kardinaler Gartensituationen. So konnte zum Beispiel der erforderliche Wasserlauf auf der Ostseite eines Palastes durch das Pflanzen von neun Weiden ersetzt werden. Die Verwendung von Pflanzen wegen ihrer restaurativen Kraft ist auch ein Hinweis auf die Gedankenwelt der alten animistischen Religionen.

Ein gewundener Bach speiste diesen Teichgarten aus der Heian-Zeit, der im hohen Norden Japans liegt.
Mōtsū-ji, Iwate

DICHTUNG IM GARTEN: DIE GESCHICHTE DES PRINZEN GENJI

Die Geschichte des Prinzen Genji ist der erste Roman, der je geschrieben wurde und beschreibt mit phantastischer Offenheit das Leben am Hof zur Heian-Zeit in der Epoche der Fujiwara. Im Gegensatz zum *Sakuteiki* handelt *Die Geschichte des Prinzen Genji* nicht von Gärten, sondern von der Liebe. Aber die Geschichte ist vor allem wegen ihrer Natur- und Gartenbeschreibungen interessant. Der Roman zeigt auch, welche bedeutende Rolle die Gärten im höfischen Leben der Heian-Zeit einnahmen. Seltsamerweise werden die Gebäude kaum beschrieben, obwohl häufig verschiedene Wandschirme und Sichtschutzwände erwähnt werden, die den Hof der Frauen vor den Einblicken der Öffentlichkeit schützten und ein Ausdruck dafür waren, wie verborgen die Gesellschaft der Heian-Zeit lebte. Wollte man einen shinden-Palast nur aufgrund *Der Geschichte des Prinzen Genji* restaurieren, man würde nur Gärten sehen und die Ärmel von Prinzessinnen, die hinter Wandschirmen hervorschauen.

Den Höhepunkt der Heian-Kultur bildete die Literatur. Der Dichtkunst wurde eine privilegierte Stellung eingeräumt, die alle Bereiche der aristokratischen Gesellschaft erfasste. Die Beherrschung der kleinsten dichterischen Nuancen konnte für die Stellung bei Hofe entscheidend sein. Im Leben bei Hofe spielte die Dichtung eine derart zentrale Rolle, dass auch alle anderen Künste jener Zeit aufs engste mit der Poesie verbunden waren – auch die Gartenkunst. Eine der Besonderheiten der Dichtung ist, dass sie sich durch Metaphern oder Anspielungen ausdrückt und nicht so sehr in genauen Beschreibungen. Dadurch entdeckt man viel eher das tiefere Wesen einer Sache, als dies mit einem Prosatext möglich wäre. Die Dichtkunst der Heian-Zeit trägt den Namen *tanka* und wird als „Selbstausdruck durch Naturbeschreibung" charakterisiert. Diese schöpferische Vorgehensweise wurde auch zum Impuls für die Gartengestaltung.[17]

Die Verbindung von Garten und Dichtkunst kann man auf drei unterschiedliche Weisen sehen. Erstens, Gärten und Gedichte wurden wahrscheinlich aus ähnlichen Gründen geschaffen, – um sich selbst auszudrücken, wurden Bilder benutzt, die der Natur entlehnt waren. Das *Sakuteiki* ermutigt die Gartengestalter ebenfalls, nach der Natur zu zeichnen, aber auch, den Entwürfen mit ihrem eigenen Geist oder Geschmack eine eigenständige Note zu geben. Dies bezeichnet das *Sakuteiki* als *fuzei*. Es scheint, als ob japanische Gärtner von Anfang an nicht die Natur nachahmten, wie sie in Wirklichkeit existierte, sondern Bilder herausarbeiteten, diese poetischen Fragmente miteinander verschmolzen und im Garten arrangierten. In diesem Sinne wurden die Gärten der Heian-Zeit nicht als Gesamtkomposition angesehen, sondern als eine Sammlung poetischer Bilder.[18] Oft wurden die Abbilder der Natur nicht aus eigenen Naturerfahrungen abgeleitet, viele entstanden aufgrund der reichlich vorhandenen Beispiele an sprachlichen Bildern über die Natur aus zeitgenössischen Gedichtwerken.

Und hier haben wir auch die zweite Verbindung zwischen der Dichtkunst und dem Garten – die gleichen, allgemein verständlichen Bilder der Dichtung. Man konnte unzählige Bilder aus der Fülle der Literatur entnehmen, denn die japanische Dichtkunst widmete sich häufig der Na-

DAS HEIAN-WÖRTERBUCH DER DICHTKUNST[22]

Einige Wortspiele (*kake-kotoba*), die mit Natur und Garten assoziiert werden

Pflanzen

Bambus – die einzelnen Abschnitte des Bambusrohres beschwören das Bild der Generationen.
Kirschblüten – eine Metapher für Frauen.
Blumen – *hana* – bedeuteten sowohl Blume als auch Schönheit.
Wald – auf Japanisch *mori* was dem Wort *moru* für schützen ähnlich ist.
Malve – auf Japanisch *aoi*, kann auch als „Tag des Treffens" oder des Rendezvous verstanden werden.
Iris – werden mit Mustern und Festen in Verbindung gesetzt.
Mandarine – auf Japanisch *tachibana* kann auch „warten" bedeuten.
Frisches grünes Gras – auf Japanisch *wakakusa*, symbolisiert die junge Liebe, aber auch den Gatten oder die Gattin.
Kiefern – das japanische Wort für Kiefer *matsu* wird genauso ausgesprochen wie das Verb „warten". Aus diesem Grunde deuten Kiefern das Warten auf den Geliebten oder die Sehnsucht nach ihm an, sie symbolisieren aber auch die Lösung einer ausweglosen Situation. Die Kiefern von Sue-no-Matsuyama werden mit Untreue in Verbindung gebracht. Kiefern sind außerdem Symbole für ein langes Leben oder Beständigkeit.
Wurzel – das japanische Wort für Baumwurzel, *ne*, bedeutet auch schlafen.
Sakikusa – ist eine Pflanze mit drei Blättern, sie wird als Wortspiel für *mitsu* – drei – benutzt.
Japanische Sonnenblume – auf Japanisch *unohana*. Das „U" impliziert eine düstere oder gedrückte Stimmung oder Kummer.
Wilde Nelken – auf Japanisch *nadeshiko*, ist auch die Bezeichnung für junge Mädchen.

Tiere

Zwitschern/Singen/Zirpen – von Vögeln oder Grillen. Beide Tierarten wurden in den Gärten wegen ihres Gesangs gehalten. Das japanische Wort *naku* hat zweierlei Bedeutungen – zirpen und singen, aber auch weinen und schluchzen. Deshalb wird *naku* mit Traurigkeit assoziiert. Grillen – auf Japanisch *higurashi* bedeutet auch Sonnenuntergang. Spinnen – werden mit dem Geliebten in Verbindung gebracht – einem nachlässigen Geliebten oder dem sich nähernden Geliebten. Drossel – der Ruf der Drossel *hitoku, hitoku*, kann auch als „es kommt jemand" verstanden werden.
Baumfrosch – auf Japanisch *amagaeru*, kann auch heißen „eine Nonne kehrt zurück".
Wildgans – symbolisiert Vergänglichkeit oder Flüchtigkeit, Kurzlebigkeit.

Naturerscheinungen

Herbst – neben anderen offensichtlichen jahreszeitlichen Bezügen, besteht zwischen dem japanischen Wort für Herbst, *aki*, und dem Verb *aku* – einer Sache überdrüssig, müde sein – ein Zusammenhang. Die erdrückende Last eines schweren Schicksals und die Überdrüssigkeit am Leben werden häufig erwähnt.
Fallender Regen oder Schnee – bedeuten das Verstreichen der Jahre.
Fluss, Untiefen – deuten ein bevorstehendes Treffen oder den Wunsch nach einem Treffen an.

In der Heian-Zeit war die Kiefer eine poetische Umschreibung für Warten – Warten auf den Geliebten oder auf die Lösung in einer ausweglosen Situation.

DIE GARTENGESTALTER

ARISTOKRATISCHER ZEITVERTREIB

Im Laufe der Heian-Zeit (794 bis 1185) hatte sich die Gartenkunst in Japan über mehrere Jahrhunderte entwickeln können, und gegen Ende dieser Epoche entstanden komplexe Textwerke über die Gartenkunst, wie zum Beispiel *Das Buch der Gartenkunst, (Sakuteiki)*. Es hatte sich ein großes Wissen über die Anlage und die Gestaltung von Gärten angesammelt. Auch wenn es noch keine ausgesprochenen Gartenfachleute gab, so gab es doch Menschen, die eine große Kunstfertigkeit in der Gartengestaltung besaßen. Im Gegensatz zu den früheren Epochen der Asuka und der Nara hatten die erweiterten Kenntnisse und Fertigkeiten der Japaner in der Gartenkunst, zusammen mit dem Abbruch der offiziellen Beziehungen zur chinesischen Regierung, zur Folge, dass die Heian-Zeit eine Epoche war, in der die Gärten fast ausschließlich von Japanern entworfen und ausgeführt wurden.

Die Entwerfer der Gärten waren zu jener Zeit vor allem Angehörige der Aristokratie. Von einigen sehr ranghohen Adeligen weiß man, dass sie selber bei der Überwachung der Bauarbeiten ihrer eigenen Gartenanlagen beteiligt waren. Fujiwara no Yorimichi entwarf selbst seine prächtigen Paläste Kayano-in und Byodo-in in Uji, dessen Haupthalle noch heute erhalten ist. Es war jedoch in vielen Fällen so, dass weniger ranghohe Adelige mit einer gartenkünstlerischen Neigung anderen bei der Gestaltung ihrer Gärten halfen. Gartengestaltung war weniger ein Beruf als ein Zeitvertreib, mit dem sich die Adeligen nebenher beschäftigten. Vielleicht nutzten manche ihre gestalterischen Fähigkeiten auch, um bei Hof positiv aufzufallen und ihre Position zu verbessern.

Einige dieser Gartenberater gehörten nicht dem Adel an, sondern waren Priester. En-en Ajiri, zum Beispiel war Priester, Maler und Gartenbauer. Von ihm weiß man, dass er mit Fujiwara no Yorimichi am Bau des Kayano-in-Palastes zusammengearbeitet hat. Möglicherweise war er der erste Priester, der als Gartenbauer (*ishi-tate-sō*) tätig war, ein Berufsstand, der später, im Mittelalter, weit verbreitet war. Die Menschen, die damals die Gärten von Hand ausführten waren meistens Leibeigene (*domin*), die zu einem aristokratischen Besitz (*shōen*) gehörten.

turbeschreibung. Das Verfahren erfuhr eine noch größere Verfeinerung durch die sogenannten „Kopfkissenwörter" (*makura kotoba*), miteinander verwobene Bilder, die so bekannt und vertraut waren, dass man sie untereinander in Bezug setzen konnte. Ein ganz besonders Kopfkissenwort, das auf fast jeder Seite der *Geschichte des Prinzen Genji* vorkommt ist das Wortspiel (*kake kotoba*), das mit den phonetischen Übereinstimmungen von zwei oder mehr Objekten spielt. Da die Männer der Heian-Zeit chinesische Schriftzeichen verwendeten, waren Wortspiele von vornherein ausgeschlossen: Jedes Wort war durch sein Schriftzeichen identifizierbar und konnte nicht mit einem anderen verwechselt werden, selbst, wenn es klanggleich war. Die Frauen der Heian-Zeit schrieben aber ausschließlich *kana*, eine phonetische Schrift, die entwickelt worden war, um die grammatikalischen Lücken zwischen dem Chinesischen und dem Japanischen zu überbrücken. Bei der Verwendung von kana mussten die Schreiberinnen die Sprache nicht bedeutungsspezifisch einsetzen, sie konnten mit den Worten frei spielen. Ein allgegenwärtiges Beispiel, um Zweideutigkeit auszudrücken, ist die Kiefer, auf Japanisch *matsu*, der Aussprache nach kann es auch das Verb „warten" bedeuten. So suggeriert die Kiefer das Warten, insbesondere das sehnsuchtsvolle Warten auf den Geliebten oder das Warten auf die Lösung einer ausweglosen Situation. Wie man aus der Literatur, der Malerei und aufgrund archäologischer Ausgrabungen weiß – man hat Kiefernsamen an den Ausgrabungsorten gefunden – wurden in den Gärten häufig Kiefern gepflanzt. Man kann sich sehr gut vorstellen, dass die Kiefern, die die Höflinge der Heian-Zeit überall, auch in den Gärten, sehen konnten, vor dem inneren Auge der Betrachter zumindest einige der zahlreichen poetischen Bilder wachriefen, die mit diesen Bäumen verbunden waren.

Die dritte Verbindung zwischen Dichtung und Gartenkunst findet man in der Gartennutzung. Wie aus der zeitgenössischen Literatur hervorgeht, war das Schreiben von Gedichten im Garten üblich. Ein Gedicht konnte auch aus einer einzigen Zeile bestehen, die in der Ecke der Veranda sitzend, beim Betrachten des Gartens verfasst wurde. Es konnte aber auch ein ritualisiertes Ereignis sein, wie zum Beispiel die regelmäßig abgehaltenen Dichterwettstreite. Der Wechsel der Jahreszeit, das Aufblühen einer Pflanze, wie zum Beispiel der Wisteria oder der Besuch eines Gastes, alles konnte Anlass für die Veranstaltung eines Dichterfestes sein. Eine dieser Dichterveranstaltungen war das Fest am gewundenen Bachlauf (*kyokusui-no-en*), das aus China oder Korea kam. Die Teilnehmer des Festes sitzen am Ufer eines gewundenen Bachlaufs. Eine mit *saké* gefüllte Schale wird auf das Wasser gesetzt und schwimmt den Bach hinunter, ein Dichter nimmt die Schale, leert sie und verfasst aus dem Stegreif ein Gedicht. Der Garten als Ort, wo Gedichte geschrieben werden – hier schließt sich der Kreis der Bezüge von Dichtung und Garten. Zuerst wurden Gedichte geschrieben während man die Natur betrachtete, dann wurden diese Bilder poesievoll in der Gartengestaltung umgesetzt, und schließlich wird der Garten genutzt, um dort Gedichte zu verfassen, in die ursprüngliche Bilder der Natur aufgenommen werden.

GARTEN ALS MANDALA

*Dieses auf Seide gemalte Mandala aus dem späten 9. Jhd. wird durch ein zweites ergänzt: Das Mandala der Diamantenen Welt und das Mandala der Welt des Mutterschoßes. Die Abbildung zeigt die Diamantene Welt (*kongōkai*) mit dem transzendentalen Buddha, Dainichi Nyorai, in seiner Beziehung zu anderen sagenhaften Buddhagestalten, die zu unterschiedlichen Zeiten gelebt haben. Die Anordnung des Mandala ist von verblüffender Ähnlichkeit mit dem Stadtplan von Heiankyō.* Kyōōgokokuji (Tōji), Kyoto

Einer der stärksten religiösen Einflüsse auf die Aristokratie der Heian-Zeit ging von der buddhistischen Shingon-Sekte aus, einer esoterischen Sekte, die im frühen neunten Jahrhundert von dem japanischen Priester Kūkai nach Japan eingeführt worden war.[19] Kennzeichnend für den Shingon-Buddhismus sind komplizierte mystische Riten und Kultobjekte, bestimmte Gesten (*mudra*), Gesänge (*mantra*) und religiöse Diagramme (*mandala*).[20] Ein Mandala zeigt die Grundstrukturen des geistigen Universums in unterschiedlicher Weise: Als abstrakt-philosophischen Ausdruck; in dreidimensionaler Form als Skulptur, beziehungsweise als Architektur oder in zweidimensionaler Form, dann wird es üblicherweise als komplexe Anordnung konzentrischer, ineinandergreifender geometrischer Figuren dargestellt. Es gab Mandalas sowohl im Hinduismus als auch im Buddhismus, doch die japanischen Mandalas der Heian-Zeit sind eindeutig buddhistischen Ursprungs. Sie zeigen Buddha in seinen unterschiedlichen Erscheinungen, zusammen mit seinen Anhängern in einer klaren kosmischen Ordnung.

In Indien wurden zweidimensionale Mandalas aus Sand oder aus Erde geschaffen, aber auch in architektonischen Formen. Später, als der Buddhismus in China eingeführt war, wurden sie auf Seide gemalt. Diese Form wurde von Priestern wie Kūkai nach Japan eingeführt. Die Shingon-Anhänger glauben, dass ein Mandala nicht nur die religiöse Lehre darstellt, sondern dass es mystische Kräfte enthält, die durch die Anwendung von mudra und mantra wachgerufen werden können. Ein Mandala kann als eine schützende Einheit betrachtet werden, und der Lageplan der Shingon-Tempel – die Anordnung der Buddhastatuen in den Gebetshallen, der Grundriss der Hallen selbst, die Platzierung der Pagoden (die heilige buddhistische Reliquien beherbergen) ebenso wie die Umgebung des Tempels im allgemeinen – waren als großmaßstäbliche, dreidimensionale Mandalas konzipiert. Ein Beispiel hierfür ist die Einsiedelei, die Kūkai auf dem Berg Koya errichtete. Ein weiteres Beispiel ist der Tōji-Tempel, dem Kūkai innerhalb der Stadtmauern von Heian-kyō vorstand. Der Tōji-Tempel war ursprünglich nicht als Shingon-Tempel erbaut worden. Er bestand bereits seit dreißig Jahren, als Kūkai aufgrund eines kaiserlichen Erlasses mit seiner Verwaltung betraut wurde. Er gab eine zweite Pagode in Auftrag, die eigens für zwei Mandalas gebaut wurde, die das Zentrum für esoterische Rituale und Kontemplation bildeten.[21] Man glaubte damals, dass der Tempel durch die Schutzkraft des Mandalas die gesamte Nation schützen könnte. Dies kommt auch in dem neuen Namen zum Ausdruck, den Kūkai dem Tempel gab – Tempel zum Schutze der Nation (*Kyōōgokoku-ji*).

Der Einfluß der Shingon-Sekte während der Heian-Zeit und das allgemeine Interesse der Aristokratie an mystischen Praktiken lässt vermuten, dass die Gartengestalter jener Zeit zu einem gewissen Grade ihre Arbeit als Mandalakonstruktion auffassten. In streng religiösem Sinn waren die Gärten keine buddhistischen Mandalas, in denen eine zentrale Buddhafigur von weiteren Buddha- und Boddhisatva-Gestalten umgeben ist. Der Aufbau der Gärten entsprach keiner exakten Kopie des symmetrischen und geometrischen, indischen und chinesischen Mandalas. Man glaubte damals, die Gartengestaltung könnte – durch die richtige Anordnung der verschiedenen geomantischen Elemente wie Steine, Pflanzen und Wasser – metaphysische Rahmenbedingungen schaffen, die den Gartenbesitzer und seinen gesamten Haushalt vor Unglück schützen. Die Gartengestalter sahen den Zweck eines Gartenentwurfs darin, ihn einem Mandala so ähnlich wie möglich zu gestalten, indem sie die Elemente des Gartens in Übereinstimmung mit den Prinzipien des geistigen Universums anordneten, um so gute Schicksalsmächte heraufzubeschwören.

Die Kunst der Leere

Die Gärten des Zen-Buddhismus

Das idealistische Denken von Heian-kyō öffnete den Weg zu einem neuen Realitätsbezug. Gegen Ende des 12. Jahrhunderts führte die Unfähigkeit der Aristokratie, ihre Vasallen und Ländereien zu kontrollieren, zu einem allgemeinen gesellschaftlichen Zusammenbruch. Die Krieger (*bushi*) entrissen dem Adel die Kontrolle und damit begann ein neues Zeitalter, das japanische Mittelalter. Um die mittelalterlichen Gärten zu verstehen, ist es notwendig einen Blick auf die allgemeinen gesellschaftlichen Entwicklungen zu werfen: An erster Stelle standen die sozialen und politischen Veränderungen, die dadurch hervorgerufen wurden, dass die Krieger-Kaste dem Adel die Vormachtstellung streitig machte und an sich riss. Damit fand ein männlich harter Ton Eingang in die Gesellschaft, der prägend für die gesamte Epoche war. Außerdem wurde die Schönheit des Einfachen zum Primat erhoben. Zweitens, erfuhr das kulturelle Ambiente einen Entwicklungsschub, weil eine neue große Welle chinesischen Einflusses, insbesondere der Zen-Buddhismus, nach Japan kam. In der Gartenkunst begann ebenfalls eine Neuentwicklung, denn nun wurden Gärten auch in den räumlich recht begrenzten Palastanlagen der Krieger und der Zen-Tempel in den Städten angelegt.

Links: Das südliche Tor wird alle fünfzig Jahre einmal für kaiserliche Prozessionen benutzt. Dann werden die weißen Sandkegel im Garten verstreut, um ihn symbolisch zu reinigen.
Daitoku-ji Honbō, Kyoto

MILITÄRREGIERUNG

Gesellschaft und Politik

Die Machtverlagerung vom Adel zur Krieger-Kaste begann bereits in der Mitte der Heian-Zeit, als die Epoche der Fujiwara auf ihrem Höhepunkt war und zahlreiche große Gärten angelegt wurden. Da sie an den Regierungspflichten kein Interesse hatten, entglitt den Adeligen die Kontrolle über ihre Ländereien. Eine Familie, die der Krieger-Kaste angehörte, die Taira, festigten nach und nach ihre Position und übernahmen 1156 die Kontrolle über den Hof in Kyoto – dies war damals der gebräuchliche Name für Heian-kyō – für kurze Zeit. Binnen drei Jahrzehnten schlugen die Minamoto – ebenfalls eine Familie der Krieger-Kaste, die von den Taira bei der Erobergung Kyotos besiegt worden war – zurück und brachten den Taira eine vernichtende Niederlage bei. Diese Schlachten werden von einer der großen epischen Dichtungen der damaligen Zeit, *Der Geschichte der Heike* (*Heike monogatari*), in allen Details beschrieben. Da sich die Minamoto nicht in Hofintrigen verwickeln lassen wollten, verlegten sie ihre Hauptstadt in sicherer Entfernung von Kyoto. Sie ließen sich in der Nähe des Siedlungsgebietes ihrer Vorfahren nieder, nahe dem heutigen Tokio. Der Machtwechsel leitete die Kamakura-Periode ein (1185 bis 1333), die nach der Stadt benannt ist, wo sich der neue Regierungssitz befand. Sogar der Name der neuen Regierung – *bakufu*, wörtlich: Vorhang-Regierung – weist auf die kriegerischen Ursprünge hin: *Baku*, Vorhang, bezieht sich auf die Sitte, ein Kriegslager mit einer langen, mannshohen Stoffbahn zu umgrenzen und so den Versammlungsort der höheren Ränge abzuschirmen.

Der kaiserliche Hof hatte faktisch seine Macht verloren, wurde aber als Statussymbol beibehalten. Eine Funktion, die der Hof noch ausüben durfte, war die Verleihung von Titeln. Zu diesen Titeln gehörte auch der des *seii-tai-shōgun* (Barbarenunterwerfender Generalissimus), abgekürzt *shōgun*. Diese Bezeichnung stammt aus der Nara-Zeit und war der Name für die Krieger, die gegen die *Ezo* zogen, einen Volksstamm, der im äußersten Norden des Reiches lebte. In der Kamakura-Zeit gab es nach den shōgun drei weitere Ränge der Krieger-Kaste: *kenin*, *samurai* und *zusa*. Die kenin waren den shōgun nahestehende Vasallen, dann folgten die *samurai* und zum Schluß die *zusa*, Fußsoldaten. Auch wenn der Name bakufu auf die militärische Herkunft der Regierung hinweist, so beschreiben die Titel kenin (ursprünglich: Hausmann) und samurai (ursprünglich: der Dienende) das Aufstiegsbestreben der Krieger-Kaste in der Kamakura-Zeit. Erst in der Edo-Zeit sollten die samurai den wichtigsten Rang innerhalb einer starren Klassenordnung einnehmen, und der Kriegerkult sollte sich zu einem streng formalen Rittertum (*bushidō*) entwickeln. Im Mittelalter wurde man allerdings Krieger aus Not. Mit den Shōgun an der Spitze der Gesellschaft, wurden die Krieger zum neuen Zentrum des gesellschaftlichen Lebens und demzufolge auch zu den Förderern der Kultur. In der Heian-Zeit hatte sich der Adel der Dichtkunst und einem feinsinnigen künstlerischen Zeitvertreib gewidmet. Die bushi waren in der Kriegskunst geübt und zeigten eine Vorliebe für Dinge, die eine einfache Strenge zur

Schau stellten. Die asketischen Holzskulpturen der Kamakura-Zeit kann man als Inbegriff ihres Kunstgeschmacks ansehen.

So wie die Fujiwara die Kaiser der Heian-Zeit beherrschen, wurde die Macht der Minamoto-Shōgune von deren Regenten, den Angehörigen der Hōjō-Familie, geraubt. Die Hōjō kontrollierten die Regierung bis zu Beginn des vierzehnten Jahrhunderts. Da wurden sie von zwei der damals führenden Militärkommandeure verraten, und das Shogunat von Kamakura nahm ein plötzliches Ende. Die Tatsache, dass eine Gesellschaft, in der Ehre und Loyaltät im Mittelpunkt des Lebens standen, durch Verrat zerstört wurde, ist vielleicht ein Hinweis auf den Grad des Verfalls, in dem sich die damalige Gesellschaft befand. Einer der beiden verräterischen Generäle, Ashikaga Takauji, übernahm die Kontrolle über den kaiserlichen Hof in Kyoto, erhob sich selbst in den Rang eines shōgun und bildete seine Regierung in Kyoto. Der Muromachi-Bezirk in Kyoto wurde schließlich zum Regierungssitz. Die Wahl von Kyoto als Hauptstadt, eine kultivierte Stadt mit vielen geschäftlichen Aktivitäten, sollte das Wesen des Shogunats und die Entwicklung der Künste nachhaltig beeinflussen.

Die Muromachi-Zeit (1333 bis 1568) wird als Zeit der großen Extreme angesehen, in der höchste gesellschaftliche Instabilität neben einem ebenso intensiven wirtschaftlichen Wachstum und künstlerischer Kreativität bestanden. Die durch das Shogunat zentralisierte Macht schwand immer mehr und mündete 1467 in den Onin-Krieg, einen zehn Jahre dauernden Kampf um die Nachfolge im Shogunat. Dabei wurde ein großer Teil von Kyoto in Schutt und Asche gelegt. Mitten in diesem Chaos und in eklatantem Gegensatz zu den harten Bedingungen, unter denen die Gesellschaft zu leiden hatte, unterstützten die Shogune und großen Zen-Tempel Künstler, die Stücke für das Noh- und das Kyōgen-Theater produzierten. Sie förderten die Versdichtung und die Gartenkunst. Die Gärten, die in jener Zeit entstanden, entsprechen in ihrer ästhetischen Grundlage der strengen, schmucklosen Einfachheit der Kamakura-Zeit wurden, aber mitten in der wirtschaftlichen Vitalität von Kyoto verwirklicht.

Die gesellschaftlichen Bedingungen des Mittelalters beeinflussten die Gartengestaltung insofern, dass sie einer beschützenden, wenn nicht wirklichkeitsfernen Haltung Ausdruck gaben, wodurch zu der Gewalttätigkeit jener Zeit ein Gegenpol geschaffen wurde. Die Gärten wurden Orte der Zurückgezogenheit. Auch die Themen der Gärten änderten sich. Man sah jetzt nicht mehr nach dem, was nahe vor Augen stand, sondern ließ seine Fantasie in ferne Länder schweifen. Jetzt standen nicht mehr die Bilder der Naturwelt der japanischen Inseln im Mittelpunkt, sondern die Bilder chinesischer Landschaften, die einzelne Themen der neuerdings bevorzugten Religion, des Zen-Buddhismus, zum Ausdruck brachten.

DIE ENTWERFER

ISHI-TATE-SŌ

Die Priester, die in der Kamakura-Zeit Gärten anlegten, hatten den Beinamen „Priester, die Felsen aufstellen" – ishi-tate-sō. Dieser Ausdruck leitete sich von dem Begriff ishi wo tatsu – „Felsen aufrecht stellen" – ab und war ein Synonym für Gartengestaltung. Die Bedeutung der Steine für die Gartengestaltung wird hier sehr deutlich. Der Name ishi-tate-sō tauchte zuerst in der späten Heian-Zeit auf und wurde auf die Priester des Ninna-ji Tempels angewandt, der zu der buddhistischen Shingon-Sekte gehörte. Es gab zwei bedeutende Priester, Hōin Jōi und Zōen Sōjō, die beide in dem Text über Gartenkunst – *Senzui narabi ni yagyō no zu* – aus dem fünfzehnten Jahrhundert erwähnt werden.[11] Es scheint, dass viele der ishi-tate-sō Wanderpriester waren, die durch das Land zogen und ihre Dienste als Gartengestalter anboten und dafür die Unterstützung vermögender Gönner erhielten.

Zur Zeit der Muromachi wurde der Begriff ishi-tate-sō meistens auf Priester der Zen-Tempel angewandt, ein Zeichen für die wachsende Popularität der Zen-Sekte, die damit auch an Mäzene und finanzielle Unterstützung herankam.

KAWARA-MONO

Die ishi-tate-sō waren überwiegend fromme Männer. In der Muromachi-Zeit gibt es aber Anzeichen dafür, dass sich eine Gruppe halb-professioneller Gartenbauer entwickelt hat, die alle Laienpriester waren. Diese Gärtner wurden als Senzui-kawara-mono bezeichnet. Kawa-ra-mono war ein abwertender Begriff für Angehörige einer niedrigeren Klasse, die am Fluss (kawara) lebten. Wegen der Insektenplage, der Seuchengefahr und der Überschwemmungen waren das die schlimmsten Orte, wo man nur leben konnte. Seit der Heian-Zeit wurden den kawara-mono ungeliebte und unangenehme Arbeiten übertragen, zum Beispiel waren sie Metzger und Totengräber. Sie führten die niedrigsten und schwersten Tätigkeiten auf den Baustellen aus. Deshalb wurden sie häufig auch zur Verrichtung niedriger Arbeiten bei der Anlage von Gärten hinzugezogen.[12] Im Laufe der Zeit erarbeiteten sich die kawara-mono einen großen Fundus an Wissen über Pflanzen, Steinsetzungen und andere Aspekte der Gartenkunst. Da sich im Laufe des Mittelalters die Strukturen der gesellschaftlichen Klassen veränderten, wurden die kawara-mono schließlich zu Recht als geschickte Gärtner anerkannt, und der Beiname senzui (Berg und Wasser, das heißt „Garten") wurden der Klassenbezeichnung hinzugefügt.

Von zwei Angehörigen der senzui-kawara-mono, Kotaro und Seijiro wird angenommen, dass sie den berühmten Felsengarten in Ryōanji angelegt haben, weil ihre Namen auf der Rückseite eines Felsens eingemeißelt sind. Es wird gesagt, dass im Mittelalter, als die allgemeinen gesellschaftlichen Umwälzungen die alten Klassenstrukturen zerstörten, die kawara-mono, die früher als „unberührbar" galten, nun wegen ihres Wissens und ihrer Geschicklichkeit gesucht wurden. Anfangs verkehrte nur die Krieger-Kaste mit den senzui-kawara-mono. Später machte sich der Adel ihre Fähigkeiten zunutze, und es wird überliefert, dass etwa um das Jahr 1430 sogar ein ehemaliger Kaiser sich um ihre Dienste bemühte.[13]

Kulturelle Entwicklung

Es wäre falsch, wenn man das Mittelalter in Japan ganz und gar mit dem Zen-Buddhismus gleichsetzen würde. In dieser Zeit florierten auch viele andere buddhistische Sekten, besonders die nicht-esoterischen, die beim einfachen Volk weit verbreitet waren. Betrachtet man jedoch die Wirkung auf ganz Japan, so war der Einfluss des Buddhismus im Mittelalter der dauerhafteste. Die Zen-Sekte mit ihren für die ranghohen Mitglieder der neuen Bushi-Klasse äußerst attraktiven Glaubensauffassungen hatte die weitreichendsten Auswirkungen auf die Kunst jener Zeit.

Es wird gesagt, dass die Geschichte des Zen-Buddhismus mit dem indischen Weisen Bodhidharma – im Japanischen *Daruma* – beginnt, der seine Lehre des Buddhismus im frühen 6. Jahrhundert n.Chr. nach China brachte. Tausend Jahre nach dem historischen Buddha, hatte sich der Buddhismus in zahlreiche Sekten aufgesplittert. Viele dieser Sekten vertraten den Standpunkt, dass eine aus eigener Anstrengung gewonnene Erleuchtung für Sterbliche unerreichbar ist und riefen für die Rettung ihrer Seelen die wohlwollende Unterstützung der bereits erleuchteten Buddhas oder Boddhisatvas an. Die Bodhidharma Lehre sah ihren Schwerpunkt in der Meditation. Sie galt als ein Mittel, um zur Erleuchtung zu gelangen, das auch der historische Buddha Shakamuni angewandt hatte. Das Wort für Meditation, *dhyana* in Indien, wurde in China zu *ch'an*. Dort entwickelte sich die ursprüngliche Lehre Bodhidharmas zum Ch'an-Buddhismus. Zen ist nicht anderes als die japanische Aussprache des chinesischen Wortes Ch'an. Der Meditations-Buddhismus kam während der Heian-Zeit nach Japan, fand aber keine Anhänger in der Aristokratie, da sie die kunstvollen Rituale der esoterisch orientierten buddhistischen Sekten vorzogen. Im zwölften Jahrhundert befand sich der Ch'an-Buddhismus in China auf dem Höhepunkt seiner Entwicklung, und in Japan entstand eine Gesellschaft von Kriegern, die für die Glaubenssätze dieser Sekte sehr viel empfänglicher waren als die Adeligen der Heian-Zeit.

Die beiden Priester Eisai und Dōgen werden als die Begründer des japanischen Zen-Buddhismus angesehen. Die von Eisai gegründete Rinzai-Sekte förderte die Theorie der „plötzlichen Erleuchtung", wohingegen die Sōtō-Sekte von Dōgen dem Pfad der „schrittweisen Erleuchtung" folgte. In der Praxis waren beide Priester Verfechter der Meditationstechnik. Im Zen-Buddhismus spielte sie eine zentrale Rolle, aber in der Rinzai-Sekte führt der Meister den Schüler durch einen Lernprozess von Fragen (*kōan*) und Antworten (*zen mondō*).[1] Der Schüler konzentriert sich auf einen *kōan*. Das intensive Nachdenken darüber – im Zuge der Meditationsübungen und während des ganzen Tages – durchbricht das dualistische Denken und verursacht schließlich einen plötzlichen Durchstoß zu einer höheren Bewusstseinsebene. Die wichtigste Übung der Sōtō-Sekte von Dōgen ist das *zazen* (oder *shikan tanza* = „nur sitzen") – Meditation im „Lotussitz", bei der die Beine verschränkt sind und der Rücken gerade gehalten wird.

Zen-Buddhismus

Zazen unterstützt die langsame, natürliche Atmung und den unkontrollierten Fluss von Gedanken und Emotionen. Man sucht den mittleren Weg – keine Ängste und keine Wünsche – und die Erleuchtung ist die Erscheinung, die eine möglichst vollständige Selbstverwirklichung begleitet.

Die Anziehungskraft, die der Zen-Buddhismus auf die Kriegerelite von Kamakura ausübte, findet sich in mehreren Aspekten dieser Religion.[2] Da es sich um eine neue Sekte handelte, fehlte ihr vor allem die Machtbasis und die Vorliebe sich in die Politik einzumischen, wie dies die alten buddhistischen Organisationen handhabten. Die Zen-Tempel entwickelten sich nicht zu Großgrundbesitztümern, sondern waren der Kontrolle der Krieger-Kaste unterworfen, von deren Unterstützung sie abhingen. Zudem reizte die Kriegerelite der enge Bezug zum kulturellen Gedankengut und den Kultgegenständen, die aus China kamen. Infolge der Invasion der Mongolen, die der Sung-Dynastie ein Ende bereiteten, flohen viele chinesische Ch'an-Priester nach Japan. Diese Priester brachten breitgefächerte Kenntnisse aus intellektuellen und künstlerischen Bereichen mit, kulturelle Insignien der chinesischen Literaten, die von den japanischen Zeitgenossen hochgeschätzt wurden.

Neben diesen sozio-politischen Erklärungen, war der Zen-Buddhismus als Religion für die Bushi-Elite von besonderem Interesse, weil er seinem Wesen nach das Selbstvertrauen des einzelnen förderte. Im Zen-Buddhismus kann jeder durch persönliche Anstrengung in den Zustand der Erleuchtung gelangen. *Tariki* und *jiriki* veranschaulichen dieses Konzept. Die Praxis der anderen Sekten, ein höheres Wesen um Hilfe bei der Errettung zu bitten, wird als tariki bezeichnet – von außen kommende Hilfe, Stärke, Kraft; wohingegen die individuelle Meditation, wie sie im Zen-Buddhismus geübt wird, um zur Erleuchtung zu gelangen, als jiriki – Selbsthilfe, Stärke, Kraft die von einem selbst kommt – bezeichnet wird. Für Männer, die einen Großteil ihres Lebens der Selbstertüchtigung gewidmet hatten, und deren Erfolg im Feld von ihrer körperlichen Verfassung abhing, musste die Erleuchtung aus eigener Kraft, die im Mittelpunkt der Lehre der Zen-Sekte steht, wie eine natürliche Erweiterung ihres Lebens erscheinen.

Die Loslösung von weltlichen Bindungen – sowohl von der Angst vor Schmerzen als auch von dem Wunsch nach Lebensfreude – führt schließlich zu einer Entäußerung, zu einem Zustand des Nicht-Selbst-Seins (*munen musō*: keine Form, kein Gedanke). In der Schlacht wurde die Fähigkeit, einen klaren Kopf zu bewahren höher bewertet als die rohe körperliche Kraft. Es ging darum, alle störenden Gedanken auszuklammern, bis zu einem gewissen Grade sich selbst und die Angst vor dem Tod zu überwinden. Diese Haltung konnte entscheidend sein für Sieg oder Niederlage und war damit für den Krieger lebenswichtig. Die Ideale der chinesischen Literaten aus der Sung-Dynastie, des chinesischen Ch'an-Buddhismus und später des Zen-Buddhismus beeinflussten die japanische Gartengestaltung. Alle drei waren bestrebt, hinter die sichtbaren Aspekte der Welt zu blicken, um verborgene, übergeordnete Wahrheiten aufzudecken. Die Konzentration auf die „innere Wahrheit" und die damit verbundene Verachtung der Oberflächlichkeit oder des Ornaments wurde zur Grundlage der Künste. Deutlich wird dies in den kargen Gartenentwürfen der mittelalterlichen Zen-Tempel.

Der Stein in der Mitte stellt den Berg Shumisen dar, die anderen Steine erinnern in sehr abstrahierter Form an das Bild der acht Gebirgszüge und Meere, die den heiligen Berg umgeben.

Ryōgen-in, Daitoku-ji, Kyoto

DIE SHOIN-ARCHITEKTUR

HOSOKAWA-PALAST, KYOTO
Die Zeichnung wurde nach dem um 1550 datierten Original im Rakuchū rakugai zu *angefertigt*

1. PAPIER-SCHIEBETÜREN, *shoji*
2. GARTEN
3. ÄUSSERE MAUER
4. EINGANGSHOF
5. HAUPTTOR
6. KUTSCHENVORFAHRT, *kuruma yose*
7. DIENSTBOTENEINGANG
8. GESCHWUNGENER GIEBEL, *kara hafu*
9. HAUPTHALLE
10. TATAMI

DIE EINBINDUNG IN DIE UMGEBUNG

Die großmaßstäblichen Tempel und shinden-Paläste der Heian-Zeit öffneten den Weg für eine neue Form der Architektur im Mittelalter. Durch die Verwendung von Mauern und beweglichen Wandschirmen erhielten die Paläste der Krieger (*buke-yashiki*) eine großzügigere Raumaufteilung und die privaten und öffentlichen Bereiche wurden klar voneinander getrennt. Die Größe der Tempelanlagen wurde allgemein kompakter, dadurch verkleinerten sich die mauerumschlossenen Außenbereiche, in denen die Gärten angelegt wurden. In der Muromachi-Zeit setzte sich diese Veränderung in der Architektur fort und entwickelte sich zu der Architekturform, die *shoin-zukuri* genannt wird. Der *shoin*, der dem Stil seinen Namen gab, ist ein in der Außenmauer integrierter Alkoven mit papierbespannten niedrigen Fensteröffnungen, ein gut belichteter Bereich, der zum Lesen und Schreiben geeignet ist. Als Zeichen der Zugehörigkeit zur gebildeten Klasse wurde der shoin zu einem wichtigen Detail sowohl in den Palästen der Krieger als auch in den *hōjōs* der Zen-Tempel.[3]

Die shoin-Architektur hat auch in vielerlei Hinsicht die Gartengestaltung beeinflusst. So hat sich zum Beispiel die Gestaltung des Eingangs verändert. Ursprünglich hatten die Tempel ein überdachtes Eingangstor, das direkt südlich der Haupthalle (*hondō*) in die Mauer eingefügt war. Es war hochrangigen Besuchern vorbehalten. Ein schmaler Weg führte durch einen formal gestalteten Hof vom Tor direkt zur Haupthalle. Bei den shinden-Palästen ging der Gast durch das mittler Tor und den südlichen Hof zum Eingang des Hauses. Sowohl bei den Tempeln, als auch bei den shinden-Palästen waren die Eingänge von den Gebäuden durch einen Garten getrennt, der unmittelbar vor der Südseite des Hauptgebäudes angelegt war. Mit dem shoin-Stil kamen neue architektonische Gestaltungsformen auf, zum Beispiel die sogenannte Kutschenvorfahrt (*kuruma-yose*). Später kam dann noch ein Eingangsvestibül (*genkan*) hinzu.[4] Das sich etwas seitlich versetzt zur Haupthalle – oder dem Haupthaus eines Palastes – befand und gewöhnlich Teil eines Nebengebäudes war. Durch die Trennung von Eingangs- und Außenraum, der ja bislang unmittelbar mit dem Hauptgebäude verbunden war, stand den Gestaltern nun mehr Raum für die Umsetzung ihrer künstlerischen Ideen zur Verfügung.[5] Die relativ geringe Größe des Außenbereiches und seine unmittelbare Nähe zur Haupthalle diente eher als Anregung für die Anlage von Kontemplationsgärten als der Ausweisung von bedeutenden Eingängen.

Das kontemplative Wesen der Gärten wurde noch durch weitere Veränderungen der shoin-Architektur, wie zum Beispiel die Einführung der tatami-Matten gesteigert. Mit den Schilfmatten im Format 1 × 2 Metern wurde der gesamte Fussboden von Wand zu Wand bedeckt. Die Papier-Schiebetüren (*shōji*) der shoin-Architektur erlaubten eine größere Flexibilität hinsichtlich der Aufteilung in Innen- und Außenräume, im Vergleich zu den fest eingehängten Holzwänden (*shitomi*).

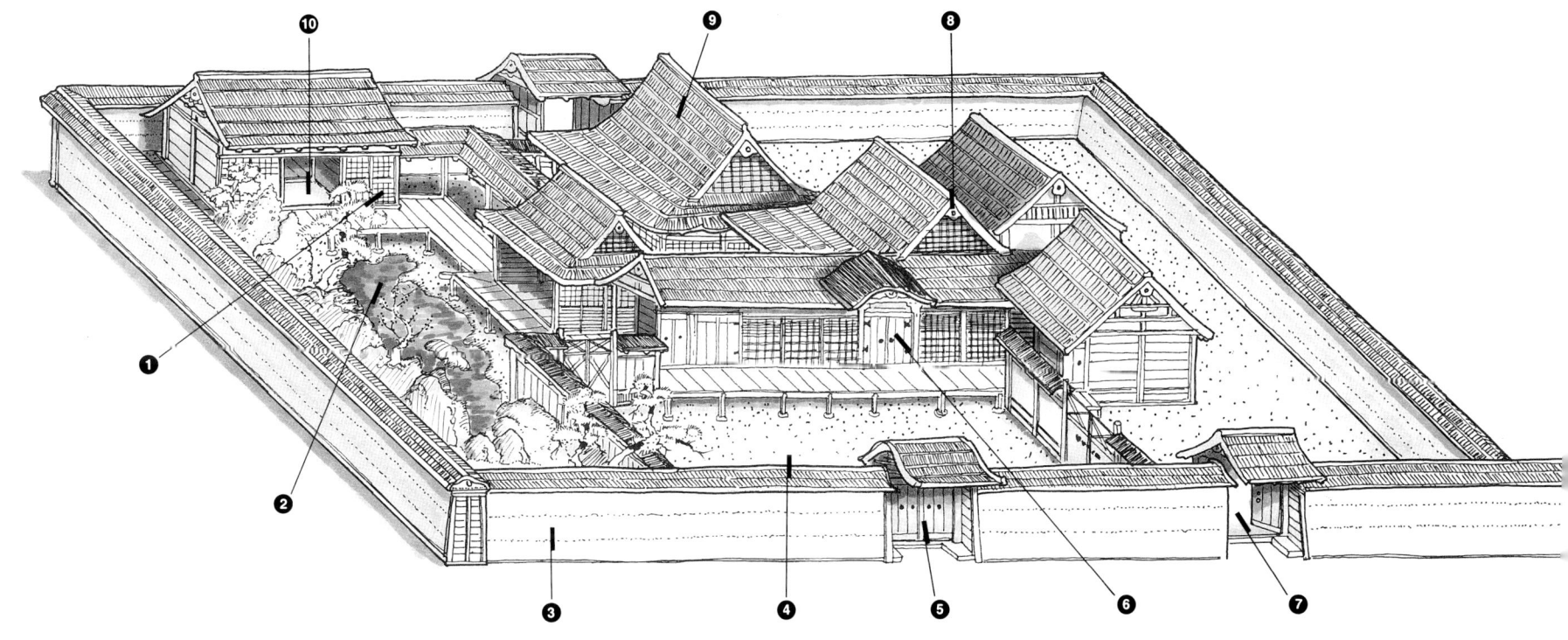

Die Gärten des Zen-Buddhismus

Das Ästhetische Ideal

YŪGEN Nachdem sich der Wandel von einer aristokratischen Gesellschaft zu einer Gesellschaft vollzogen hatte, deren Grundlagen die moralischen Vorstellungen einer Kriegerkaste waren, die außerdem durch die Lehren des Zen-Buddhismus noch verstärkt wurden, gewann das ästhetische Ideal höchste Bedeutung. Das höchste ästhetische Prinzip der damaligen Zeit hieß *yūgen* und wurde mit den Schriftzeichen für „matt, leise, schwach bzw. gedeckt" und „dunkel bzw. geheimnisvoll" umschrieben. Die Bedeutung dieses Wortes könnte man mit „Tiefgründigkeit" umschreiben. Das Wort ist chinesischen Ursprungs und bezog sich ursprünglich auf etwas, das zu tief ist, als dass man es sehen könnte. In der Heian-Zeit, wurde yūgen als Adjektiv verwendet und bedeutete unberührbar. Es beschrieb damit eine in ihrem Wesen tiefgründige oder geheimnisvolle Art der Dichtkunst. Später, während der Kamakura-Zeit, wurde yūgen zu einem eigenständigen Begriff der Ästhetik. Ursprünglich nur auf die Dichtkunst angewandt wurde yūgen zum Inbegriff der ästhetischen Ideale der damaligen Zeit und beeinflusste nicht nur die Literatur, sondern auch das Theater, die Malerei und selbstverständlich auch die Gartenkunst. In Übereinstimmung mit dem Zen-Buddhismus wurde yūgen in Zusammenhang mit dem wahren Wesen der Wirklichkeit gebracht, die sich hinter der trügerischen, zur Schau gestellten Fassade der Welt verbirgt.

Yūgen birgt aber auch einen dem Wort innewohnenden, dunklen Aspekt. Es drückt weniger die sentimentale Melancholie der Höflinge der Heian-Zeit aus, sondern eine sehr viel reichere und stärkere Gemütsbewegung. Yūgen repräsentiert die Ästhetik einer turbulenten Zeit und einer bestimmten Gruppe von Männern, die viel von der rauhen und blutigen Seite des Lebens kennengelernt haben. Ihre Erfahrungen im Zuge der Selbstertüchtigung und in der Schlacht haben sie unweigerlich in der Wahrnehmung ihres Lebens und in ihrem Kunstgeschmack geprägt. In der Literatur standen jetzt nicht mehr Liebesgeschichten an erster Stelle, sondern epische Dichtungen über große Schlachten. In der Dichtkunst herrschte ein dunkler, gedrückter Unterton, und in der Gartengestaltung reduzierte man bis zum Letzten.

Ein weiteres Grundprinzip jener Zeit war *yohaku-no-bi*, die Ästhetik des Kargen, wörtlich: „Die Schönheit des besonders Weißen". Diese sparsame Ästhetik kommt deutlich in den reduzierten Tuschemalereien des Mittelalters zum Ausdruck, mit den zum großen Teil unbemalten Papieren, aber auch in den leeren Räumen der Gärten jener Zeit. Yohaku-no-bi ist aber keineswegs ein ästhetisches Fest der Farbe Weiß und versucht auch nicht Weiß überall einzusetzen. Es ist ein Prinzip, dem das Weglassen wichtiger ist als das Hinzufügen. Das Geheimnisvolle von yūgen wird hier insofern wieder aufgenommen, als dass der nicht nachweisbare Teil eines Kunstwerkes sein angenehmstes Merkmal ist. Vielleicht haben wir es hier mit dem Ursprung des Prinzips „less is more" – weniger ist mehr – zu tun. Auch wenn die extreme Reduktion vor allem eine Bedeutung hinsichtlich der Ästhetik hat, repräsentiert sie zugleich eine der tragenden Säulen der Gedanken des Zen-Buddhismus – die Leere (*kū*) oder das, was so häufig als das Nichts (*mu*) bezeichnet wird. Der Zen-Buddhismus vertritt den Gedanken, dass die Welt der äußeren Erscheinungen nur eine Illusion, ein Nichts ist. Für die Erleuchtung ist die, durch Meditation erlangte Erkenntnis fundamental.

YOHAKU NO BI

Das Gartenbild weckt Assoziationen an hohe Berge und geheimnisvolle Täler. Daisen-in, Daitoku-ji, Kyoto

Die Gärten des Zen-Buddhismus

Die Sand-und-Steine-Gärten, die man in den Höfen der Zen-Tempel und bei einigen Kriegerpalästen findet, werden häufig als „Zen-Gärten" bezeichnet. Ihr richtiger Name ist *kare-san-sui*. Wörtlich heißt das: Trockene-Berg-Wasser-Gärten. Der Name nimmt Bezug auf die Komposition des Gartens, in die eine abstrakte Berg- und Wasserlandschaft (das Meer oder ein Fluss) integriert sind, ohne dass dabei richtiges Wasser eingesetzt wird.

Ursprünglich waren die Gärten des frühen Mittelalters eine Weiterentwicklung der großen Teichgärten der Heian-Zeit. Eine Veränderung dieser größeren Gärten wurde dadurch hervorgerufen, dass man nicht länger den Garten vom Boot aus betrachtete, sondern ihn nun zu Fuß erkundete. Aber wichtiger für die Entwicklung der Gartenhöfe im Stil der kare-san-sui-Gärten war die neue Art, wie man mit Felsblöcken umging, um allegorische Szenen des Zen-Buddhismus darzustellen. Ein klassisches Beispiel ist das Arrangement von Felsen zum „Drachentor-Wasserfall" (*ryū-mon-baku*): Es handelt sich um eine Felskomposition, die einen Wasserfall darstellt, häufig allerdings ohne fließendes Wasser (*kare-taki*) und in der folgenden Anekdote beschrieben wird. Es gab in China einen berühmten Fluss mit einem mächtigen, dreifach gestuften Wasserfall. Wenn ein Fisch stark und entschlossen genug wäre und es ihm gelänge, bis an den Scheitelpunkt dieses Wasserfalls emporzuschwimmen, würde er in einen Drachen verwandelt werden.[6] In Japan hat man diese Anekdote immer als Allegorie für das Studium des Zen-Buddhismus und die Erleuchtung durch Selbstertüchtigung und Meditation verstanden. Ein frühes Beispiel eines Drachentor-Wasserfalls wurde während der Kamakura-Zeit als Teil eines größeren Gartens beim Tenryu-ji-Tempel gebaut. Aber erst in der späten Muromachi-Zeit erfuhr der klassische kare-san-sui-Garten eine eigenständige Entwicklung, indem ein relativ kleiner Gartenhof vollständig als Skulpturengarten angelegt wurde.

Der kare-san-sui-Garten bestand bereits vor der Muromachi-Zeit, das Wort taucht bereits im 11. Jahrhundert in dem *Handbuch der Gartenkunst, Sakuteiki*, auf, war damals jedoch ein Teil einer größeren Gartenanlage, in die man eintreten und sich bewegen konnte. Die Neuerung im Mittelalter war, dass diese Gärten ausschließlich zur Betrachtung von der unmittelbar benachbarten Haupthalle angelegt wurden und treffenderweise als Kontemplationsgarten (*kansho-niwa*) bezeichnet werden. Der Betrachter betritt den Garten nicht, sondern er ergründet ihn rein geistig. So konnte ein im Grunde genommen ziemlich kleiner Garten als grenzenlos empfunden werden. Damit kam der philosophische Gedanke zum Tragen, dass das Große im Kleinen zu erfahren ist – ein Gedanke, der auch in der Lehre des Zen-Buddhismus zu finden ist. Als der erste Betrachtungsgarten gilt der berühmte Garten in Ryōanji, der bereits um 1499, als der hōjō gebaut worden war, angelegt wurde. Ein weiteres Beispiel ist der Ryōgen-in-Tempel, dessen nördlicher Garten 1517 geschaffen wurde. Es wird andere Gärten dieser Art bereits früher gegeben haben,

KARE-SAN-SUI

auch wenn nichts mehr davon erhalten ist. Die relativ schnelle Einführung des Kontemplationsgartens im kare-san-sui-Stil ist einer der großen kreativen Sprünge in der Geschichte der japanischen Gartenkunst.

Die Ästhetik der Kargheit, die während der Kamakura-Epoche aufkam, erlebte in der Muromachi-Zeit unter der Schirmherrschaft der Zen-Tempel, der Feudalherren und der wohlhabenden Kaufleute ihre Blütezeit. Die wirtschaftliche Vitalität der damaligen Epoche ließ eine Gesellschaft entstehen, in der die Künste sehr gefördert wurden. Dies traf insbesondere auf Kyoto zu, wo die hier residierenden Miglieder des kaiserlichen Hofes großen Einfluss ausübten. Die Zen-Tempel wurden zu Zentren der Lehre, dort wurden literarische Abhandlungen verfasst und in ihren Mauern wurden Künstler gefördert. Die Gärten, die in dieser kulturellen Umgebung mit ihrer Mischung aus spirituellen und säkularen Tätigkeiten geschaffen wurden, verbinden Aspekte beider Seiten. Einerseits spiegelten die Gärten die geistige Lehre des Zen-Buddhismus wieder und wurden zum Teil dazu verwendet, die Meditationen zu unterstützen, andererseits waren sie Kunstwerke, die man wie ein Stück Malerei betrachten konnte.

Die Kontemplationsgärten in den Innenhöfen der Zen-Tempel der Muromachi-Zeit, verkörpern einen der großen kreativen Entwicklungsschritte in der Geschichte der japanischen Gartenkunst. Ryōanji, Kyoto

MEDITATIONSGÄRTEN

Eine Verbindung zwischen dem Leben nach der Lehre des Zen-Buddhismus und den Zen-Gärten ist die tägliche Reinigung.

Meistens sind kare-san-sui-Gärten Meditationsgärten. Die allgemein bekannte Szene, die jeder vor Augen hat, zeigt eine Reihe von Priestern, die im Lotussitz völlig entspannt auf der Veranda eines Tempels sitzen und auf den Garten blicken. In Wirklichkeit findet man dieses Bild nur sehr selten.[7] Ursprünglich wurde in Indien in der freien Natur meditiert, an einsamen Orten, wo die Sinne keinen Reizen ausgesetzt sind, wie zum Beispiel in einer Höhle, gegenüber einer Felswand sitzend. In China gab es eine andere Praxis. Es wurde in den *zendō*, schwach erleuchteten Meditationshallen, meditiert, dort wo die störenden Einflüsse ausgeschlossen waren. Schließlich kam diese Praxis, in einem zendō zu meditieren, nach Japan. Sogar heute noch findet die allgemeine tägliche Meditation in diesem Raum statt. Aber die Priester können immer und überall meditieren, wo es ihnen gerade richtig erscheint. Gelegentlich – allerdings nicht sehr oft – wird dann auch der Garten als Ort für die Meditation gewählt.

Die Gärten als einen Mittelpunkt für zazen anzusehen, kann Probleme verursachen, denn die großen, mit weißem Split bedeckten Flächen in den Gärten sind oft zu grell, als dass sie sich tagsüber zu Meditationsübungen eignen würden. Nachts, ohne künstliche Beleuchtung und ohne Mondlicht, ist es einfach zu dunkel, um den Garten überhaupt wahrnehmen zu können. Deshalb sind die Gärten selten Rahmen für die Meditationen im engeren Sinn, aber dennoch drücken sie die Lehren des Zen-Buddhismus aus.

Die Gärten waren mit dem Leben in einem Zen-Tempel meist durch die tägliche Pflege verbunden. Gemäß den Regeln des Zen-Buddhismus ist Reinlichkeit im Leben sehr wichtig. Mit viel Aufwand wird der Tempel und der Körper, der als Tempel der Seele angesehen wird, reingehalten. Ein Teil dieser Arbeit besteht darin, in den Garten hinauszugehen und ihn vom herabfallenden Laub und unerwünschtem Unkraut zu befreien, den Sand zu glätten, und mit der Harke das Wellenmuster wiederherzustellen. Dies ist eine zeitaufwendige Arbeit, die allerdings trotz ihrer Einfachheit große Aufmerksamkeit und Beherrschung verlangt, damit sie ordentlich verrichtet wird. Dieser Reinigungsprozess ist friedfertig, vielleicht sogar meditativ, wie auch andere einfache Verrichtungen im Tempel, zum Beispiel das Wischen der Gänge oder das Abfegen der Tatami-Matten.[8]

Auch wenn im Zen-Buddhismus häufig die Erleuchtung als das höchste Ziel angegeben wird, ist der Prozess zur Erleuchtung, der Weg, den man zurücklegt, um dorthin zu gelangen, ebenso wichtig. Das bedeutet zu jeder Zeit sehr bewusst zu leben und das Wesen Buddhas in allem, mit dem man in Berührung kommt, zu erkennen – die wahre innere Wirklichkeit. Allen Dingen wohnt das Wesen Buddhas inne, und jede Handlung kann es zum Ausdruck bringen. Das heißt, man kann durch Zazen-Meditation zur Erleuchtung gelangen, aber genausogut beim Teetrinken, beim Arrangieren von Blumen, beim Bogenschießen oder bei der Gartenarbeit. Alle diese Tätigkeiten, in der eine Kriegskunst oder eine säkulare Kunst als Mittel gewählt wird, um zum inneren Frieden oder zu einer höheren Bewusstseinsebene zu gelangen, werden als *dō* (Weg) bezeichnet. Dieser Begriff entwickelte sich während der Edo-Zeit. Es gibt zum Beispiel *sadō*, den Weg des Tees; *kadō*, den Weg der Blume; *kyūdō*, den Weg des Bogens und so weiter. Einen „Weg der Gartenkunst" gibt es nicht, aber man kann sagen, dass in den Zen-Tempeln die Gartenpflege auch als ein Weg verstanden wurde.

Eine weitere Verbindung zwischen dem Zen-Buddhismus und den Gärten liegt im allegorischen Gehalt. Die Gartengestalter hinterlegten ihre Arbeit mit Bildern, die bestimmte Grundsätze des Zen-Buddhismus reflektierten. Somit können die Gärten auch als Allegorien zur Unterstützung der Lehre des Zen-Buddhismus dienen, wie das Beispiel jener Geschichte zeigt, die mit dem Garten des Daisen-in Tempels in Zusammenhang gebracht wird. In der nordöstlichen Ecke des *hōjō* beginnend, suchen Wellen weißen Sandes sich ihren Weg zwischen aufrecht stehenden Felsblöcken. Hier wurde als Landschaftsszenerie eine Flussquelle dargestellt, die aus einer Bergschlucht hervorsprudelt. Das Bild der „hohen Berge und der geheimnisvollen Täler" (*shinzan-yūkoku*) hat Ähnlichkeiten mit dem Drachentor-Wasserfall und ist eindeutig als *Quelle* (des Lebens, der Wahrheit etc.) zu verstehen. Der Flussquell mündet in einen breiten Fluss, dessen Breite und Mannigfaltigkeit die Prüfungen und Kümmernisse des Lebens darstellen. In ihm befinden sich auch die Schildkröten- und die Kranichinsel, Symbole für Langlebigkeit und Dauerhaftigkeit, die ihren Ursprung in den alten Erzählungen der *hōrai* haben. Dieser Fluss nimmt seinen Weg in den südlichen Bereich des *hōjō* (die beiden Flüsse sind konzeptionell, aber nicht tatsächlich miteinander verbunden), hier stellt eine große Fläche, die mit geharktem Sand bedeckt ist, den weiten Ozean und den immerwährenden Frieden des Paradieses dar.[9]

Ein Drachentor-Wasserfall: Karpfen werden zu Drachen, Menschen werden zu Buddhas. Tenryū-ji, Kyoto

DER GARTEN ALS GEMÄLDE

Diese Komposition von Felsblöcken, die Sesshū zugeschrieben wird, zeigt die gleiche winklige Dynamik, wie man sie auf manchen seiner Tuschemalereien findet. Manpuku-ji Shimane

Verschiedene Aspekte des Gartens stehen mit der Religionslehre des Zen-Buddhismus in Beziehung, trotzdem war der Garten in erster Linie ein Werk der religiösen Kunst.[10] Den stärksten Einfluss auf die Kunst jener Zeit übten die lavierten Tuschezeichnungen der Südlichen Sung-Dynastie in China (1127 bis 1215) aus, zweihundert Jahre vor der Muromachi-Zeit (1333 bis 1568). Trotzdem waren die Zeichnungen der Sung-Zeit die wichtigsten Vorlagen für die Maler des Mittelalters in Japan.

Viele chinesische Malereien waren Landschaftsdarstellungen (*san-sui-ga*). Zu den gängigsten Bildmotiven gehörte die Darstellung von Einsiedeleien, die Klausen von einsam lebenden Gelehrten in der riesigen Weite der Natur. Diese Bilder übten einen großen Reiz auf die japanischen Priester aus. Die karge Schlichtheit der Bilder entsprach dem damaligen Geschmack, ebenso wie die Vorliebe für Dinge, die eine innere Wahrheit offenbarten. Zeitgleich mit der Erfindung des Papiers und der Tinte begannen die japanischen Künstler mit den gleichen Maltechniken zu arbeiten, und während der Muromachi-Zeit zählten die Zen-Tempel in Kyoto zu den wichtigsten Schirmherren dieser Künstler. Es ist gewiss von Interesse, an dieser Stelle anzumerken, dass zwar die meisten Malereien Landschaftsdarstellungen waren, aber es handelte sich dabei nur in den seltensten Fällen um japanische Landschaften. Berühmte chinesische Landschaften, die in der Zeit der Sung-Dynastie von Malern dargestellt wurden oder Landschaftsbeschreibungen in der Dichtung, bildeten die Vorlagen der japanischen Künstler, die nie in ihrem Leben ihr Heimatland verlassen hatten. Deshalb kann man diese Darstellungen auch nicht als „Landschaftsmalerei" im engeren Sinne bezeichnen, sondern es handelt sich um Gemälde, die die Bildsprache der Landschaft als Metapher für religiöse Bilder einsetzen oder als Mittel ansehen, um den Bildern einen eigenen, persönlichen Ausdruck zu verleihen. Letzteres erinnert an die Dichtkunst der Heian-Zeit.

Die lavierten Tuschezeichnungen wurden auf unterschiedliche Art und Weise in den Gärten nachgestaltet, eine davon ist die völlige Ausgewogenheit. Die Gartenkünstler bedeckten nach der Vorlage der Zeichnung, den weißen Flächen entsprechend, das Gelände mit Sand. Diese leeren Räume, sowohl die ungemalten „Nebelschleier" auf den Zeichnungen, als auch der feine weiße Kies in den Gärten, werden *ma* bezeichnet und drücken die Ästhetik des yohaku-no-bi aus. Auch die Verwendung von Steinen in den Gärten entspricht den Tuschezeichnungen in mehrerer Hinsicht: Durch Schichtung verleihen die Steine dem Garten Tiefe. Wenn Steine in eine weiße Sandfläche gesetzt werden, übernimmt der Sand die gleiche Funktion wie das unbemalte Papier, selbst die Dynamik der Pinselstriche lässt sich mit der sorgfältigen Auswahl und Platzierung von Steinen nachbilden. Hinzu kommt, dass die Gartengestalter auch in der Farbgebung die gleichen Farbtöne einsetzten wie in den Malereien. Indem die Gartenkünstler dunkle Steine, weißen Sand und dunkelgrüne Pflanzen einsetzen, wird die ganze Szene monochrom. Der schlichte Geschmack ist ein Charakteristikum der Gartengestalter in der Muromachi-Zeit.

Winterlandschaft, Sesshū Tōyō.
National Museum, Tokio

DER GARTEN UND DIE KUNST DES BONSAI

Es gibt noch eine andere Erklärung für das Auftauchen dieses neuen, kühnen Stils in der Gartenkunst. Zu den zahlreichen kulturellen Strömungen, die während der Kamakura-Zeit aus China eingeführt wurden, gehörte auch die Kunst des *bonsai*, wörtlich „Pflanzen in einer Schale". Auf dem *Kasuga gongen kenki e-maki*, einer Malerei des frühen 14. Jahrhunderts, ist eine Szene mit einem bonsai dargestellt, der auf einem Tisch im Garten neben der Veranda steht. Zur gleichen Zeit wie sich der kare-san-sui in den Zen-Tempeln entwickelte, etablierte sich bonsai in Japan als Zeitvertreib. Im Grunde genommen folgen bonsai und die Gartenkunst den gleichen Prinzipien: Persönliche ästhetische Vorstellungen werden durch die Bildsprache der Natur dargestellt. Da man eine Landschaftsszene in einer Schale darstellen wollte, waren die Materialien und die Gestaltungstechniken beim Bonsai aufs Äußerste beschränkt, wie zum Beispiel die Prämisse, ihn in einem ausgewogenen unregelmäßigen Dreieck darzustellen. Aber all dies entsprach auch der Entwicklung in der Gartengestaltung. Die meisten bonsai sind zwergwüchsige Pflanzen. Es gibt auch einen *bonseki* (Schalensteine) genannten Stil. In diesem Fall werden zu den bonsai Felsen hinzugefügt, oder sie werden allein zur Gestaltung einer Naturszene eingesetzt. Die auffällige Ähnlichkeit von bonsai, bonseki und den kare-san-sui der Zen-Tempel hinsichtlich Gestaltung und Materialien, lässt den Gedanken aufkommen, dass vielleicht diese Landschaften in der Schale die Hauptinspirationsquelle für die Schaffung der Gärten war.

Der geistige Weg

Der Teegarten

Das ausgehende japanische Mittelalter war von großen Gegensätzen geprägt. Gewalttätige Aufstände in der gesamten Gesellschaft verwüsteten weite Teile des Landes. Dennoch erhielten die Künste in dieser Zeit grundlegende Inspirationen. Im Spätmittelalter bestanden in Japan die gegensätzlichen Schönheitsideale von Prunk und Askese gleichberechtigt nebeneinander. Nirgendwo kann man diese Unterschiede deutlicher erkennen als in den beiden gegensätzlichen Architekturformen, die zu jener Zeit eine Blüte erlebten – die Burgen und die Teehäuser. Zu einem Teehaus gehört ein bescheidener, naturnaher Garten.

Zu den allgemeinen Entwicklungstendenzen, die den Teegarten entstehen ließen, gehörte eine gesellschaftliche Komponente. Innerhalb der Krieger-Kaste entstand ein immer stärkeres Bedürfnis, das ästhetische Leben der Aristokratie nachzuahmen. Zur gleichen Zeit vermischten sich die verschiedenen gesellschaftlichen Klassen, besonders die Krieger mit den Priestern und den wohlhabenden Kaufleuten. Der für die Gartengestalter bedeutsamste kulturelle Einfluss war die Entwicklung der bäuerlichen Teezeremonie (*wabi-cha*). Diese ästhetische Strömung verlief konträr zu der herrschenden Tendenz der Kriegerkaste, die von ihrem Wunsch nach unverhohlen dargestelltem Luxus geprägt war. Die Teepavillons waren kleine, den einfachen grasgedeckten Lauben, den *sōan*, ähnlichen Hütten. Sie wurden zur Apotheose für die damalige Architektur.

Links: Bei dem Wassertrog (tsukubai) waschen sich die Gäste in einer rituellen Handlung Hände und Mund. In symbolischer Form reinigen sie damit auch ihren Geist.
Matsuo-ke, Aichi

NEUER WOHLSTAND

GESELLSCHAFT UND POLITIK

Es waren höchst komplexe soziale und politische Umstände, die zur Entwicklung des Teegartens beitrugen. Dazu gehörte, dass die herrschende Kriegerkaste immer mehr den verfeinerten Lebensstil der Adeligen am kaiserlichen Hof übernahm. Der schnell wachsende Wohlstand und der damit verbundene soziale Aufstieg der Kaufleute kam hinzu und schließlich die wachsende wirtschaftliche Bedeutung der nach China entsandten Handelsmissionen. In dem kurzen Zeitraum von nur drei Jahrzehnten zwischen dem Ende der Muromachi-Zeit und dem Beginn der Edo-Zeit, die als Azuchi-Momoyama-Zeit (1568 bis 1600) bekannt ist, folgten drei shōgune aufeinander, denen es gelang, die Nation unter einer Herrschaft zu vereinen und damit zweieinhalb Jahrhunderte Frieden einzuläuten. Die Azuchi-Momoyama-Zeit gilt als Übergangszeit von der mittelalterlichen zur modernen Gesellschaft und ist nach den Orten benannt, wo sich die grandiosen Burgen der beiden ersten Herrscher – Oda Nobunaga und Toyotomi Hideyoshi – befanden.

Einer der Gründe für den Umzug von Kamakura nach Kyoto während der Muromachi-Zeit war der Wunsch der shōgune, dort dem wirtschaftlichen und kulturellem Zentrum nahe zu sein. Die späteren shōgune und ihre Vasallen wurden zu Experten in all den Künsten, die von ihren Vorgängern in Kamakura gemieden worden waren. Sie häuften riesige Kunstsammlungen an und unterhielten Personal, das sich ausschließlich mit der Katalogisierung der Objekte beschäftigte und als Ratgeber in Fragen der Ästhetik fungierte.[1] Die Vermischung des durch den Zen-Buddhismus geprägten Geschmacks der Kriegerkaste mit den kümmerlichen *miyabi* des kaiserlichen Hofes bildete die Grundlage für die Entwicklung zahlreicher Künste, einschließlich der Kunst des Tees. Die shōgune waren allerdings nicht die einzigen Förderer der Künste.

Die Kaufleute wurden während der Muromachi-Zeit zu eifrigen Mäzenen. Ende der Heian-Zeit erhielten bäuerliche Handwerker, die formal dem Grundbesitzer verpflichtet waren, die Freiheit für unterschiedliche Auftraggeber zu arbeiten. In Kyoto und der umliegenden Region begannen diese freigewordenen Handwerker Zünfte, *za* genannt, zu gründen, die bestimmte Handwerke mit einem Monopol belegten. Zur gleichen Zeit wurden Märkte, die bis dahin nur sporadisch stattfanden zu regelmäßigen Einrichtungen. Diese explosionsartige Produktionssteigerung verhalf einer neuen Gesellschaftsklasse zu Wachstum: Die Händler, die vom Kauf und Verkauf von Gütern lebten. Viele Kaufleute häuften große Vermögen an. Ihr Reichtum überstieg in manchen Fällen sogar den der Krieger, die nicht direkt am Handel beteiligt waren. Da die Händler zu der kulturell gebildeten Gesellschaft gehören wollten, handelten die neureichen Kaufleute nicht nur mit den Kunstgegenständen, sondern wurden selbst zu Sammlern. Innerhalb von wenigen Generationen hatte sich die neue Klasse der kultivierten Kunstbegeisterten entwickelt. Als die Beziehungen zu China wieder aufgenommen wurden, nutzten die Kaufleute ihre Situation, um aus den neuen Handelsbeziehungen Vorteile zu schöpfen.

Anfang des fünfzehnten Jahrhunderts trat Japan offiziell als Tributzahler mit der Ming-Dynastie in Beziehung und sandte Geschenke, die von den Chinesen sehr geschätzt wurden: Schwerter, Fächer, vergoldete Wandschirme und Rohkupfer. Der chinesische Kaiser revanchierte sich mit Kupfermünzen, Seide und Keramiken. Die aus Japan kommenden Missionen erhielten immer mehr als sie gaben, wie das bei Tributzahlungen üblich war. Mit dem zusätzlichen privaten Handel, der nebenher getätigt wurde, erwiesen sich diese Missionen für ihre Finanziers als außerordentlich profitabel. Zu den Finanziers gehörte anfangs das Shogunat, später kamen die Kriegsfürsten, *daimyō* – wörtlich: „Großer Name" – hinzu und schließlich Kaufleute aus Hakata (Kyushu) und Sakai, in der Nähe von Osaka. Neben dem Gewinn, den diese Handelsmissionen erwirtschafteten, führten sie chinesische Kunstgegenstände in großer Menge in die Gesellschaft der Muromachi-Zeit ein. Die Kultur des Tees nimmt ihren Anfang bei den Versammlungen, die anlässlich der Ausstellungen dieser neuen Kunstgegenstände abgehalten wurden.

Ein weiteres Merkmal der Muromachi- und der Momoyama-Zeit, das sich für die Teekultur als sehr einflussreich erweisen sollte, war die kosmopolitische Haltung der Gesellschaft. Dies ist zum Teil auf die Einführung fremden Gedankenguts zurückzuführen, das erst mit den chinesischen Handelsmissionen ins Land kam und schließlich kamen auch Einflüsse aus Europa hinzu. Die Europäer kamen Mitte des 16. Jahrhunderts nach Japan, unmittelbar nach Beendigung des Tributhandels mit China. Als erste kamen 1543 portugiesische Missionare. Ein anderer, für das kosmopolitische Klima förderlicher Faktor war die Durchmischung der gesellschaftlichen Klassen in Japan. Nirgendwo kann man dies besser erkennen als in dem Netzwerk, das zwischen der Kriegerkaste, den Zen-Tempeln und den Kaufleuten aufgebaut wurde, um die Handelsmissionen durchzuführen. Die chinesischen Häfen konnten nicht einfach angefahren werden, sondern die Schiffe benötigten eine offizielle Erlaubnis, die in einem von chinesischen Beamten geprüften Kontrollbuch festgehalten wurde. Die shōgune und später die daimyō hatten hier großen Einfluss, weil nur sie über diese Kontrollbücher verfügten. Die Zen-Priester waren in den Handel involviert, weil die Handelsmissionen Tributzahlungscharakter hatten und deshalb zahlreiche diplomatische Urkunden vonnöten waren. Die Priester waren diejenigen, die diese Dokumente am besten schreiben konnten. Priester begleiteten auch die Missionen und verliehen der Prozedur einen religiösen Charakter. Die Kaufleute wurden zum Teil wegen ihres Geschäftssinns benötigt, aber auch, weil sie dazu beitragen konnten, das Unternehmen wirtschaftlich zu gestalten.

Die Schönheitslehre des Understatement, wabi, *beeinflußte alle Bereiche der Teezeremonie – angefangen bei den Blumenarrangements bis hin zur Gartengestaltung.* Pflanze: fuki-no-tō, *Vase: Zweifach eingeschnittener Bambus, von Fukensai, Edo-Zeit.* Aus Ro no Chabana, Tankosha Co.Ltd

Kulturelle Entwicklung

Der innere und der äußere roji *werden durch ein mittleres Tor getrennt. Es hat keine Funktion als Barriere, sondern symbolisiert den Eintritt in ein tieferes Bewusstsein.*
Kankyū-an, Kyoto

DIE KULTUR DES TEES

Die Muromachi- und die Momoyama-Zeit sind Epochen, in denen die Kunst als Machtsymbol und zur Erlangung von politischem Prestige eingesetzt wurde. Der shōgun und seine Vasallen schmückten ihre Paläste und Burgen verschwenderisch aus. Ihre Extravaganz zeigt sich besonders deutlich in den Malereien auf den Schiebetüren, Wänden und Decken jener Zeit. Der Luxus in den dekorativen Künsten rief bei den Geschmacksverständigen der Zen-Tempel – und auch in der Klasse der Kaufleute – eine Gegenreaktion hervor, die schließlich zur Entstehung der bäuerlichen Tee-Zeremonie führte. Sie ist unter dem Namen *wabi-cha* bekannt.

Wabi-cha ist nicht eine Tee-„Zeremonie" im engeren Sinne, auch wenn ihre gesetzte, präzise Struktur westlichen Augen zeremoniell erscheint. Im Japanischen gibt es noch andere Bezeichnungen für wabi-cha: *cha-no-yu* (heißes Wasser für Tee), *sadō* oder *chadō* (der Weg des Tees). In der Tradition gibt es Tee als Getränk seit der Zeit Bohidharmas, jenes indischen Weisen, der nicht nur die Lehre des Zen-Buddhismus von Indien nach China gebracht hat, sondern auch das Teetrinken. Man schätzte Tee allgemein wegen seiner anregenden Eigenschaften, aber auch wegen seiner medizinischen Wirkung. Zur Zeit der T'ang-Dynastie entwickelte sich in China ein Ritual um das Teetrinken. In der Nara-Zeit kam der Tee vom Festland nach Japan. In der frühen Kamakura-Zeit führte einer der ersten Zen-Priester, Eisai, Teesamen aus China ein, aus deren Folgegenerationen dann der „echte" japanische Tee (*honcha*) wurde.

Gegen Ende der Muromachi-Periode und im Laufe der Momoyama-Zeit entwickelte sich die Tee-Zeremonie zu der Kunstform, wie wir sie heute kennen. Bei Festen fanden Teeproben statt, bei denen man unterschiedliche Tee-Sorten degustierte (*tōcha*) und dazu reichlich *saké* konsumierte. Nebenbei stellte man die neuen aus China eingeführten Kunstgegenstände und Keramiken zur schau.

Der Zen-Priester Murata Shuko und die reichen Kaufleute Takeno Joo, Sen no Rikyū und dessen Enkel Sen no Sotan aus der Hafenstadt Sakai sind die Tee-Meister, die sehr oft damit in Verbindung gebracht werden, dass sie die Tee-Kultur von der unverhohlenen Zurschaustellung des Reichtums zu asketischen Formen geführt haben. In der Folge trug jeder Tee-Meister mit seiner Philosophie und seinen Stilvorstellungen zu der bäuerlichen Tee-Kultur bei. Fanden früher die Tee-Veranstaltungen in den großen Hallen statt, die im Stile der formalen *shoin*-Architekturen erbaut worden waren, wurde die wabi-cha in einer einfachen, strohgedeckten Laube (*sōan*) abgehalten. Kostbares, chinesisches Teegeschirr, das im Zentrum des Interesses stand, wurde durch einfaches Geschirr ersetzt. An Stelle der feinen Porzellangefäße traten gewöhnliche Keramikschalen. Ursprünglich waren es Schalen, die man bei den Bauern fand oder auf Reisen nach Korea. Später waren es Gefäße, die in Japan eigens für die „Tee-Gesellschaft" angefertigt wurden. Der Wandel vom Übermaß und der Vordergründigkeit zur Zurückgezogenheit und Bescheidenheit vollzog sich. Im Zuge dieser veränderten Prioritäten entstand der Teegarten.

DIE LAGE

Diese 1597 erbaute mittelalterliche Burg ist eine der wenigen, die noch aus jener Zeit erhalten sind.
Burg Matsumoto, Nagano

Mit dem Bau von Burgen wurde in der frühen Kamakura-Zeit begonnen, als immer wieder Kriegswirren ausbrachen.[2] Die ersten Burgen waren einfache, aus Stein oder Holz errichtete Festungsanlagen auf den Berghöhen, von denen aus das Gebiet eines örtlichen Kriegsherren oder Clanoberhauptes überblickt werden konnte. Die Burgen dienten ausschließlich als militärische Festungsanlagen und wurden nur zu Kriegszeiten benutzt. Sie verfügten über keine Wohn- oder Arbeitsräume. Im Laufe der Zeit wurden auch sie mit immer größerer Kunstfertigkeit gebaut. In der Muromachi-Zeit waren die Burgen dann sowohl architektonische Machtsymbole als auch Verteidigungsanlagen. Die Kriegsherren bauten nun die Burgen in der Nähe ihrer Paläste, am Fuß der Berge oder sogar in der Ebene, häufig auch an Wegkreuzungen, wo sie als Zollposten entlang der Handelsstraßen dienten.

Die beiden Burgen, die der Azuchi-Momoyama-Zeit ihren Namen gaben und den Überfluss der damaligen Zeit versinnbildlichen, sind die Burg Azuchi des shōgun Nobunaga, in der heutigen Präfektur Shiga und die Burg Jurakudai des shōgun Hideyoshi in Momoyama, südlich von Kyoto. Zwar bestehen diesen Burgen heute nicht mehr, aber die zeitgenössische Literatur und Malerei zeigen, welcher Luxus dort herrschte, und welch gewaltige Ausmaße diese Burganlagen hatten. Die Holzpfosten und Balken waren schwarz und zinnoberrot gestrichen, die Dachziegel vergoldet und die Decken und Wände mit prächtigen Bildern bemalt. In unmittelbarem Kontrast zu dem feudalen Luxus dieser Burg stand die Einfachheit der sōan.

SUKIYA • SŌAN

Teegärten gibt es in großer Zahl und in jeweils ganz unterschiedlicher Umgebung. Darin wird auch die Vielfalt der Gesellschaftsklassen widergespiegelt, die an der Entwicklung der Tee-Kultur beteiligt waren. Der Teegarten gehört sowohl zu den Palästen der Kriegerkaste, als auch zu den Wohnsitzen der Kaufleute und zu den Zen-Tempeln. Obwohl ihm kein spezieller Standort zugewiesen ist, gibt es gleichwohl gewisse Ähnlichkeiten in der Grundform. Der wichtigste Faktor ist die Größe. Die Teegärten wurden vor allem in Kyoto oder in den Handelsstädten – wie zum Beispiel Sakai – angelegt und mussten immer in eine vorhandene städtebauliche Ordnung eingefügt werden. Das Tee-Haus und der Garten wurden so entworfen, dass sie in eine freibleibende Ecke des Grundstücks passten. Deshalb war die Gestaltung eines Teegartens immer ein Prozess des Verdichtens.

Unter dem Einfluss der wabi-cha, entwickelten die Tee-Meister eine neue Architekturform. Sie tauschten den formalen shoin-Stil gegen den *sukiya*-Stil ein, der auf der sōan-Laube basierte, und Elemente der Natur in einen lockeren Gesamtplan integrierte. Die Tee-Meister bedienten sich nach wie vor einiger typischer Elemente der shoin-Architektur – der Alkoven (*tokonoma*) und die Borde, auf denen Kunstgegenstände aufgestellt wurden (*chigai-dana*) sowie das eingebaute Schreibpult (*shoin*). Aber sie verhielten sich freier bei der Verteilung der Gegenstände im Raum. Die Entwerfer ersetzten andere Merkmale der shoin-Architektur, z. B. schmückende Wandbehänge, Pfeiler und Balken mit Karomustern und Kassettendecken oder mischten sie mit natürlichen und weniger dekorativen Elementen. Die Wände wurden einfach mit Erde verputzt und man verwendete unbehandelte Baumstämme als Pfeiler und Balken. Die Deckenverkleidungen fertigte man aus einfachen Holzlatten.

Auch wenn die Entwerfer bewusst natürliche Elemente mit in ihre Gestaltungskonzeptionen einbezogen, kann man die sukiya nicht als roh bezeichnen. Ihre Besitzer waren wohlhabend und in einflussreichen Positionen und wünschten eine elegante Architektur, auch wenn sie sich von der Schönheit der natürlichen Materialien begeistert zeigten. Die für den Putz verwendete Erde war eine sehr feine Mischung aus Lehm und Sand, in ausgesuchten Farbtönen; die Pfeiler und Balken waren natürlich gewachsene Stämme, aber nicht irgendwelche, sondern sorgfältig ausgesuchte Stücke, die durch ihre Gestalt oder ihre Farbe eine subtile Schönheit ausstrahlten. Sogar die einfachen Holzlatten für die Deckenverkleidung wurden aus sehr seltenen Hölzern ohne jedes Astloch und mit gerade verlaufender Maserung geschnitten.[3]

Mit Einführung dieser Baumaterialien etablierte sich eine engere Beziehung zwischen Architektur und Garten, nicht nur wegen des offeneren Stils, sondern auch wegen der Ästhetik und der sinnlichen Erfahrungen. Bei den Gebäudeentwürfen wurden nicht mehr ausschließlich von Menschenhand geschaffene Formen verwendet, sondern auch Elemente, deren Schönheit unmittelbar aus der Natur kam. Da man im Garten die gleiche natürliche Schönheit – der Linie, der Farbe und des Klangs – finden konnte, wie in der Architekur, bestand eine ästhetische Verbindung zwischen dem Garten und der Architektur. Der Garten wiederum ist ein Kunstwerk, das den *Geist* der Natur ausdrückt. Die Architektur ist mit dem Garten verbunden, der Garten ist mit der Natur verbunden. So übernimmt der Garten die Funktion einer Schnittstelle zwischen der Architektur und der Natur.

◆ DIE GESTALTER

DIE MEISTER DES TEES

In der Azuchi-Momoyama-Zeit fand eine Gegenbewegung statt, die sich gegen die Pracht der damaligen politischen und gesellschaftlichen Führer richtete und schließlich zu einem neuen kulturellen Element führte: Der bäuerlichen Tee-Zeremonie, die als wabi-cha bekannt ist. Die Gartengestalter, die mit wabi-cha in Verbindung gebracht werden, waren Meister der Tee-Zeremonie (cha-no-yusha), die diese kleinen Gärten, die als Zugang zu ihren Tee-Häusern dienten, sehr sorgfältig gestalteten. Zu ihnen gehörten Feudalherren, buddhistische Priester und reiche Kaufleute.

Die cha-no-yusha waren keine professionellen Gärtner, sie besaßen allerdings umfassende Kenntnisse in allen Bereichen der Kultur der wabi-cha: Kochkunst, Kalligraphie, die Kunst des Blumensteckens sowie Architektur und Gartengestaltung. Einem damals bedeutenden Mann in der Welt des Tees, Sen no Rikyū, wird zugeschrieben, er sei für das „Leben als Kunst" eingetreten. Dadurch wurden alle Aspekte des täglichen Lebens mit den ästhetischen Empfindungen der wabi-cha durchdrungen. Die Meister des Tees der Momoyama-Zeit verwandten ebensoviel Sorgfalt auf die Gestaltung und die Pflege des Garten wie auf alle anderen Aspekte ihrer verfeinerten Welt des Tees.

Schönheitsideale

WABI-SABI

Der Schönheitsbegriff *wabi* wird üblicherweise als ruhiger, ausgeglichener Geschmack übersetzt und häufig als Doppelbegriff mit dem Wort *sabi* verwendet, das eine ähnliche Bedeutung hat. Betrachtet man die etymologischen Wurzeln dieser Begriffe, erkennt man, woher ihre Bedeutung kommt. Wabi ist von *wabishii* - elend, einsam – und *wabiru* – trauern, sich grämen, sorgen – abgeleitet; sabi stammt von *sabishii* – allein, trostlos – und *sabiru* – heiter stimmen, mildern, abschwächen, reifen, dämpfen – ab. Beide Wörter beschreiben die Art der Schönheit, die die Meister des Tees in der Einfachheit der gewöhnlichen Materialien fanden, wenn sie in einer verfeinerten Art und Weise verwendet werden. Der Glanz eines Messlöffels für Tee aus Bambusholz, der immer wieder an der gleichen Stelle angefasst wird; die zarten Risse, die die Oberfläche einer einfach glasierten Keramik wie ein Netz überziehen; die unauffällige Qualität eines Gartens, die durch jahrelange Pflege und nicht so sehr durch den ursprünglichen Entwurf entsteht. Für die Begriffe wabi und sabi gibt es so viele Definitionen wie es Meister des Tees gibt, aber eine mögliche ist sabi mit Patina oder Aura zu übersetzen, die ehrliche Dinge im Alter bekommen, wenn man sie pflegt. Wabi dagegen ist die ästhetische Vorstellung, die Dinge zu schätzen, welchen sabi innewohnt oder die es ausdrücken.

SUKI • SAKUI

Die Würdigung des Einfachen und Bäuerlichen, die wabi-sabi innewohnen, ist möglicherweise die dominierende Ästhetik des Teegartens – aber nicht die einzige. Andere ästhetische Kriterien, wie *suki* und *sakui*, flossen ebenfalls mit ein. Suki bedeutet Kennerschaft und sakui eigene Kreativität oder Gespür für Kreativität. Alle Aspekte der wabi-cha – von der Auswahl der Tee-Utensilien und den Kunstgegenständen bis zur Konstruktion des Tee-Hauses und des Gartens – waren Ausdruck des Geschmacks der Tee-Meister, die sich selber *sukisha*, Kenner, nannten. Es gab Meister, für die im Mittelpunkt der Tee-Versammlung der künstlerische Ausdruck stand, andere hielten ihn nur für zweitrangig und gaben der Durchführbarkeit und der natürlichen Effizienz den Vorrang. Aber unabhängig davon, wo die Betonung der Kunst lag, die Meister des Tees hielten sich selber für Künstler, deren Instrument die Zusammenkunft zum Teetrinken war.

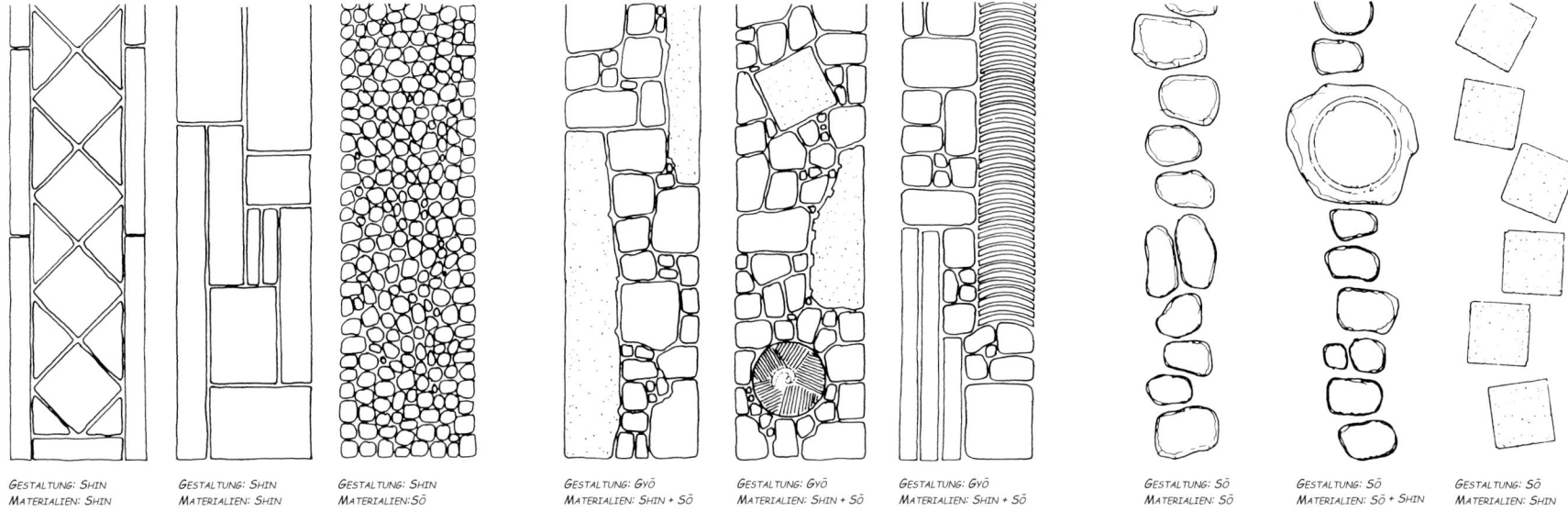

GESTALTUNG: SHIN	GESTALTUNG: SHIN	GESTALTUNG: SHIN	GESTALTUNG: GYŌ	GESTALTUNG: GYŌ	GESTALTUNG: GYŌ	GESTALTUNG: SŌ	GESTALTUNG: SŌ	GESTALTUNG: SŌ
MATERIALIEN: SHIN	MATERIALIEN: SHIN	MATERIALIEN: SŌ	MATERIALIEN: SHIN + SŌ	MATERIALIEN: SHIN + SŌ	MATERIALIEN: SHIN + SŌ	MATERIALIEN: SŌ	MATERIALIEN: SŌ + SHIN	MATERIALIEN: SHIN

Eine andere Gruppe von Begriffen, die mit verschiedenen Künsten und mit der Gartenkunst in Beziehung gebracht wurde, war das Ordnungssystem *shin-gyō-sō*, das manchmal als formal, halbformal und informal übersetzt wird, aber auch andere Bedeutungen hat. Die Begriffe sind von dem Terminus *kai-gyō-sō* abgeleitet, der drei verschiedene kalligraphische Formen bezeichnet: formale Block-Schriftzeichen, informale, gerundete Schriftzeichen und kursive Schriftzeichen. Der Ausdruck *shin* wird für Dinge benutzt, die sehr stark vom Menschen beherrscht oder von ihm gestaltet werden. Deshalb ist ein aus gespaltenen Granitsteinen gepflasterter Pfad, ein formal gestaltetes Tor aus eckig zugeschnittenen und geglätteten Holzpfosten und -balken, aber auch eine weißverputzte Mauer „shin". Shin impliziert nicht die Opulenz, sondern die Sauberkeit und Kargheit. *Sō* hingegen drückt Natürlichkeit aus: Die Materialien werden in ihrem ursprünglichen Zustand verwendet, ein Pfad mit einem Belag aus Flusskieseln, ein Gittertor aus geflochtenem Bambus und ein Zaun aus Zweigbündeln. All dies ist sō. *Gyō* kann man als Mischung aus shin und sō bezeichnen, allerdings in der Form, dass das eine das andere aufhebt.[4]

SHIN • GYŌ • SŌ

DER TEEGARTEN

Der richtige Name für Teegarten ist *roji* – Durchgang oder Pfad. Allerdings verwendeten die Tee-Meister eine neue Schreibweise für dieses Wort, wodurch es die poetische Konnotation „Taugrund" erhielt, ein treffendes Bild, das sehr gut das Empfinden wiedergibt, das man bei den kühlen, moosigen Teegärten von Kyoto erlebt. Der roji wird als Weg gestaltet, auf dem man zum Teehaus gelangt, auch wenn die meisten Tee-Zimmer direkt von den Hauptgebäuden über Flure zugänglich waren.

Der Charakter der Pflanzungen in den roji sollte so natürlich wie möglich sein. Während die Gestalter der Gärten in den Burganlagen versuchten, die nostalgische Stimmung eines Gebirgsweilers (*yamazato*) neu zu schaffen – indem sie blühende Nutzpflanzen wie Pfirsichbäume oder Japanische Mispel (*biwa*) setzten – war das Bestreben der Teegarten-Gestalter, die ruhige Atmosphäre der einsamen Gebirgslandschaft (*shinzan-no-tei*) zu schaffen. Dies gelang, indem sie eine Mischung aus immergrünen Bäumen und Sträuchern pflanzten, die nur von wenigen laubabwerfenden Pflanzen durchsetzt wurden, die allgemein als Mischbäume (*zōki*) bezeichnet wurden und wegen ihrer Unauffälligkeit ausgewählt wurden. Die Gartengestalter verwendeten weder Stauden noch Einjährige und setzten sehr selten, wenn überhaupt Bäume oder Blütensträucher.[5] Zumeist war der Boden des roji einfach mit Moos bewachsen. Allerdings sollte man wissen, dass Moos in Kyoto zur ganz natürlichen Vegetation gehört und nicht unbedingt auf eine besondere Gestaltungsabsicht zurückzuführen ist. Hier bildet sich auf kahlem Boden im Halbschatten normalerweise innerhalb eines halben Jahres eine Moosschicht.

Einige Klischees der Japanischen Gärten, wie zum Beispiel die Trittsteine (*tobi-ishi*) oder die Steinlaternen (*ishidōrō*), wurden erstmals von kreativen Tee-Meistern im späten 16. Jahrhundert eingesetzt. Auch wenn es Trittsteine gewiss schon vor dem Teegarten gegeben hatte, um schlammiges Gelände zu durchqueren, im roji wurde ihre Auswahl und ihre Platzierung auf das Niveau eines Kunstwerks gebracht. Steinlaternen verwendete man früher nur an

1. Ässeres Tor,
   soto-mon oder *roji-mon*

2. Abort,
   setchin

3. Wartebank,
   koshikake machiai

4. Mittleres Tor,
   chū-mon

5. Abfallgrube,
   chiri-ana

6. Handwaschbecken,
   tsukubai

7. Brunnen,
   ido

8. Strohgedeckte Tee-Hütte,
   sōan

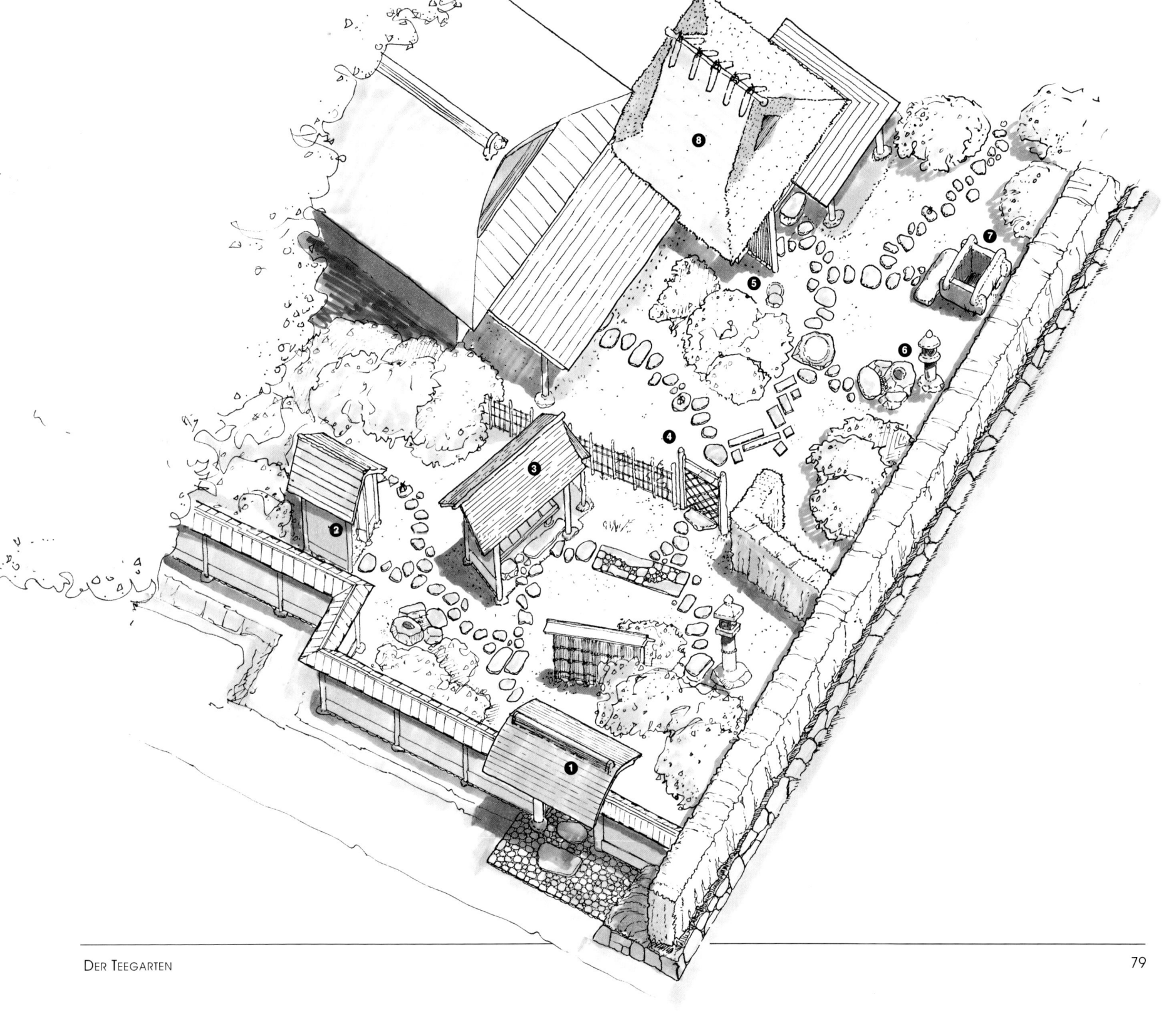

Der Teegarten

Links: Auf dem kurzen Weg vom Eingang zum Tee-Haus wird die Vorstellung einer Wanderung aus der Stadt zu einer Einsiedelei erweckt. Shōkadō, Yahata.

Unten: Eine Wartebank lädt die Gäste ein, die Eindrücke des Gartens auf sich wirken zu lassen, bevor sie das Teehaus betreten. Urasenke, Kyoto

den Zugangswegen zu Tempeln oder Schreinen oder im Tempelbezirk selbst. Die Tee-Meister begannen alte, verwitterte Steinlaternen zu sammeln, um die Atmosphäre des roji zu steigern. Später entworfene Laternen brachten dann ihren eigenen, persönlichen Stil zum Ausdruck. Die Tatsache, dass die Gestalter alte, ausrangierte Gegenstände (*mitate-mono*) wiederverwendeten, gilt für die Welt des Tees als Gütezeichen. *Mitate* wird üblicherweise mit „auswählen oder einschätzen" übersetzt, und *mono* bedeutet „Ding, Gegenstand", aber man kann *mitate* so aussprechen, dass es den Sinn von „neu sehen" erhält. Damit wird impliziert, dass diese alten, in Vergessenheit geratenen Dinge im roji zu neuem Leben erwachen, entweder, weil sie eine neue Nutzung erfahren oder, weil man in ihnen eine vorher unentdeckte Schönheit erkennt. Ein Beispiel ist die Verwendung von Laternen als Skulpturen, die dem roji mehr Atmosphäre verleihen. Steinstupas und alte Granitbrücken wurden zum Bau von *chōzubachi* verwendet, den Handwasserbecken vor dem Tee-Haus. Die Gestalter verwendeten auch Steinplatten, mit denen ursprünglich die Fußwege in den Tempelanlagen gepflastert waren oder die als Fundamentplatten gedient hatten und fügten sie in die künstlerisch gestalteten Muster der Pfade in den roji ein.

Der roji war laut Definition kein Garten, sondern einfach nur ein Eingangspfad, der zum Tee-Haus führte. Der Gedanke, dass der roji eher als Durchgang, weniger als Garten geschaffen wurde, den man betrachten soll, wird sehr treffend mit einem Zitat belegt, das Sen no Rikyū zugeschrieben wird. Er bezieht sich auf die Proportionen, die beim Entwerfen eines roji berücksichtigt werden sollten: „Durchgang sechs Teile; Landschaft vier".[6] Der roji war eine sorgfältig gestaltete Umgebung, ein Weg, dessen eigentliches Ziel die für die Tee-Zeremonie unerlässliche geistige und spirituelle Ruhe und Gelassenheit war. Der Gang durch einen roji ist die geistige Ergänzung einer Reise, die aus der Stadt in die hintersten Winkel, zur Hütte eines Eremiten führt. Die Gestalter des Teegartens verdichteten diese emotionale und sinnliche Erfahrung beispielsweise durch die ruhige, ganz natürlich wirkende Bepflanzung auf dem kleinen Raum zwischen Straße und Tee-Haus. Zusätzlich zu der allgemein gelassenen Stimmung, bauten sie in den roji einige Schwellen ein, von denen einige physisch Hindernisse waren, die es zu überwinden galt, andere glichen eher abstrakten Barrieren. Bei jedem dieser Hindernisse ist der Gast aufgefordert seine weltlichen Sorgen abzulegen, und sich nach und nach in den „Gemütszustand des Tees" zu versetzen.

GEISTIGER DURCHGANG

Die erste Schwelle ist das äußere Tor (*soto-mon* oder *roji-mon*), das den roji von der Außenwelt trennt. Durchschreitet man dieses Tor, das sowohl an der Straße liegen könnte, sich aber auch zu einem größeren Garten öffnen kann, betritt man den äußeren roji (*soto-roji*). Der letzte Gast schließt und verriegelt das Tor – damit ist die Welt jenseits der Gartenpforte ausgegrenzt. Der roji ist in zwei Bereiche unterteilt, von denen der äußere roji sparsamer bepflanzt ist und ein hellere, luftigere Atmosphäre hat, als der innere roji.[7] Im äußeren roji befindet sich eine überdachte Bank (*koshi-kake machiai*), auf der sich die Gäste niedersetzen und warten, bis ihr Gastgeber sie auffordert weiterzugehen, auch wenn es keinen wirklichen Grund dafür gibt, die Gäste warten zu lassen. Die Vorbereitungen für eine cha-kai beginnen mit der Morgendämmerung – gleichgültig, wann das Treffen stattfindet – weil zu dieser Zeit das Wasser, das man aus dem Brunnen schöpft, am frischesten ist.[8] Der Garten und das Tee-Haus sind vorher bereits gereinigt und gerichtet worden, so dass der Gastgeber oder die Gastgeberin Gelegenheit hatten, sich selbst zu sammeln. Die Wartepause dient der Entspannung der Gäste. Sie können ihre Gedanken zur Ruhe kommen lassen und mit dem Garten Zwiesprache halten. Mit dem farbigen Laub im Herbst und den zarten Blütenwolken im Frühjahr spiegeln sich auch die Jahreszeiten im roji wider. Man atmet den zarten Duft des feuchten Mooses, hört auf das Geräusch des Windes oder das Gezirpe einer Zikade und spürt die Strahlen der warmen Herbstsonne auf der Haut. Während man im roji wartet, kann man sich ganz diesen flüchtigen Empfindungen hingeben.

Der Gastgeber erscheint, und man verbeugt sich voreinander (*mukae-tsuke*). Die Gäste gehen langsam, einer hinter dem anderen auf dem Pfad weiter, der zu einem kleinen Tor führt, dem mittleren Tor (*chū-mon*), das die zweite Schwelle darstellt. Es markiert die Trennung zwischen dem äußeren und dem inneren roji. Manchmal ist es eine überdachte Pforte mit eingehängten Türen, die auch nur als Andeutung ausformuliert sein kann, wie zum Beispiel eine leichte Hängetür aus Bambusgeflecht, die von einem Stock gestützt wird, und unter der die Leute hindurchkriechen müssen.[9] Die mittleren Tore sind nie feste Bauwerke, und nur selten schließen sich seitlich Zäune an. Da man rechts oder links um das Tor herumgehen kann, hat es den Hinderniskarakter einer wirklichen Hürde verloren. Das Überwinden dieser Schwelle bezeichnet symbolisch den Eintritt in einen höheren Bewusstseinszustand.

Haben die Gäste das mittlere Tor durchschritten, kommen sie im inneren roji zu einem *tsukubai* genannten Wasserbassin, dort benetzt man sich in einem symbolischen Reinigungsakt Hände und Mund mit Wasser, bevor man den Tee-Pavillon betritt.[10] Es wird vermutet, dass das tsukubai durch die katholischen Missionare während der Momoyama-Zeit eingeführt wurde und mit dem christlichen Taufbecken zusammenhängt, aber es besteht ebenso eine Beziehung zum Shintoismus und dessen Auffassung von Verunreinigung und Reinigung. Auch im Zen-Buddhismus

Ein sōan, *eine einfache strohgedeckte Hütte ist der Inbegriff der Teehaus-Architektur.*
Urasenke, Kyoto

wird die Reinlichkeit betont. Der richtige Begriff für dieses Wasserbassin im Teegarten ist *chōzubachi*, die Bezeichnung tsukubai bezieht sich auf das gesamte Steinarrangement, einschließlich des ausgehöhlten Steines im hinteren Bereich – in dem sich das Wasser sammelt – und den anderen Steinen zu beiden Seiten, die alle einen Zweck erfüllen. Zu diesen Steinen gehört auch der *yuoke-ishi*, auf den im Winter eine Schale mit warmem Wasser gestellt wird, der *teshoku-ishi*, auf dem man eine Handlaterne abstellen kann, wenn man des Nachts in den roji kommt und auch der *mae-ishi*, auf den man tritt, um das tsukubai zu benutzen.

Nach dem Steinarrangement des tsukubai, gelangt man zur Abfallgrube (*chiriana*). Eine kleine Grube, die häufig von Dachziegeln oder Steinen gefasst ist, damit die Wände nicht abrutschen. Ursprünglich wurden in den chiriana vorübergehend Gartenabfälle gesammelt. In den roji werden die chiriana nur rituell benutzt und erhalten symbolische Bedeutung. So wird zum Beispiel unmittelbar vor dem cha-kai ein immergrüner Ast abgeschnitten und in die Grube gelegt und zwei große Zweige werden wie Stäbchen obenaufgelegt. Dieses Bild symbolisiert Reinheit und signalisiert, dass der Gastgeber alles vorbereitet hat und alles bereit steht. Darüberhinaus wird die chiriana als Ort gedeutet, an dem man sich „vom geistigen Müll" entledigen kann. Wenn die Seele oder der Geist einer Person von Sorgen oder anderen weltlichen Nöten belastet ist, müssen sie in der chiriana bleiben, denn für sie ist kein Platz in der Tee-Hütte.

Das letzte Hindernis ist die enge Eingangstür der Tee-Laube (*nijiri-guchi*), durch die man kriechen muss. Eine eckige Öffnung am Fuß der Mauer zwingt die Gäste sich niederzubeugen und mit gesenktem Haupt den Raum zu betreten. Wegen des engen Durchgangs waren die samurai gezwungen, vor dem Betreten ihre Schwerter abzulegen – ein nicht unerwünschter Nebeneffekt. Eine andere, ungleich wichtigere Bedeutung des Niederbückens war der hierin ausgedrückte Akt der Demut. Dadurch erfuhr die Idealvorstellung, dass alle, die den Tee-Pavillon betreten, gleichgestellt sind, seine rituelle Bekräftigung. Für eine hierarchisch geordnete Gesellschaft war dies ein nahezu revolutionärer Gedanke.

Die Zweige immergrüner Pflanzen in der Abfallgrube weisen auf die sorgfältigen Vorbereitungsarbeiten hin, die der Gastgeber hier vor den Eintreffen seiner Gäste verrichtet hat. Kankyū-an, Kyoto

PRIVATE NISCHEN

Tsubo-Gärten

Es wird erzählt, dass buddhistische Priester in China sich zum Meditieren in ein großes Keramikgefäß begaben und in diesem Volumen die ganze Welt verkörpert sahen. Die Vorstellung, der Kosmos ist in einem einzigen Sandkorn enthalten oder in einem einzigen Gedanken, findet in den *tsubo-niwa* ihren ganz besonders schönen Ausdruck. Dies sind kleine, umschlossene Gartenhöfchen, die man seit der frühen Edo-Zeit in den Stadthäusern der Kaufleute findet. Ebenso wie die Entwicklung der anderen Gärten, sind die *tsubo*-Gärten aufgrund allgemeiner gesellschaftlicher Veränderungen entstanden. Es war der dramatisch schnelle gesellschaftliche Aufstieg der *chōnin*, der Bürger, Kaufleute und Handwerker, die die Volkskultur durch ihren Geschmack prägten. Es entstand eine neue bauliche Umgebung, auf den sehr begrenzten Grundstücken ihrer Stadtresidenzen (*machiya*).

Links: Dieser kleine Bereich vor dem Lagerhaus eines der typischen, verschachtelt angelegten Stadthäuser von Kyoto wurde als tsubo-*Garten angelegt.* Privatanwesen, Kyoto

CHŌNIN

GESELLSCHAFT UND POLITIK

In der Muromachi-Zeit fanden erneut große gesellschaftliche Veränderungen statt. Die chōnin gelangten zu wachsendem Reichtum und entwickelten einen ausgesprochenen Gemeinschaftsgeist. Eine besondere Blüte erlebte die Schicht der wohlhabenden Kaufleute. Durch die regelmäßig stattfindenden Märkte erhielten die chōnin ein hohes Maß an Unabhängigkeit. In Kyoto bildete die dort wohnende Bürgerschaft Gruppen – *machi-shū* genannt – in der Absicht, die Angelegenheiten in ihrem Wohnbezirk (*machi*) zu regeln.[1]

Die Momoyama-Zeit war geprägt von Kriegszügen der drei aufeinander folgenden shōgune, die versuchten die Nation unter ihre Kontrolle zu bringen. Dem letzten dieser shōgune, Tokugawa Hideyoshi, gelang es, seinen Regierungssitz in Edo, dem heutigen Tokio, zu gründen. Diese Zeit ist von ausgeklügelten politischen und sozialen Strukturen geprägt, die nur zu dem Zweck ausgearbeitet worden waren, um jede Einzelheit des täglichen Lebens zu regeln – von der Grundstruktur der gesellschaftlichen Klassen bis zum Stil der Kleidung. Die wichtigste Regel war die Einteilung der Gesellschaft in vier offizielle Klassen (*shi-no-ko-sho*): Samurai, Bauern, Handwerker und Kaufleute, um sie von der höchsten bis zur niedrigsten aufzuzählen.[2] Um die gesellschaftliche Stabilität zu gewährleisten, wurde diese Klassen-Trennung strikt durchgeführt. Den samurai war nicht erlaubt, Landwirtschaft zu betreiben, dadurch wurden sie auf sehr effektive Art und Weise von dem Land getrennt, das sie einmal beherrscht hatten (*heinō-bunri*). Den Bauern wurden die Schwerter abgenommen, und sie verloren dadurch jede militärische Macht. Die gesellschaftliche Umkehrung des Bauernstandes und der Kaufleute, war ein weiteres Sicherheitselement im sozialen Gleichgewicht. Die Bauern, die traditionsgemäß am unteren Ende der gesellschaftlichen Skala rangierten, kamen ihrer Bedeutung nach direkt unter den samurai, wohingegen die Kaufleute ans Ende verwiesen wurden, obwohl ihre Finanzmittel und ihr kulturelles Empfinden oft ebenso groß waren wie das der Samurai, ja sie übertrafen es manchmal sogar.

Solange Edo Regierungssitz war, wurden die Provinzen unter den *daimyō* aufgeteilt, die als loyale Stadthalter des *shōgun* handelten. Von jedem daimyō wurde verlangt, eine Burg zu bauen. Dies hatte, wenn auch nur oberflächlich, eine dramatische Wirkung auf die Gesellschaft. Niedriger gestellte samurai, die von ihren Besitztümern abgeschnitten waren, machten sich nach und nach zu diesen neuen Burgen auf, um eine Anstellung zu finden. Diese zusammengewürfelten samurai verlangten nun alle Arten von Gütern und Dienstleistungen, so dass die Burgen bald von belebten Städten (*jōka machi*) umgeben waren, in denen chōnin lebten. In der Edo-Zeit erlebten diese Städte ein rasches Wachstum und dadurch wurden die chōnin Vertreter einer dynamischen Volkskultur.

Kulturelle Entwicklung

Die Volkskultur der chōnin mit ihren Wurzeln in der Muromachi-Zeit erlebte ihre Blüte in der Edo-Zeit, zuerst in Osaka, später in Edo. Die Früchte ihrer Kreativität findet man noch heute in wohlbekannten Elementen der japanischen Kunst: im Kabuki-Theater, den Holzschnitten und der Haiku-Poesie – um nur einige zu nennen. Während sich die samurai mehr dem ernsthaften Studium der klassischen Künste oder der Kriegskunst widmeten, genossen die Kaufleute die kommerzielle Vitalität der Städte, die einer reichen bürgerlichen Kultur zum Aufschwung verhalf. Die Anziehungskraft der Welt der Kaufleute war so groß, dass es für die samurai nicht ungewöhnlich war, wenn sie ihre Schwerter ablegten, um sich in das bunte Leben der Stadt zu mischen. Die bedeutendste Auswirkung dieser volksnahen Ära war nicht etwa eine besondere Form der Poesie oder der Malerei, sondern die einfache Tatsache, dass sich die chōnin ihrer Rolle als Kulturschaffende und Kulturförderer bewusst wurden, das wirkte sich auch auf die Gartengestaltung aus. Die Kaufleute brachten ihre Individualität zum Ausdruck, in einer beschränkten Welt, die das Shogunat für sie gebaut hatte. Dies bedeutete häufig, dass man in der Öffentlichkeit ein sorgfältig kontrolliertes Gesicht wahrte und sich in der privaten Umgebung so benahm, wie man wollte. Mit beeindruckender Klarheit ist das an der Kleidung, den Kimonos, jener Zeit abzulesen. Während die Farben des Obergewandes in gedeckten, dunklen Tönen gehalten sind, eröffnet ein Blick darunter üppige, lebhafte Farben, manchmal großartige Landschaftsgemälde, Darstellungen von Menschen, Tieren oder abstrakte Muster.

VOLKSKULTUR

Links: Die Trittsteine und der Wassertrog sind zwei Elemente, die aus dem Teegarten entlehnt wurden.
Gasthaus Kawamichiya, Kyoto

Rechts: Nur die allernotwendigsten Elemente blieben hier erhalten: eine steinerne Laterne, ein Wassertrog und eine immergrüne Pflanze.
Gasthaus Tawaraya, Kyoto

DIE MACHIYA

1. Haupteingang

2. Eingangshalle, *mise niwa*

3. Formaler privater Eingang, *naka tsubo*

4. Formaler Eingangsraum, *genkan*

5. Privater Eingang, *naka no ma*

6. Durchgang und Küche, *hashiri niwa, tōri niwa*

7. Dienstbotenküche, *daidokoro*

8. Toiletten, *benjo*

9. Bad, *furo*

10. Lagerhaus, *kura, dozō*

11. Hinterer Gartenhof, *senzai, nakaniwa*

12. Alkoven, *tokonoma*

13. Gästezimmer, *zashiki*

14. Regalbord für Ausstellungsstücke, *chigaidana*

15. Wohnraum, *tsugi no ma*

16. Gartenhof, *tsubo niwa*

17. Laden, *mise no ma*

DIE EINBINDUNG IN DIE UMGEBUNG

Der tsubo-Garten war mehr als jede andere Gartenform durch die Architektur und die städtebauliche Struktur beeinflusst. Das Stadtgefüge von Kyoto baute ursprünglich auf einem Raster auf, dessen kleinste Einheit ein Block, *chō*, war. Der chō wurde wiederum in vier Einheiten von Nord nach Süd und in acht Einheiten von Ost nach West in 32 Parzellen, *henushi* genannt, unterteilt. Gegen Ende der Heian-Zeit hatte sich viel am ursprünglichen Idealplan der Stadt verändert, um den praktischen Aspekten des täglichen Lebens gerecht zu werden. Dies betraf auch die Aufteilung der chō. Die äußeren der 32 henushi, die an der Straße lagen, erwiesen sich als die brauchbarsten Parzellen, denn in dieser Lage konnte ein Gebäude auch als Ladengeschäft genutzt werden, weil die Kunden einen direkten Zugang hatten. Die Mitte des chō blieb unbebaut, dort befanden sich die öffentlichen Brunnen, Gemüsebeete und Toiletten – eine praktische, aber unhygienische Kombination.[3]

Bis zur Edo-Zeit waren die Häuser der Städter sehr anspruchslos gestaltet: Einfache, geflochtene Matten dienten als Wände und das Dach, mit Holzschindeln oder Stroh bedeckt, wurde von diagonal gekreuzten Bambusstangen zusammengehalten. An den Kreuzungspunkten der Bambusstangen hingen große Steine als Gewichte, damit der Wind das Dach nicht fortblies. Mit Beginn der Edo-Zeit wurden verbesserte Bautechniken eingeführt und die chōnin hatten neue finanzielle Möglichkeiten. So enstand eine neue Form des Wohnhauses, *machiya* oder Stadthaus genannt. Die Kaufleute bauten eine besondere Form des machiya, in dem sich der Laden und das Wohnhaus befanden, man nennt sie *omoteya-zukuri* – Straßenfrontbebauung. Das Haus im *omoteya*-Stil war ein ein- oder zweigeschossiges Gebäude direkt an der Straße gelegen. An der Rückseite schlossen sich ein oder zwei weitere Einheiten auf einem langgestreckten, schmalen Grundstück an. Da die Steuern nach der Breite der Straßenfront bemessen wurden, erklärt sich zumindest teilweise die schmale Bauweise und das Bauen in die Tiefe des Grundstücks. In seiner klassischen Form diente das straßenseitige Gebäude als Geschäftshaus und die rückwärtigen Gebäude waren für die Großfamilien bestimmt. Zwischen den Gebäuden wurden kleine Freiräume gelassen, um Licht und Luft hereinzulassen. Später wurden diese winzigen Freiräume zu Innenhöfen im Stil von Teegärten gestaltet. Die Häuser der Kaufleute drückten die gleiche Dualität wie der Kimono aus – die Fassaden waren relativ einfach, aber in ihrem Inneren verbargen sich viele „Schätze".

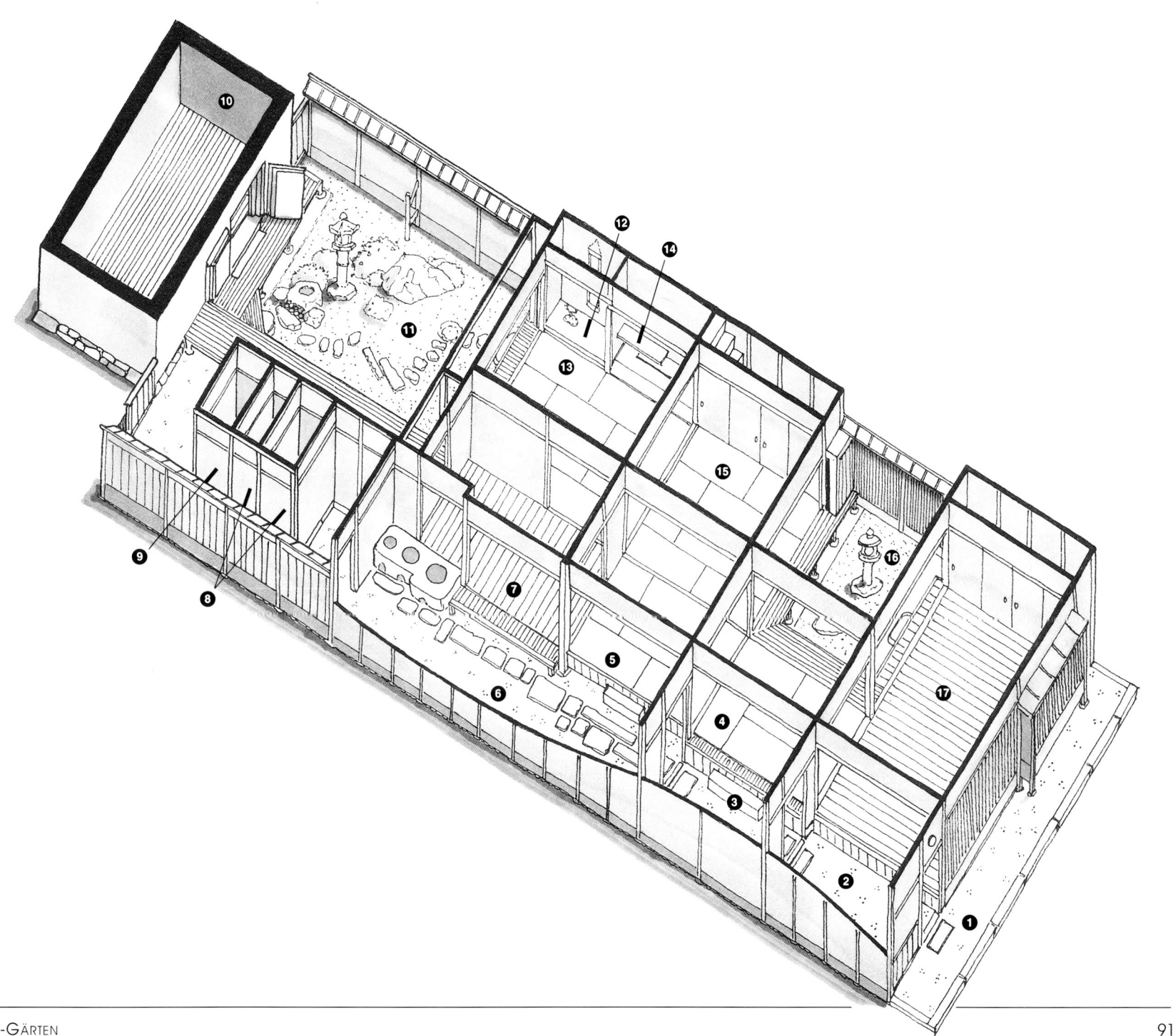

TSUBO-GÄRTEN

SCHÖNHEITSIDEALE

Die Edo-Zeit wurde zu einer Epoche der extrovertierten Ästheten. Das Sinnliche löste das Spirituelle ab. *Iki, sui, sharé, tsū, shubimi, asobi* und *tanoshimi* sind charakteristische Begriffe jener Zeit. Es waren die Worte, mit denen die chōnin ihre Welt beschrieben.

IKI • SUI • SHARÉ

Iki und sui haben eine ähnliche Bedeutung, wobei der erste Begriff aus Edo stammt, der zweite aus Osaka. Die Kultur der chōnin in der Edo-Zeit hatte anfangs ihr Zentrum in der Gegend von Osaka, das weit von Edo entfernt lag. Die Kontrollen über die anderen gesellschaftlichen Klassen, die nicht den Samurai angehörten, wurden deswegen in Edo etwas weniger streng gehandhabt. Während der Edo-Periode wurde Edo zum Zentrum der Volkskultur und der politischen Kultur.

Iki und sui sind bezeichnende Begriffe der Chōnin-Kultur im allgemeinen, waren aber ursprünglich Worte der Liebe. Von jemandem, der welterfahren ist und die Freuden des Lebens zu schätzen und richtig zu genießen weiß, wurde gesagt, dass er sui habe. Er wurde als *sui-sama* bezeichnet.[4] Sowohl Männer als auch Frauen konnten sui besitzen, und dies zeigt, bis zu welchem Grade nun auch Frauen in das kulturelle Leben einbezogen waren, im Gegensatz zu der restriktiven bushi-Gesellschaft des Mittelalters. Die Frauen waren nicht unbedingt ausschlaggebend für die Entwicklung neuer Trends, aber sie standen im Mittelpunkt der Verehrung, der Aufmerksamkeit und der Verliebtheit. Schließlich entwickelte sich sui zu einem Begriff, der vielleicht am besten mit „weltlich" übersetzt werden kann. Der Begriff iki hat ähnliche Wurzeln. Ihm haftet ein Hauch Koketterie, Lebhaftigkeit und ein besonderer Stil an – so etwas wie „Chic". *Sharé* bedeutet modisch und wurde auf diejenigen angewandt, die ihrem Auftreten und ihrer Lebensart im allgemeinen einen bestimmten Stil gaben.

TSŪ

Tsū bedeutet Kennerschaft und wird in Verbindung mit einer Person gebraucht, die bestrebt ist, die ästhetischen Ideale von sui oder iki zu erlangen. Daraus ist der Begriff *tsū-jin* entstanden – eine Person mit tsū.

Die Begriffe iki, sui, sharé und tsū weisen auf die Extravaganz der chōnin in der Edo-Zeit hin. Im Mittelpunkt ihres Strebens standen die weltlichen Freuden, und sie wollten immer wieder die ästhetische Vollendung ihrer Schönheitsvorstellungen unter Beweis stellen. Die Gesellschaft der Edo-Zeit mag den chōnin den Eintritt in die gesellschaftliche Klasse der samurai oder des Adels verwehrt haben, aber die tsū-jin stellten sie mit ihrem offen dargebotenen Dandytum in den Schatten. Es gibt eine zweite Bedeutung für tsū – Professionalismus – und damit wird ein weiterer Aspekt der Kultur in der Edo-Zeit beleuchtet: die Spezialisierung der Berufe. In der Edo-Zeit entwickelten sich zahlreiche spezielle Berufssparten und wurden zum festen Bestandteil der Gesellschaft. Dazu gehörte auch der Beruf des Gärtners, *ueki-ya*.

SHIBUMI

Shibumi ist ein Begriff der Ästhetik, der aus dem Wort *shibui* – ätzend, beißend – entstanden ist. Ursprünglich, in der klassischen Literatur, war shibumi kein Adjektiv mit einer positiven Konnotation. Aber im Laufe des Mittelalters, als die Gesellschaft die Schönheit des Einfachen und Schmucklosen zum Ideal erhob, änderte sich auch die Bedeutung dieses Wortes. In der Edo-Zeit führten die chōnin das Wort in die Umgangssprache ein. Auch wenn shibumi eine ähnlich ästhetische Vorstellung wie *wabi-sabi* ausdrückt, fehlt ihm der spezifisch geistige Aspekt. Mit shibumi werden schlichte Kunstwerke bezeichnet, Keramiken von verhaltener Schönheit, selbst die Darstellungskunst eines Schauspielers, der es versteht, gerade den richtigen, subtilen Ton zu treffen. Wie viele Begriffe der damaligen Zeit gehört shibumi auch heute noch zum allgemeinen Sprachgebrauch. Dies ist in gewisser Weise ein Zeichen für die „Modernität" der Edo-Zeit. Normalerweise wird behauptet, dass die massive Einführung westlichen Gedankenguts in der Meji-Zeit (1868 bis 1912) den Beginn der Moderne in Japan ausgelöst hat. Dies trifft für die Gesellschaft und die Politik zu, aber wie am Beispiel der oben genannten Begriffe gezeigt wird, haben die modernen ästhetischen Vorstellungen eine sehr viel weiter zurückreichende Geschichte. Zum Beispiel ist shibumi nach wie vor ein Merkmal, das die Architekten beim Bau „moderner" japanischer Architektur zu verwirklichen suchen.

Die Tsubo-Gärten

Ein großer tsubo-Garten, auch senzai genannt, im rückwärtigen Bereich eines Stadthauses.
Privathaus in Kyoto

Auch wenn die tsubo-Gärten mit den Kaufleuten der Edo-Zeit in Verbindung gebracht werden, geht ihre Geschichte bis zu den shinden-Palästen der Heian-Zeit zurück. Damals wurden kleine Höfe, tsubo genannt, zwischen den verschiedenen Flügeln und in den Randbereichen der weitläufigen Palastanlagen gebaut. Häufig trugen sie den Namen einer bestimmten, den Hof charakterisierenden Pflanze. Der Glyzinen-Hof (*fuji-tsubo*) und der Paulownia-Hof (*kiri-tsubo*) aus der *Geschichte des Prinzen Genji* sind Beispiele dafür. In der *Geschichte des Prinzen Genji* entlehnen die Prinzessinnen ihre Namen von den Höfen, neben denen sie wohnen, so dass sich in dem Buch die Namen Fuji-tsubo und Kiri-tsubo auch auf Personen beziehen. Besonders bemerkenswert ist allerdings die private Atmosphäre, die in diesen Räumen herrscht. Während der Heian-Zeit war der Begriff der Privatsphäre, wie wir ihn kennen, sowohl beim niedrigsten Bauern als auch bei den hochgestellten Höflingen völlig unbekannt. Die Gesellschaft und die Architekturform schlossen eine Privatsphäre aus. In den größeren Anlagen der shinden-Paläste, die nicht nur als offizielle Orte, sondern auch als Wohnresidenz dienten, waren die kleinen Hinterzimmer und die tsubo-Gärten die einzigen Bereiche, die Privatspähre zuließen. Deshalb war das Hauptmerkmal eines tsubo-Gartens weniger seine spezifische Gestaltungsform oder der Stil, sondern die ganz besondere Privatheit, die man mit ihm verband.

Man findet tsubo-Gärten auch in Zen-Tempeln und in den mittelalterlichen Residenzen der bushi. Aber erst in der Edo-Zeit entwickelten sie sich in den Stadthäusern der chōnin, in den Restaurants und Gasthäusern zu der uns heute bekannten Form. Die Struktur der machiya bildete den Rahmen, innerhalb dessen die tsubo-Gärten angelegt wurden. Das bedeutete, dass die Gärten nicht besonders groß sein konnten. Meist waren es Kontemplationsgärten, die man von den anliegenden Räumen aus genoss, aber nicht betrat. Während die meisten geschäftlichen Angelegenheiten im vorderen Teil der machiya, in der Nähe des Eingangs an der Straße, abgewickelt wurden, führte man Kunden zu ihrer Unterhaltung in den Wohnraum. Kunden kamen aber nur bis hierher, denn die hinteren Räume des Anwesens waren ausschließlich der Familie vorbehalten. Die tiefen und schmalen machiya waren je nach ihrer Nutzung in soziale Zonen unterteilt. Die Nähe der tsubo-Gärten zu den Wohnräumen des Hauses, die durch die Form der machiya begründet war, deutet darauf hin, dass sie eng mit dem Leben der Hausgemeinschaft verbunden waren. Sie dienten als Hintergrund für wichtige Geschäftsabschlüsse oder gesellschaftliche Ereignisse und boten dem Besitzer Anlass zu Freude und Vergnügen!

Den größten Einfluss auf die Gestaltung der tsubo-Gärten übte, kulturell betrachtet, der Teegarten aus. Die Welt des Tees war in der Edo-Zeit Synonym für eine hohe Kultur, auch wenn nur wenige ein asketisches Leben – entsprechend den Idealen der Welt des Tees – suchten. „Das Leben als Kunstwerk", wie es Sen no Rikyū umrissen haben soll, machte Kenntnisse über den Tee

und den Besitz von Objekten für den Tee – einschließlich eines Tee-Raumes und eines Gartens für die chōnin – ebenso unabdingbar, wie die Beherrschung der Dichtkunst für einen Höfling der Heian-Zeit. Aus diesem Grunde entwickelten sich die meisten tsubo-Gärten im Stil eines „Teegartens". Es gab dort Laternen, Wasserbassins, ja sogar Trittsteine, ob sie nun zu einem Teehaus führten oder nicht. Die Enge beflügelte die Gestalter, so dass exklusive Teegärten entstanden. Einige der beeindruckendsten Beispiele enthalten nur die allernotwendigsten Elemente: ein flaches Wasserbecken, einen steinernen Kerzenhalter oder ein kleines Bambusgebüsch.

Die Schichtung der einzelnen Gestaltungselemente verleiht dem Garten eine Tiefenwirkung.
Gasthaus Toriiwarō, Kyoto

KI-TSUBO

Das Wort tsubo selbst legt eine Neuinterpretation der Gärten nahe. Das Schriftzeichen für tsubo, 坪, bezieht sich auf ein Flächenmaß – etwa 3,3 Quadratmeter, das der Größe von zwei Tatamimatten entspricht. Tsubo ist das Standardmaß für Häuser oder Grundbesitz. Manche tsubo-Gärten haben tatsächlich nur die Größe *eines* tsubo – einige sind sogar noch kleiner. Aber die meisten sind mehrere tsubos groß.

Man kann tsubo auch mit dem Schriftzeichen für ein Keramikgefäß 壺 schreiben, das die chinesischen Mystiker zu Meditationszwecken verwendeten. Durch dieses Schriftzeichen erhält der Garten eine neue Dimension: Er ist nicht nur einfach *klein*, sondern ein dreidimensionaler Raum, der von den Mauern des Gebäudes, vom Boden aus Erde und einem Rahmen, der aus der Holzkonstruktion der Dachvorsprünge entsteht, gebildet wird. Der Garten liegt in diesem „Schrein" wie ein Schmuckstück in einer Schachtel.

Beide Lesarten für tsubo sind auch heute noch gebräuchlich. Architekten schreiben meistens das erste Schriftzeichen auf ihre Pläne. Das zweite Schriftzeichen findet man häufiger in literarischen Gartenbeschreibungen. Es gibt noch eine dritte Art tsubo zu schreiben 経穴, die zu einer metaphysischen Interpretation einlädt. Die meisten vom chinesischen Gedankengut beeinflussten asiatischen Länder betrachten das Leben als von *ki* (Chinesisch: *chi*) erfüllt – eine „Lebensenergie", die alle Dinge durchdringt. Die Bewegung des ki durch den menschlichen Körper ist jahrhundertelang untersucht und als Linien, die an das Nervensystem erinnern, auf Karten aufgezeichnet worden. Auf diesen Flusslinien gibt es besondere Punkte, an denen man das Fließen des ki verstärken kann. Auf Japanisch heißen diese Punkte ebenfalls tsubo. Massage durch das Pressen mit den Fingern (*shiatsu*), Akupunktur (*hari*) und Moxa (*okyū*) sind Techniken, die das tsubo des Körpers nutzen, um ki zu beeinflussen, damit eine Blockierung gelöst oder ein gestörter Fluss wieder ausgeglichen wird.

Ein Gebäude ist wie ein Körper: Das tägliche Leben seiner Bewohner ist wie der Fluss des ki in ihm. Ebenso wie es tsubo im Körper gibt, existieren sie auch im Gebäude. In den japanischen Häusern sind *tokonoma* (die Wertschätzung von Kunstgegenständen), *genkan* (der Eingang und die Begrüßung der Gäste) und der Garten – als Symbol für sinnliche Freuden – die Zentren des ki, die Orte der Erfrischung. Der Hausbesitzer führt das ki durch die tägliche Pflege seines Gartens ein und erhält dafür ki in Form verjüngender Freude von seinem Garten zurück.

Die Zeichnung zeigt den Verlauf der Kraft ki im menschlichen Körper.

Der Park eines Sammlers

Die Wandelgärten der Edo-Zeit

Die Gartenkunst bestand in Japan bereits seit mehr als tausend Jahren, als in der Edo-Zeit die *daimyō*, die Kriegsherren, mit der Anlage von großen, prächtig gestalteten Parks begannen, die unter der Bezeichnung Wandelgärten bekannt sind. Die daimyō waren sich ihrer eigenen vergangenen und gegenwärtigen Kultur sehr bewusst. Sie begannen, alle Arten von Kulturgütern zu sammeln und in ihren Gärten aufzustellen. Die Institutionalisierung des daimyō-Systems, mit dessen Hilfe die Zentralregierung in Edo die Provinzen in ganz Japan kontrollierte, markierte die gesellschaftliche Veränderung, die zur Entwicklung der Wandelgärten führte. Kulturell gesehen waren die Wandelgärten vor allem durch die Tee-Zeremonie beeinflusst, ebenso aber auch durch eine interessante Mischung intellektueller Feinsinnigkeit und lebenslustigen Verspieltheit. Das erste Element leitet sich aus der klassischen Bildung der daimyō ab, die auf der Lehre des Konfuzius basiert. Letzteres ist das Ergebnis der sich schnell verbreitenden Wirkung der dynamischen Kultur der chōnin. In ihrer Formgebung waren diese Gärten vor allem von den weiten offenen Räumen, in denen sie angelegt wurden, beeinflusst.

Links: Brücken aus Holzbohlen (yatsuhashi) schaffen eine romantisch ländliche Stimmung. In diesem weitläufigen Garten findet man die Darstellung einer Berglandschaft, eines Flusstales, des Ozeans und eines Feldes, zu dem diese Brücke gehört. Koishikawa Kōrakuen, Tokio.

Unten: Diese zwei, möglicherweise aus Korea kommenden Steine, symbolisieren die Kräfte Yin (links) und Yang. Ritsurin Kōen, Kagawa

DAS SHOGUNAT DER TOKUGAWA

GESELLSCHAFT UND POLITIK

Ein wesentliches Merkmal der Edo-Zeit war die intensive städtebauliche Aktivität und die wachsende Bedeutung der *chōnin*. Eine mindestens ebenso wichtige Entwicklung war die Einführung des daimyō-Systems, das in besonderem Maße zur Stärkung des Shogunats der Tokugawa diente. Tokugawa Ieyasu war der erste shōgun einer Familie, die dann fast 270 Jahre ununterbrochen regierte. Seine beiden Nachfolger waren außerordentlich erfolgreich bei der Einführung eines sozio-politischen Systems, das sich in dieser langen Zeitspanne der Herrschaft bewähren sollte. Die damalige Regierung wurde als *baku-han* bezeichnet. Der Wortteil *baku* bezieht sich auf die Zentralregierung (*bakafu*) und *han* auf die Provinzen. Die Oberherrschaft der Provinzen hatten die daimyō inne, denen die Herrschaft unmittelbar von dem shōgun verliehen wurde.[1] In den ersten Jahren des Shogunats wurde heftig darüber diskutiert, wer daimyō blieb und wer über welche Provinz herrschte. Schließlich stabilisierte sich die Anzahl der daimyō bei etwa 250.

Eine derart große Anzahl von potentiellen Gegnern unter Kontrolle zu halten, wurde durch eine Reihe komplizierter Gesetze geregelt, die mit einem ausgewogenen Verhältnis von Belohnungen und Einschränkungen arbeiteten. Das wichtigste Gesetz war das *sankin kōtai*, das Gesetz der „abwechselnden Anwesenheitspflicht", das von jedem daimyō verlangte, neben seinen Besitztümern und Burgen in den Provinzen, einen oder mehrere Paläste in Edo zu unterhalten, wo seine Anwesenheit erforderlich war.[2] Einem daimyō war gestattet, in regelmäßigen Abständen in seine Heimatprovinz zurückzukehren, aber seine Familie musste – sozusagen als Geisel – in Edo bleiben. Neben dieser höflichen Art, „Gefangene" in Edo zu behalten, hatte die Forderung nach zwei Haushalten zur Folge, dass überschüssige Energie und Geld aufgeteilt wurde, mit denen ein daimyō sonst einen Aufstand hätte finanzieren können. Die soziale Stabilität, die mit der Friedenszeit Einzug hielt, erlaubte es, nun auch große, weiträumige Gärten anzulegen. Jetzt konnte man sich wieder ernsthaft der Gartenkunst widmen, ohne mutwillige Zerstörung befürchten zu müssen. Über Generationen hinweg pflegten und erweiterten die Eigentümerfamilien die von ihren Vorfahren ererbten Gärten. Sie setzten so in gewaltloser Form ihre Rivalitäten untereinander fort, die nach wie vor bestanden. In der Unfähigkeit, ihre eigene Position auszubauen oder das Joch des Shogunats abzuschütteln, bekämpften sich die daimyō untereinander durch das Anhäufen materieller Besitztümer und in ihrer Selbstdarstellung.

Die gesellschaftlichen Entwicklungen beeinflussten auch die Funktion der Gärten. Der daimyō war ein politischer Führer, ein Bürokrat, der für seine Provinz verantwortlich war. Seine Residenz war zugleich sein politischer Sitz, von dem aus er die Staatsgeschäfte leitete. Wenn der shōgun oder ein Fürst auf dem Weg in die Hauptstadt war oder von ihr zurückkam und einen Besuch abstattete, stellte der daimyō auf seinen Besitztümern einen Platz für die Ruhepause zur

Verfügung. Die Gärten waren zur Unterhaltung der Gäste da, zeigten aber auch eindrucksvoll Reichtum und Rang des daimyō. Die wichtigste Eigenschaft der Wandelgärten in der Edo-Zeit war ihre soziale Funktion, vergleichbar mit den heutigen Freizeitparks.

Man sollte allerdings anmerken, dass die daimyō nicht die einzigen waren, die große Anwesen mit Wandelgärten besaßen. Auch einige Mitglieder der kaiserlichen Familien legten Gärten an. Der kaiserlichen Familie stand zwar nur ein halbes Prozent des gesamten Landes zur Verfügung, aber sie verfügten noch über andere Einkünfte. Shugakuin Rikyū, Katsura Rikyū und Sentō Gosho in Kyoto sowie Hama Rikyū in Tokio sind einige der besten Beispiele für die Wandelgärten der Aristokratie.

Einige der im höchsten Maße vollkommenen Gärten der Edo-Zeit wurden von Aristokraten angelegt. Diese Uferpartie ist mit kleinen, gerundeten Flusskieseln befestigt. Die Steine sind in Größe, Form und Farbe fast alle identisch. Sentō Gosho, Kyoto

DIE GESTALTER

PROFESSIONELLE GÄRTNER

In der streng hierarchisch geordneten Gesellschaft der Edo-Zeit nahmen die Provinzgouverneure (daimyō) den höchsten Rang ein. Über viele Generationen hinweg entwarfen und bauten die daimyō große Wandelgärten, sowohl auf ihren Landsitzen als auch auf den Besitzungen, die sie in Edo – dem heutigen Tokio – zu unterhalten hatten. Zur gleichen Zeit schufen in den Städten die Kaufleute, die sich trotz ihres Reichtums auf der untersten Stufe der sozialen Hierarchie befanden, winzig kleine Gärten (tsubo niwa) in den Innenhöfen ihrer auf engstem Raum gebauten Stadthäuser. Vorbild der Wandelgärten und auch der tsubo-Gärten war der Teegarten.

Die daimyō waren, ebenso wie die Kaufleute, persönlich an den Gärten ihrer Besitze interessiert. Aber es ist insgesamt von größter Bedeutung für die Gartengestaltung, dass sich in der Edo-Zeit ein eigener Berufsstand der professionellen Gärtner (ueki-ya) entwickelte.[8] Im Gegensatz zu den ishi-tate-sō, die ursprünglich Priester waren oder den kawara-mono, die ganz unterschiedliche Arbeiten ausführten, gehörten die ueki-ya zu den Menschen, die Gartenarbeit verrichteten, weil sie damit Geld verdienen konnten. Die ueki-ya standen sowohl bei den daimyō, als auch bei den Kaufleuten in Diensten, und es ist schwer zu sagen, bis zu welchem Grad der Entwurf eines Gartens der Edo-Zeit vom Besitzer selbst oder von dem ueki-ya stammt, der ihn ausgeführt hat.

In der Edo-Zeit fand außerdem bei der Anlage der Gärten eine Spezialisierung der Arbeiten statt: Es gab nun Fachleute für die Anzucht und den Verkauf von Pflanzen oder solche, die sich auf das Sammeln von Wildpflanzen spezialisiert hatten und wiederum andere, die für die Anlage der Gärten zuständig waren.[9] Der Begriff ueki-ya wird noch heute gebraucht.

Das macht deutlich, dass in der Edo-Zeit damit begonnen wurde, Gärten so zu planen und anzulegen, wie es heute üblich ist.

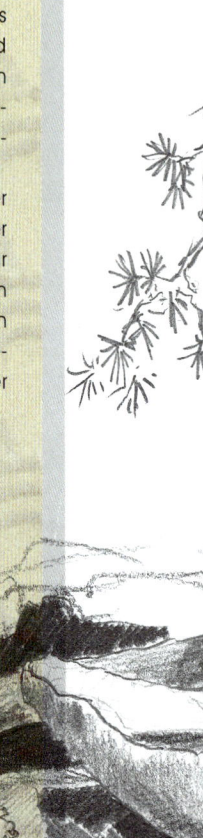

KREATIVE INSPIRATION

Kulturelle Entwicklung

Vergleicht man die chōnin mit den samurai, so haben die chōnin damals wirklich eine neue, lebendige Kultur geschaffen, während die samurai beim klassischen Kanon blieben. Das Shogunat, dem es zum ersten Mal gelungen war, die Nation in einem Staat zu vereinen, wollte diese Situation nicht verändern. Der Konfuzianismus mit seiner zentralen Idee von einer stabilen Gesellschaft, die durch eine hierarchische Ordnung und der Aufrechterhaltung des status quo gewährleistet wurde, war die perfekte Ideologie dafür. Die Kriegskunst war nach wie vor Teil des Lebens der samurai, aber ihre Rolle als Krieger verlor immer mehr an Bedeutung. Da eine unruhige Gruppe gut bewaffneter und bestens ausgebildeter Männer eine Gefahr darstellte, entzog die Zentralregierung dem militärischen Potential der samurai ihre finanzielle Unterstützung. Trotz der Klassentrennung in der Gesellschaft der Edo-Zeit vermischten sich die samurai nach und nach mit der Klasse der Chōnin, insbesondere mit den Kaufleuten. Die samurai liebten den extravaganten Lebensstil der Kaufleute – bei denen sie häufig verschuldet waren – und trafen dort in gemischten Gesellschaften zusammen. Die Kultur der daimyō in Edo war eine Überlagerung dieser beiden Welten: Eine Mischung aus Klassik und einfacher volksnaher Atmosphäre bildete die Grundlage für die Gestaltung der Wandelgärten.

Ein weiteres kulturelles Phänomen der Edo-Zeit, das die Gartengestaltung beeinflusste, war das wachsende Interesse an Pilgerfahrten. Die Zentralregierung hatte Reisebeschränkungen verhängt, damit sie sich in Edo sicher fühlen konnte. Zu den Sicherungsmaßnahmen gehörten Straßenschranken und die Auflage, nur mit Pass reisen zu dürfen. Ein Reisevisum konnte man bekommen, wenn man sich einer organisierten Pilgerfahrt anschloss, und dann außer den Gebetszeremonien auch Gelegenheit zu Besichtigungen hatte. Die Beschreibungen der Sehenswürdigkeiten und Landschaften, die die Pilger auf ihren Reisen kennenlernten, waren außerodentlich populär. Durch die weite Verbreitung von Holzschnitten – eine kulturelle Neuerung der Edo-Zeit – wurde die Anschaulichkeit dieser Reisebeschreibungen noch verstärkt. Auch wenn die Kunst des Holzschnitts bereits vor der Heian-Zeit bekannt war, revolutionierten die Kunsthandwerker der Edo-Zeit das Verfahren, sowohl hinsichtlich der Technik als auch im Entwurf und der Darstellung. Das große Interesse am Reisen, das durch die Einschränkungen einen noch größeren Reiz bekam, erklärt die Popularität der Veröffentlichungen über berühmte Orte in Japan, einschließlich der Ansichten von Kyoto, Tokio und der langen, gefahrvollen Tokaido-Straße, die beide Städte miteinander verband.

REISEN

WEITLÄUFIGE LANDGÜTER

KOISHIKAWA KŌRAKUEN, TOKIO
Zeichnung nach einem Plan aus einem Reiseführer aus dem Jahre 1923

1. *IN (YIN)*, STEIN
2. LOTUSTEICH
3. *YŌ (YANG)*, STEIN
4. EINGANGSTOR IM CHINESISCHEN STIL
5. HŌRAI ISLAND
6. BOOTSANLEGESTELLE
7. KIEFERNBESTANDENE WIESE
8. TEEHAUS
9. POLSTERBÜSCHE
10. LAUBE
11. *YATSUHASHI*, IRIS UND GLYZINE
12. PFLAUMENGARTEN
13. PAGODE
14. *ENGETSU-KYŌ*
15. TEEHÄUSER
16. *TSŪTENBASHI*
17. KANNON-TEMPEL
18. KLEINER LU-SHAN
19. FLUSS OI
20. GEFALTETE FELSWAND
21. *TOGETSU-KYŌ*
22. DEICH DES WESTLICHEN TEICHES

DIE EINBINDUNG IN DIE UMGEBUNG

Die Größe der Landsitze, auf denen die Wandelgärten angelegt wurden, war ein wichtiger Faktor für ihre Gestaltung. Häufig waren es die daimyō, die in den Provinzen über ausgedehnte Landgüter und Villen besaßen. Die Gärten der shinden-Paläste in der Heian-Zeit waren etwa 4 500 Quadratmeter groß – dies war ein Drittel eines durchschnittlichen Grundstückes von einem *chō*. Im Vergleich dazu erstreckten sich die Wandelgärten der Edo-Zeit häufig über 50 000 bis zu 100 000 Quadratmetern oder mehr. Die Besitzungen in Edo waren räumlich viel weniger beschränkt als die Anlagen in Kyoto. Die Größe der Landgüter und der Residenzen in Edo gestattete es den Gartengestaltern, riesige Anlagen zu schaffen, wie es sie vorher in Japan kaum je gegeben hatte.

Anfangs waren die Entwürfe nicht besonders prachtvoll, aber im Laufe der Zeit fügten die nachfolgenden Generationen immer neue Teile hinzu, so dass die Gärten schließlich riesige Ausmaße annahmen. Wenn die Gestalter die Gärten erweiterten, integrierten sie häufig auch Bereiche aus der Umgebung in die Gesamtplanung des Gartens. Dadurch erhielt der Garten zwei neue, interessante Dimensionen. Manchmal blieben die Felder unverändert und wurden weiterhin bestellt, nicht nur wegen der Erträge, sondern weil sie einen schönen, ländlichen Anblick (*nōson fukei*) boten. So liebten die daimyō ganz besonders Pflaumenbäume, und der Gestalter des Katsura Rikyū, eines Adelssitzes außerhalb von Kyoto, folgte dieser Vorliebe für das Ländliche und baute ein Teehaus, das den Namen „kleines Teehaus im Melonenbeet" trug, heute aber nicht mehr existiert.

Das Einbeziehen von bestehenden Heiligtümern verlieh dem Garten eine neue, soziale Dimension. Überall auf dem Lande gab es in Japan alte Schreine und lokale Gottheiten, zu denen regelmäßig gebetet wurde und denen Opfergaben, wie zum Beispiel Blumen, Weihrauch oder Wasser, dargebracht wurden. Sehr häufig fand man an den Weg- oder Straßenrändern Statuen von Jizo, einem sehr beliebten *Bodhisattwa*, der die Reisenden und die Kinder schützen sollte. Wenn die Heiligtümer der Gottheiten zum Landgut eines daimyō gehörten, waren sie den Menschen in der Umgebung, die sich um sie kümmerten, nicht mehr ohne weiteres zugänglich. Deshalb wurden bestimmte Tage festgelegt, an denen meistens die erwachsenen Männer eines Ortes die Erlaubnis hatten, den Garten des daimyō zu betreten, die Opfergaben darzubieten und Gebete zu verrichten. Häufig wurde ihnen aber auch gestattet, länger im Garten zu bleiben und ihn zu genießen – zumindest galt dies für bestimmte Teile des Gartens. So wurden die Gartenanlagen zeitweise einem bürgerlichen Publikum zugänglich. Es wäre jedoch falsch, sie deswegen als „öffentlich" zu bezeichnen.[3]

Die Wandelgärten der Edo-Zeit

Schönheitsideale

ASOBI • TANOSHIMI

Zwei Begriffe, die im Zusammenhang mit den Gärten der daimyō verwendet werden, sind *asobi* (Spiel oder Verspieltheit) und *tanoshimi* (Spaß, Freude). Es ist an sich bemerkenswert, dass die daimyō überhaupt die beiden Wörter asobi und tanoshimi benutzten, denn ursprünglich gehörten sie zur Ausdrucksweise der chōnin. Die Gärten des vorangegangenen Mittelalters wurden nicht für solche gewöhnlichen Vergnügungen genutzt, und man bezog sich auch nicht mit solchen Begriffen auf sie. Im Gegensatz dazu war das kulturelle Leben eines daimyō der Edo-Zeit eine besondere Mischung, in der klassisches chinesisch-japanisches Gedankengut eine Verbindung mit den dynamischeren Merkmalen der Kultur der chōnin einging. Die Wandelgärten dienten der Unterhaltung, der Betrachtung der Kirschblüte, dem Spielen am Ufer und dem Spaziergang im Wald – alles Vergnügungen, die zum Lebensstil der chōnin gehörten.[4]

Zusätzlich zu den Wörtern asobi und tanoshimi gab es noch weitere Begriffe, mit denen ein Wandelgarten beschrieben wurde. Zum Beispiel gehören *utsukushii* (schön), *kirei* (hübsch), *kimochi ga yoi* (fühlt sich gut an) auch heute noch zum Sprachgebrauch. Dies zeigt uns, wie eng die heutigen Schönheitsideale mit denen der Edo-Zeit verwandt sind. In der Gedichtesammlung *Man'yōshū* bedeutete utsukushii etwas ähnliches wie „liebenswert".[5] In der Edo-Zeit veränderte sich die Bedeutung des Wortes in „schön" und hat damit die gleiche Bedeutung wie heute. Dies zeigt, dass das Empfinden der Menschen in der Edo-Zeit zwar völlig gegensätzlich zu dem der alten Zeiten war, aber sich von unserem heutigen gar nicht so sehr unterscheidet.

GŌSŌ • KAREI

Zwei weitere Begriffe, welche die daimyō für die Beschreibung eines Gartens verwendeten, *gōsō* (Pracht, Erhabenheit) und *karei* (herrlich, großartig), verraten zwei Dinge, die für die Kultur der daimyō von großer Bedeutung waren: Ihr Interesse für Pracht und Luxus überlagerte die stille Ästhetik der Kultur des Tees. Außerdem werden beide Wörter in der chinesisch-japanischen Form verwendet, was auf die Vorliebe der daimyō für das Chinesische hinweist.

Generell waren die Wandelgärten der Edo-Zeit für das Hervorheben der Schönheitsideale wichtiger als religöse Angelegenheiten. Die Ausübung der Religion wurde durch die Reglements der Edo-Zeit sorgfältig kontrolliert. Deshalb gab es in dieser Zeit auch keine Zunahme der Religiosität. Auch wenn der Buddhismus und der Shintoismus weiterhin im Herzen der Japaner verwurzelt waren, verloren sie für die Entwicklung der künstlerischen Kreativität an Bedeutung.

Diese gewölbte Brücke, Engetsu-kyō, die Brücke des Runden Mondes, ist ein typisch chinesisches Motiv. Koishikawa Kōrakuen, Tokio

Der Deich, der durch den Westlichen See in der Provinz Hangzhou in China verläuft, war durch Gemälde und literarische Dokumente in der Edo-Zeit wohlbekannt und ist hier in verkleinertem Maßstab nachgestaltet worden. Yōsui-en, Wakayama

Die Wandelgärten

Großgrundbesitz erlaubte den Bau von weitläufigen Landsitzen. Das müßige Leben der daimyō und des Adels, die allgemeine Stabilität im Lande und das Interesse am Reisen – all dies bildete die Grundlage für die Schaffung der Wandelgärten in der Edo-Zeit. Am Anfang der meisten Gärten befand sich ein kleiner Teegarten, ein Muss für jeden kultivierten, wohlhabenden Haushalt. Im Laufe der Zeit wurden aus einem Teehaus zwei, drei und mehr, bis sich eine ganze Sammlung in einem parkähnlichen Grundstück aneinanderreihte.

Diese großen Gartenanlagen werden allgemein als „Wandelgärten" bezeichnet, denn sie wurden mit der Absicht angelegt, dass man sie ergehen konnte, und sie nicht nur von der Veranda oder vom Boot aus betrachtet. In der Edo-Zeit wurden diese Gärten einfach *yashiki* genannt, ein allgemein gebräuchlicher Begriff für ein luxuriöses Wohnhaus, wobei die Einheit von Haus und Garten gemeint ist. Der moderne japanische Begriff für diesen Gartenstil *kaiyūshiki teien*, Ausflugsgarten, weist auf die Absicht der Gartengestalter hin, den Gästen einen großen, schön angelegten Landschaftsgarten anzubieten, in dem sie Rundgänge machen können. Die Gestalter inszenierten Landschaftsszenen, die aus dem großen Fundus der allgemein verbreiteten kulturellen Bildsymbolik stammten. Berühmte malerische Landschaften in Japan und China waren ebenso beliebte Vorbilder wie poetische Anspielungen, die normalerweise aus der klassischen Dichtung der Heian-Zeit entnommen wurden. Die Gartengestalter „sammelten" diese Bilder wie Skulpturen, die man im Garten aufstellt und mischten sie dann zu einem verständlichen Ganzen. Die Ausblicke waren sorgfältig geplant, so dass man, wenn man auf einem gewundenen Pfad durch den Garten spazierte, von einer Szene zur nächsten geführt wurde – so als ob man sich durch die verschiedenen Schichten von Kulissen auf einer Theaterbühne bewegte. Jede Szene wird der Reihe nach enthüllt und dann wieder verborgen, um später von einem anderen Aussichtspunkt aus wieder betrachtet werden zu können. Die folgenden Beispiele geben einen Eindruck von der Vielfalt der Bilder, die man damals gesammelt hat.

Ama-no-hashidate, die „Brücke zum Himmel" an der japanischen Meeresküste.

Japanische Landschaftsszenerien

Der Berg Fuji ist ein klassisches Beispiel für eine japanische Landschaftsszenerie und Berge im Fuji-Stil – also Vulkane – spielen in vielen Gärten eine wichtige Rolle. Das besterhaltene Beispiel befindet sich in Kumamoto, im Garten des Suizen-ji-Tempels, wo sich eine sorgfältig geschnittene Grasfläche zu einem gewaltigen Hügel mit spitzer Kuppe erhebt. Der Berg Fuji wurde auch in zahlreichen Holzschnitten dargestellt, so zum Beispiel in dem berühmten Zyklus *Sechsunddreißig Ansichten des Berges Fuji* von Utagawa Hiroshige. Auch wenn die daimyō aus den westlichen Landesteilen und ihre Gefolge den Berg Fuji aufgrund ihrer Reisen zur Hauptstadt aus eigener Anschauung kannten, wird sein Bild auch örtlichen Vasallen durch die Holzschnitte be-

Durch Holzschnitte fanden berühmte Landschaftsszenen aus ganz Japan weite Verbreitung. Ama-no-hashidate von Utagawa Hiroshige. Hiraki Museum, Yokohama

kannt gewesen sein. Die Acht Brücken, *yatsuhashi*, sind ein anderes japanisches Landschaftsbild, das aus der Literatur wohlbekannt war. Es handelt sich um einen malerischen Ort, wo sich ein Fluss in acht Kanäle teilt – wie in den *Geschichten der Insel*, einer Gedichtesammlung aus dem zehnten Jahrhundert, erzählt wird.[6] Diese Szene wird im Garten mit einer Brücke dargestellt, die aus acht dicken Holzplanken besteht.

Darstellungen der Landschaft um Kyoto

Die Hügellandschaft von Arashiyama, deren mit Kirsch- und Ahornbäumen bewachsenen Hänge zum Fluss Oi abfallen, waren ein ebenso populäres Bildmotiv wie die Toguetsu-kyō, die lange Holzbrücke, die sich in der Nähe von Arashiyama über den Fluß Oi spannt. Die Arashiyama-Landschaft wurden in mehreren Gärten, auch im Koishikawa Kōrakuen-Garten, dargestellt. Hier findet man auch die nachgestellte Landschaftsszene von Tsūten-bashi. Dies ist eine Brücke, die sich bei dem Tōfuku-ji-Tempel im Süden Kyotos über eine tiefe Schlucht spannt, an der entlang Ahornbäume wachsen.

Landschaftsszenen aus China

Der Deich, der durch den Westlichen See in der Provinz Hangzhou in China führt, war eines der Lieblingsmotive, das in verschiedenen Gärten wiedergegeben wurde, so auch im Koishikawa Kōrakuen und im Shiba Rikyū in Tokio und im Yosui-en in Wakayama und dem Shukkeien in Hiroshima.[7] Die beiden bogenförmigen Brücken im chinesischen Stil Engetsu-kyō und Kokokyō befinden sich im Koishikawa Kōrakuen sowie im Shukkei-en-Garten. Der Kleine Berg Lu, ein buddhistischer Pilgerort und einer der berühmtesten und malerischsten Berge Chinas, ist im Koishikawa Kōrakuen-Park als kleiner, mit Bambusgras bewachsener Hügel dargestellt.

Yin – Yang

Yin und Yang – auf Japanisch *in* und *yō* – die negativen und positven Kräfte der chinesischen Geomantie, wurden üblicherweise durch zwei Steine dargestellt, einem „weiblichen" mit einer entsprechenden Falte oder Spalte und einem aufrecht stehenden „männlichen" Stein. In den Gärten der Edo-Zeit wird man nicht mehr an die übernatürlichen Kräfte dieser Steine geglaubt haben, denn damals hatte die Geomantie ihren großen Einfluss bereits verloren. Die Steinsetzungen wurden nur noch als bildhauerische Kunsterzeugnisse eingesetzt.

Ama-no-hashidate ist hier im Vordergrund modellhaft nachgebildet. Einzelbereich der Katsura Villa, Kyoto

Klischeehafte Bildsymbolik von Steinsetzungen

Viele Bilder, die in den Gärten des Altertums und Mittelalters mit Steinen nachgebildet wurden, wie zum Beispiel die mystischen Berge Hōrai und Shumisen oder die Dreiergruppen, die eine buddhistische Trinität darstellen, findet man auch in den Wandelgärten der Edo-Zeit. Es ist aber unwahrscheinlich, dass sie für die Besitzer der Gärten oder deren Besucher eine religiöse Bedeutung hatten. Sie hatten eher den Stellenwert von Kunstgegenständen und Sammlungsstücken des Gartenbesitzers.

Dichtkunst

Darstellungen zu bekannten Gedichten waren ein beliebtes Thema für die Wandelgärten. Der Gestaltung des Rikugi-en in Tokio liegen 88 Szenen der berühmten *waka*-Dichtung zugrunde. Heute besteht nur noch eine Handvoll dieser Szenen in dem Garten, aber man kann die geschmackliche Intention des Besitzers daran erkennen, dass er als zentrales Gestaltungsthema ein Werk der Dichtkunst gewählt hatte. Allerdings besteht ein Unterschied in der Art, wie in der Heian-Zeit die Dichtkunst mit der Gartenkunst verbunden wurde und der Rolle, die sie in den Wandelgärten der Edo-Zeit hatte. Poetische Szenen wurden mehr unter dem künstlerischen Aspekt eingefügt, etwa so wie man Bilder in einem Museum ausstellt.

Der Berg Lu, ein buddhistischer Wallfahrtsort in China, der oft als ein mit niedrigem Bambus bewachsener Hügel dargestellt wird. Koishikawa Kōrakuen, Tokio

KATSRA RIKYU
IMPERIAL GATE

GESTALTUNG

Gartengestaltung war in Japan immer eine künstlerische Ausdrucksform, in der Bilder aus der Natur als Medium benutzt wurden. Ebenso wie die Malerei und Bildhauerei, ist auch die Gartenkunst ein Ausdrucksmittel für ein emotional oder geistig besetztes Thema. Auch wenn die Gartenkunst keine rein intellektuelle Auseinandersetzung ist, wurden doch bereits im elften Jahrhundert in ausführlichen Abhandlungen umfassende Theorien über diese Kunstform entwickelt. Gartengestaltung ist jedoch, ebenso wie alle anderen in Japan heimischen Künste, kein konkretes Lehrgebiet. Als Schüler eines Meisters „erwirbt" man sich im Laufe der Zeit die Fähigkeiten zur Gartengestaltung – mehr aufgrund von Anschauungsbeispielen als durch mündliche Anweisungen. Dieses Lernen durch geistige Assimilation wird bereits praktiziert worden sein, bevor der Zen-Buddhismus Einfluss nahm. Da die Zen-Sekte dem gesprochenen Wort misstraut und der „direkten Übertragung" der Gedanken durch die Tat eine besondere Wertschätzung einräumt, wird das Lernen durch Nachahmung hier sicherlich eine starke Unterstützung erfahren haben.

Gartengestaltung kann in drei Komponenten unterteilt werden: Gestaltungsprinzipien, Gestaltungstechniken und Gestaltungselemente.

Die Gestaltungsprinzipien sind die Leitgedanken, auf deren Basis ein Garten konzipiert wird – es geht um den Grundgedanken, den der Gestalter ausdrücken möchte. Gestaltungstechniken sind die Methoden, mit deren Hilfe der Grundgedanke im Garten umgesetzt wird. Die Gestaltungselemente schließlich sind die „Bausteine", mit denen der Garten angelegt wird. Man könnte dieses Konzept auch so zusammenfassen: Die Gestaltungsprinzipien setzen sich mit der Frage auseinander, warum man einen Garten gestaltet; die Gestaltungstechniken fragen nach dem „wie", und die Gestaltungselemente gehen der Frage nach, womit ein Garten gestaltet wird.

Auf dieser Grundlage lässt sich die Gestaltung der Gärten analysieren, aber man darf nicht vergessen, dass dies nur eine Form der Perzeption ist. Es ist nicht der Gestaltungsprozess selbst, denn dabei stehen Gestaltungsprinzipien und Gestaltungstechniken nicht im Vordergrund und werden auch nicht bewusst und systematisch eingesetzt. Der Schüler muss sich im Laufe seiner Lehrzeit mit allen drei Aspekten der Gestaltung auseinandersetzen. So verinnerlicht der Schüler diese Lektionen, und wenn er soweit ist, benutzt er sie ohne groß darüber nachzudenken.

Von den drei Gestaltungskomponenten – den Prinzipien, den Techniken und den Elementen – kann man die Elemente als am stärksten „exponiert" bezeichnen. Wegen ihrer Auffälligkeit sind diese Elemente – Moosflächen, bizarr wachsende Kiefern, Felsblöcke, weißer Sand, Steinlaternen und Trittsteine – so gut bekannt, so dass sie sofort mit den japanischen Gärten assoziiert werden. Diese klischeebehafteten Elemente gehören aber in Wirklichkeit nicht unbedingt zum Stil des japanischen Gartens.

Versucht man in einem anderen Kulturkreis oder einem fremden klimatischen Umfeld einen japanischen Garten nachzugestalten, und konzentriert man sich dabei vor allem darauf, die üblichen Gestaltungselemente zu verwenden, so wird man einen japanisch anmutenden Garten bekommen – einen Garten im japanischen Stil (*wa-fu*). Wenn man allerdings ein tieferes Verständnis für die Gestaltungsprinzipien und Gestaltungstechniken der japanischen Gärten entwickelt hat, kann man einen Garten schaffen, der dem japanischen Geist (*wa-shin*) entspricht.[1] Man kann auch ganz ohne die üblichen Elemente auskommen. So ist es möglich, dass ein Garten vielleicht auf den ersten Blick gar nicht japanisch aussieht, aber er besitzt die gleiche Harmonie und verborgene Schönheit, die japanische Gärten so anziehend macht. Das heißt nicht, dass die Verwendung traditioneller Gestaltungselemente falsch wäre – nur sind sie einfach nicht so wichtig und man kann sie bewusst weglassen.

GESTALTUNGSPRINZIPIEN

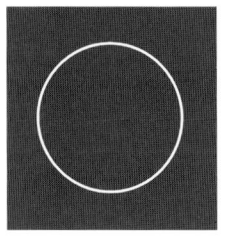

WARUM LEGT MAN EINEN GARTEN AN? DAS IST DIE GRUNDFRAGE, DIE ALLERDINGS KAUM JE GESTELLT WIRD. DIE MEISTEN GARTENGESTALTER VERRICHTEN IHRE ARBEIT EINFACH IN DEM VON DER GESELLSCHAFT VORGEGEBENEN RAHMEN. IHRE ARBEIT IST IN DER REGEL NUR DIE REPRODUKTION ALLGEMEIN AKZEPTIERTER STILVORSTELLUNGEN. BESTENFALLS IST SIE EINE GESCHICKTE ANPASSUNG VERSCHIEDENER GESTALTUNGSTECHNIKEN ODER -ELEMENTE, DIE EINE „NEUE" FORM HERVORBRINGEN. DIE PRINZIPIEN DER GARTENKUNST, DIE SCHON LANGE ZUR TRADITION GEHÖREN, WERDEN NUR SELTEN HINTERFRAGT, BESONDERS DER GRUNDGEDANKE, WAS NUN EIGENTLICH IN EINEM GARTEN AUSGEDRÜCKT WERDEN SOLL. DAS IST ABER DIE GESCHICHTE ALLER KULTUREN: EIN KREATIVER KÜNSTLER VERLEIHT EINER SACHE LEBEN UND DARAUF FOLGEN DANN ALLE JENE, DIE LIEBER GROßE VORBILDER NACHAHMEN ALS SELBER ETWAS NEUES ENTDECKEN. DIESE NACHFOLGER ERWEITERN JEDOCH OFT AUCH DEN AUSGANGSGEDANKEN, GEBEN IHM SCHLIFF UND GLANZ, VERSCHLÜSSELN UND INSTITUTIONALISIEREN IHN. OHNE SOLCHE NACHFOLGER WÜRDEN NEUE ENTWURFSGEDANKEN MIT DEM ABLEBEN IHRER INITIATOREN VERSCHWINDEN UND SICH NIEMALS ZU EINER TRADITION WEITERENTWICKELN. BETRACHTET MAN EINE FREMDE KULTUR JEDOCH ALS INSPIRATIONSQUELLE, WIRD MAN FESTSTELLEN, DASS DIE TRADITIONEN EINER GESELLSCHAFT NIE GOTTGEGEBEN SIND. UND SO IST ES NICHT NUR SINNVOLL, SONDERN GERADEZU EINE PFLICHT, SICH MIT DEN GRUNDPRINZIPIEN DER GESTALTUNG AUSEINANDERZUSETZEN.

VON DER NATUR LERNEN

Die japanischen Gärten sind Kunstwerke, für die Natur als Arbeitsmaterial benutzt wurde. Das erste und wichtigste Gestaltungsprinzip ist deshalb von der Natur zu lernen. Dazu kommt ein ergänzendes Gestaltungsprinzip, nämlich die Natur zu interpretieren, nicht nachzuahmen. Beide Prinzipien sind so alt wie die Gartenkunst in Japan selbst, und sie werden sogar schon in den allgemeinen Prinzipen der Gartenkunst des *Sakuteiki* detailliert beschrieben:

Erinnere dich an den Anblick berühmter Orte, wähle das aus, was dich anzieht und füge deine eigene Deutung hinzu. So kann man am besten ein Thema nutzen, um einen Garten als Ganzes zu gestalten und füge dann noch ein rechtes Maß an Veränderungen hinzu.[1]

Obwohl die japanischen Gartengestalter ihre Anregungen aus der Natur beziehen, sind ihre Gärten doch etwas ganz anderes als reine Natur und etwas anderes als „Wildgärten". Die Natur wird im Garten neu interpretiert, zu etwas Exklusivem erhoben und abstrahiert, so dass das Ergebnis dieses Schaffens nicht Natur an sich ist, sondern eine idealisierte Vision der Natur, sozusagen eine Essenz der Natur – mit all ihren Rhythmen und Formen. Die Absicht der Gartengestalter liegt nicht darin, die Natur als Ganzes nachzubilden, wie es vielleicht für die Anlage eines botanischen Gartens oder einer Biosphäre vorstellbar wäre, da hier die Untersuchung des natürlichen Ökosystems im Zentrum des Interesses steht. Der Garten ist ein Kunstwerk, mit dem der Gartenkünstler Schönheit schaffen will und emotionale oder geistige Werte zum Ausdruck bringt.

Beim Naturstudium steht nicht die Absicht des Gestalters etwas nachzubilden im Vordergrund, sondern zu erkennen, welche Lektionen die Natur über das Leben und den Kosmos vermittelt, und welchen Platz der Mensch in dem Gesamtgefüge einnimmt. Zum Beispiel veranschaulicht der Weg, den das Wasser durch eine Landschaft nimmt, den „Weg des geringsten Widerstandes". Die bizarre Form windzerzauster Kiefern spricht von Ausdauer und Widerstandsfähigkeit. Bambushalme und Gräser, die sich im Wind wiegen, sprechen von Anpassungsfähigkeit. Die Vergänglichkeit des Lebens kommt im fortwährenden Wechsel der Jahreszeiten zum Ausdruck. Die organische Komplexität der einfachsten Dinge – die zarten Verzweigungen einer Azalee oder die Formschönheit einer Lotusblume – erinnert uns daran, dass „es im Himmel und auf Erden weit mehr gibt, als das, was wir mit unserem Verstand erfassen können."

DAS WILDE UND DAS KONTROLLIERTE

Ein exakt und formschön ausgeführter Fußweg, der durch einen Moosgarten führt, erzeugt einen reizvollen Kontrast von Menschenwerk und Natur. Hakone Museum, Shizuoka

Bei den Zäunen vereinen sich oft natürliche Materialien, wie Bambuszweige, mit einer deutlich vom Menschen bestimmten Formgebung. Kibuna, Kyoto

Unzählige Themen der japanischen Gartengestaltung werden ebenso wie die Themen der japanischen Gedichte mit Bildern einer wilden, ungezähmten Natur dargestellt. So wie der Dichter mit seinen Worten, bringt der Gärtner mit seiner Hände Arbeit Bilder der Natur zum Ausdruck. Eines der Hauptziele des Gärtners ist, die harmonische Balance zwischen der wilden, ungezähmten Natur und der kontrollierten, beherrschten Natur – eine Balance zwischen der Schönheit der Natur und der Schönheit der von Menschenhand geschaffenen Dinge – zu erreichen.

Da die Natur in Japan mit elementarer Macht wüten kann – Taifune, Überschwemmungen, Erdbeben und Flutwellen – denkt man beim Leben mit der Natur immer auch an das Beherrschen der Natur. Die Japanischen Gärten sind ein Spiegelbild des Wunsches nach Naturbeherrschung. Aber zugleich spiegeln sie auch den beruhigenden Einfluss des Buddhismus wider, der den Menschen als Bestandteil der Natur sieht, gleiches gilt für den Einfluss des Shintoismus mit seinen Naturgöttern. Ehrfurcht und Respekt einerseits und andererseits die Notwendigkeit, die Natur zu beherrschen, werden im Garten vereint und schaffen eine einzige, harmonische Ästhetik. Diese Wirkung ist relativ einfach durch die Behandlung der Pflanzen erkennbar, die als stilisierte Formen in der Natur vorkommende Bilder darstellen – windzerzauste Kiefern, knorrige alte Pflaumenbäume – bewusst stellt sie der Gärtner her. Japanische Gärten sind weitgehend kontrollierte Gestaltungen und brauchen eine besonders intensive Pflege.

Das Nebeneinander von freier und einer vom Menschen beeinflussten Natur wird auch in den Einzelelementen sichtbar, zum Beispiel bei den Zäunen. Das Material für die Zäune wird häufig im naturbelassenen Zustand benutzt, aber auch in einer Art, die sich die natürlichen Merkmale zu Nutze macht und sie hervorhebt. Letztlich aber ist ein Zaun doch ganz klar ein Werk des Menschen. Ein anderes Beispiel sind die Wasserhandbecken (*chōzubachi*), die zuerst in den Teegärten verwendet wurden und nun überall in den japanischen Gärten zu finden sind. In einen Findling, einen Felsblock aus einem Fluß oder einen Fels vom Meeresufer, mit skulpturaler Gestalt und einer angenehm anzufassenden „Haut", wird in die Oberseite ein genau abgemessenes Bassin mit sauberen Kanten eingehauen – ein Eingriff des Menschen in einen Naturgegenstand.[2] Formvollendet gestaltete Pfade, die eine Fläche aus weichem Moos durchschneiden, Hängekirschen, die man durch das Gitterraster eines schirmartigen Spaliers betrachtet, ein Erdwall mitten zwischen einer Gruppe von alten, hochgewachsenen Zypressen – die Liste ließe sich endlos fortsetzen.

Das Bild lässt die Bearbeitungsspuren des Menschen an dem von der Natur geformten Stein gut erkennen. Das Wasserbecken ist sauber aus dem Stein herausgearbeitet, der schon an sich eine natürliche bildhauerische Qualität besitzt. Jōju-in, Kyoto

DIE JAHRESZEITEN

Es gibt wohl zwei Arten von Gärten auf der Welt: Die Gärten, die in rauhen Klimazonen angelegt werden, um dem Menschen einen Raum zur Entspannung zu bieten und Gärten, die in relativ gemäßigten Zonen angelegt sind und einen Höhepunkt in dieser Umgebung bilden – sie akzentuieren. Japanische Gärten gehören ganz entschieden zu der zweiten Kategorie. Auf den japanischen Inseln herrschen ganz unterschiedliche Umweltbedingungen. Die Japaner sind stolz darauf, vier verschiedene Jahreszeiten, *shiki*, zu haben, und viele Japaner, die keine Reiseerfahrung haben, glauben, dass dies eine japanische Besonderheit sei. Aber es gibt ja viele Länder auf der Welt mit vier Jahreszeiten, und in Japan gibt es auch viele Orte – vom Norden bis in den Süden – die keinen Jahreszeitenwechsel haben. Letztlich ist es eigentlich nur die zentrale Region zwischen Kyoto und Tokio, in der die vier Jahreszeiten sanft ineinander übergehen, so dass jeder Monat seine Besonderheiten hat. Die Einbeziehung der Jahreszeiten mit all ihrer Fülle und ihrer Subtilität in die Gartengestaltung ist ein wesentlicher Gesichtspunkt, aber es ist vielleicht zutreffender, dass die besondere Aufmerksamkeit, die den Feinheiten der Natur gewidmet wird, der vorherrschende Gesichtspunkt für die japanische Gartenkunst ist – unabhängig von der Anzahl der Jahreszeiten.

Es gibt ein Sprichwort das besagt, das einzig Beständige in unserer Welt sei der Wandel. Die Akzeptanz des Wandels als immanentes Wesen für die Existenz in „dieser Welt" wurde in der Schönheitslehre *mujōkan* der Heian-Zeit – die Verherrlichung des Flüchtigen – wiedergegeben. Seitdem ist es zu einem Prinzip geworden, das viele japanische Kunstarten beeinflusst hat. Der Wechsel der Jahreszeiten ist vorzüglich dazu geeignet, dieses Konzept zu veranschaulichen und er gehört seit langem zu den Standardmotiven in der Dichtung, der Malerei und selbstverständlich auch in der Gartenkunst.

Das zarte Hellgrün des frischen Laubes, das im Sonnenlicht fast transparent und leuchtend wirkt, ist ebenso ein Zeichen des Frühlings wie der süße Duft des Seidelbasts und die rosa Woge der Kirschbaumblüte. Kirschblüten sind zum Synonym für Japan geworden, in Japan verkörpern sie die Blüte schlechthin. Dies kann man in dem Ausdruck *hana-mi*, wörtlich „Blüten betrachten" erkennen, der sich normalerweise auf die Kirschblüte bezieht. Eine weitere klassische Frühlingspflanze ist die leuchtend gelbe Kerrie, welche die Höflinge der Heian-Zeit ganz besonders schön fanden, wie man aus den Gedichten der damaligen Zeit erkennen kann, in denen beschrieben wird, wie sich ihre herabhängenden Zweige in einem Teich oder einem Bach spiegeln.

Die ersten Sommerboten kommen mit den Blüten der Glyzine, der Iris und der Azalee. Dann folgen die leuchtend blauen Glockenblumen – eine der wenigen Blumen, welche die Japaner auch in großen Massen lieben – die süß duftende Gardenie, die Lotusblume mit ihren Sinnbezügen zum Buddhismus und die Gartennelke, die mit ihren leichten, fedrig-fransigen rüschenartigen Blüten ein Bild von Frische und Kindheit entstehen lässt.[3] In der Dichtkunst der Heian-Zeit symbolisierten die Weiden, deren zarte Zweige sich beim geringsten Lufthauch bewegen und einen Hauch von Kühle vermitteln, den Sommer. Der Sommer selbst wird durch das intensive Sonnenlicht und die drückende Hitze charakterisiert. Der kühle Schatten unter dem Schirm hoher Bäume und das faszinierende, sirrende Geräusch der Zikaden rufen besonders starke Erinnerungen an den Sommer wach.

Herbst und Frühling ringen um die Gunst, die Lieblingsjahreszeit der Japaner zu sein. Die Schönheit des Herbstes atmet die Trauer des Vergänglichen und nicht den strahlenden Glanz des neuen Lebens und weckt dadurch tiefere Gefühle. Wenn der Frühling vor allem mit der Kirschblüte assoziiert wird, so ist der Ahorn, dessen dunkelroten Farbtöne intensiv genug sind, um die Papiertüren des Nachbarhauses zu färben, das Symbol des Herbstes.[4] Es ist eine der intensivsten ästhetischen Empfindungen, die ein japanisches Haus bieten kann, wenn man den Garten durch den Schatten, den die Blätter auf das Papier werfen, indirekt erlebt. Aber nicht allein der Ahorn ist ein Symbol für den Herbst; in früheren Zeiten war Buschklee eine sehr beliebte Pflanze, seine verstreuten Blüten waren ein ausdrucksstärkeres Bild für die Flüchtigkeit des Lebens, als es Gräser sein konnten, die in fahlen Farben trocknen.[5] Der *Osmanthus* verleiht der Jahreszeit einen süßen, ätherischen Duft, bevor er den Boden mit Kreisen von heruntergefallenen gelben Blütenblättern bedeckt und das Sirren der Zikaden am Tag wird von dem friedlichen Konzert der Grillen in der Dämmerung abgelöst.

Die Chrysantheme geht dem Winter voraus. In der *Geschichte des Prinzen Genji* heißt es, dass Chrysanthemen dann am schönsten sind, wenn sie leicht verschneit sind. Der Baum des Winters ist die Kiefer. Schnee auf den Kiefern, Schnee auf dem Bambus, Schnee auf den Laubbäumen wie zum Beispiel einem Pflaumenbaum – die Schneehäubchen werden als „die ersten Blüten des Jahres" bezeichnet (*hatsu-hana*). Der Duft des Winters ist der Duft der Zaubernuss *Hamamelis*, der immer eine angenehme Überraschung für den unter der Kälte leidenden Geruchssinn.

Pflanzen, die gegen Ende des Winters zu blühen beginnen und deren Blütezeit bis ins Frühjahr fortdauert, vervollständigen den Kreislauf. Kamelien, Magnolien und fast alle Pflaumenarten gehören zu diesen Pflanzen, deren zarte Blüten eine überwältigende Süße ausstrahlen, so dass man sich angezogen fühlt und die zarten Blütenblätter entdeckt. Die Pflaumenbäume sind ein geradezu gewaltiger Auftritt an Schönheit. Ihr Duft, ihre Gestalt und ihre Blüte – alles weckt eine Vielzahl von Emotionen. Der Pflaumenbaum ist ein Verbindungsglied zwischen Winter und Frühling – dies sieht man am besten in den Malereien. Aus einem vom Alter geschwärzten Ast, dem lebendigen Symbol des Alters, sprießt eine Vielzahl zarter Blüten – das Sinnbild der Jugend. Alter und Jugend, die Ewigkeit und der Augenblick – alles existiert gleichzeitig.

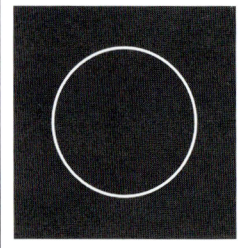

Dieser faltbare Wandschirm aus der späten Heian-Zeit stellt das Reine Land des Amida Buddha dar. Im Vordergrund erkennt man die Welt der Menschen, auf der rechten Seite eine Szene aus dem Leben auf der Erde und links eine Szene aus der Hölle. Jenseits der rauhen See liegt das Paradies des Amida Buddha, eine Insel, die von ruhigem Wasser umgeben ist, in dem Lotus wächst. Die Darstellung des Paradieses erinnert in all ihren Details – den Gebäuden, dem Lotusteich, den Brücken und den Booten – an die shinden-Gärten der Heian-Zeit.
Konkai Kōmyō-ji, Kyoto.

UTOPIA

Fast überall auf der Welt ist das Ziel der Gartengestaltung, eine Idylle zu schaffen – das Paradies auf Erden oder eine utopische Vision der Beziehung zwischen Mensch und Natur. Die japanische Gartengestaltung bildet da keine Ausnahme. Im Laufe der Geschichte und unter dem Einfluss unterschiedlicher Philosophien haben sich die Gartengestalter darum bemüht, etwas zu schaffen, das die Natur übertrifft, indem sie die angenehmen Eigenschaften der Natur hervorhoben und die unangenehmen verbargen.

Die ersten Gärten, die in Japan angelegt wurden – im frühen sechsten oder siebten Jahrhundert und dann während der gesamten Heian-Zeit – waren eindeutig Symbole des ewigen Paradieses (*tokoyo-shisō*). Die Gestaltung dieser Paradiesgärten nahm vor allem Bezug auf die Erzählungen von dem Reinen Land des Amida Buddha, aber sie beinhalteten auch noch einige andere religiöse Bilder, wie zum Beispiel den Berg Shumisen, den zentralen Berg der buddhistischen Kosmologie oder Hōrai, die Inseln der Unsterblichen und sehr wahrscheinlich auch verschiedene Bilder, die der alten animistischen Religion Japans entlehnt waren. Utopische Bilder, die in die Gestaltung der mittelalterlichen Gärten der Zen-Tempel einflossen, hatten ihren Ursprung in chinesischen Vorbildern. Da gab es zum Beispiel die Vorstellung, dass man den elementaren Sinn des Lebens in der Großartigkeit der unberührten Natur finden kann. Deswegen zogen sich viele chinesische Philosophen als Einsiedler in die Natur zurück. Die Gestalter der Teegärten, der tsubo-Gärten und der großen Wandelgärten waren alle auf ihre eigene Art bestrebt, eine Umgebung zu schaffen, die je nach den gesellschaftlichen Vorlieben der Zeit als Ideal empfunden wurde.

INDIVIDUELLE GESTALTUNG UND TRADITION

In dem *Sakuteiki* wird folgendes Prinzip dargelegt:

Bleibe nahe am Herzen der Werke der Meister der Vergangenheit, zolle der Meinung des Auftraggebers den gebührenden Respekt und präge den Garten durch deinen eigenen Geschmack.[6]

Den Wünschen des Auftraggebers gerecht zu werden ist für alle Gartengestalter von erstrangiger Bedeutung; den „Werken der Meister der Vergangenheit" Aufmerksamkeit zu schenken heißt, die Tradition zu wahren. Ein wesentliches Merkmal japanischer Künstler ist, dass sie auf früheren Stilen aufbauen. Sie wollen das Alte nicht durch Neues ersetzen oder mit Neuem überlagern, sondern sie suchen eher nach einer „Nachfolge."[7] Die Bedeutung, die der Hierarchie und der Abstammung beigemessen wird und die durch das Gedankengut des Konfuzianismus noch verstärkt, wenn nicht sogar erst initiiert wurde, ist tief in der gesamten Gesellschaft verwurzelt. Wenn ein Garten ohne einen von der Kultur geleiteten Geist angelegt wird, wird er möglicherweise auf die Stufe eines ästhetischen Spiels degradiert, und er wird dem Betrachter kaum einen tieferen Sinn vermitteln können. Neunzig Prozent aller „Entwürfe" sind „vorgegeben": Das Erscheinungsbild ist durch die Art der Materialien, den Ort und das Klima vorgegeben, um nur einige der wichtigsten Einschränkungen zu nennen. „Vorgegebene" Entwurfsbedingungen müssen einfach befolgt werden: Wasser fließt nicht den Berg hinauf, Felsen stürzen um, wenn sie nicht ordentlich aufgestellt werden und Pflanzen gehen ein, wenn sie am falschen Ort stehen. All diese Grundvoraussetzungen sind in ein umfassendes Wissen eingebunden, das die Gestalter heute Tradition nennen. Jeder Entwurf muss diese Grundvoraussetzungen erfüllen, sonst läuft er Gefahr zu misslingen. Die Einbeziehung der Tradition bedeutet allerdings nicht, dass Formen der Vergangenheit phantasielos wiederholt werden. Der eigentliche Sinn, der hinter dem Gedanken steht, die Tradition einzubeziehen wird von Matsuo Basho, einem Dichter des 17. Jahrhunderts so zusammengefasst:

Strebe nicht danach, es den alten Meistern gleichzutun.
Lerne vielmehr zu verstehen, wonach sie strebten.[8]

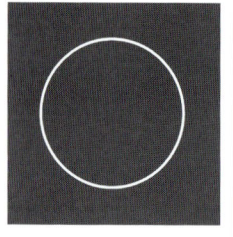

Dieses Zitat von Basho führt uns zu einem weiteren Aspekt dieses Gestaltungsprinzips: Der Notwendigkeit eines persönlichen Ausdrucks. Die Kunst spiegelt nicht nur gesellschaftliche und kulturelle Werte wider, sie kann auch Mittel für einen individuellen Ausdruck sein. Der persönliche Stil in der Gartenkunst kann eine ganze Reihe von Ausdrucksmöglichkeiten umfassen – im Grunde genommen genauso viele wie es Gartengestalter gibt. Es kann zum Beispiel das Verhältnis des Menschen zur Natur ausgedrückt werden oder seine Stellung im Kosmos. Es kann aber auch Humor oder Satire und jede emotionale oder geistige Regung im Garten dargestellt werden. Das *Sakuteiki* hebt diesen Punkt besonders hervor. In den einführenden Zeilen zu diesem Text werden die Gestalter aufgefordert, zusätzlich zum Naturstudium und dem Studium der alten Meister „ihren eigenen Geschmack zu entwickeln" – *waga fuzei wo megurashite*. Der Geschmack des Einzelnen ist eine permanente, nie endende Aufgabenstellung. Es gibt keine feste Form oder Begrenzung der Dinge, die in den Grenzen eines Gartens ausgedrückt werden können.

Dieser Gartenraum wurde für Mondrituale angelegt und zeigt die Handschrift eines sehr individualistischen Gestalters. Katsura Villa, Yamaguchi.

Bodenbelag aus gestampftem feinkörnigem Material. Kieselsteine sind einzeln, in Zweier- oder Dreiergruppen in die Fläche eingelegt und bilden ein zartes Muster: hifumi-tataki. Shūgaku-in Palast, Kyoto

Die Schönheit der japanischen Gärten erwächst oft aus den jahrelangen, sorgfältig ausgeführten Pflegemaßnahmen und ist nicht so sehr das Ergebnis einer brillanten Entwurfsidee. Saihōji, Kyoto

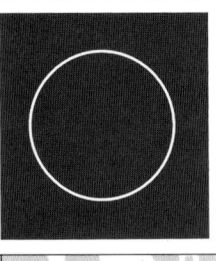

PFLEGE

Normalerweise betrachtet man Gärten in drei Entwicklungsstadien – Entwurf, Ausführung und Pflege, so dass Entwurf und Pflege unabhängig zu wertende Arbeiten sind. Wenn aber der Pflegeaufwand, den der Auftraggeber zu leisten gewillt ist, nicht von Anfang an berücksichtigt wird, so wird der Entwurf nicht zum Erfolg geführt werden können. Deshalb muss man den Pflegeaufwand von Anfang an in die Gartenkonzeption mit einbeziehen. Außerdem ist die Eleganz und Würde eines Japanischen Gartens zum Großteil nicht auf die Brillanz des Gartengestalters oder die handwerklichen Fertigkeiten des ausführenden Meisters zurückzuführen, sondern sie haben sich im Lauf der Zeit durch die gekonnte Pflege entsprechend entwickelt. Durch die jahrelange Pflege entsteht eine besondere Qualität, so wie die Holzfußböden der Tempel durch das tägliche Wischen ihren sanften Glanz bekommen.

Eine der wichtigsten Zielvorstellungen der Gartengestaltung ist es, einen Ort zu schaffen, an dem man eins werden kann mit der Natur, mit ihrem Rhythmus und ihrer sich fortwährend verändernden Schönheit. Die Pflege eines Gartens ist keine lästige Pflicht, obwohl sie unabdingbar ist, um den Garten perfekt zu erhalten. Wenn wir den japanischen Garten unter dem historischen Aspekt betrachten oder noch genauer gesagt, wenn wir uns den Gartenbesitzern widmen, werden wir feststellen, dass dieser Bezug zum Garten eher selten anzutreffen war. Noch bis vor kurzem war die Gesellschaft so strukturiert, dass für Menschen von hohem Rang – und die Gartenbesitzer gehörten fast immer zur obersten Gesellschaftsschicht – bestimmte Arbeiten nicht in Frage kamen. Lange Zeit wurde in Japan eine Arbeit, bei der man mit Erde in Berührung kam, für unrein gehalten. Deshalb war Gartenarbeit für die oberen Gesellschaftsschichten undenkbar. Die Gärten der Zen-Tempel bilden eine Ausnahme dieser gesellschaftlichen Norm, weil hier die Pflege für die Mönche Teil des täglichen Rituals war. Aber die Mönche hatten ja alle Bindungen zur Gesellschaft abgelegt und damit auch ihren gesellschaftlichen Rang.

Die Vorstellungen der Gartenbesitzer bezüglich der Pflege treffen allerdings auf den Teegarten nicht zu. Zeitgenössische Texte betonen die Notwendigkeit, dass der Gastgeber den Garten richtet, bevor die Gäste ankommen.[9] Obwohl die schwere Arbeit der Gartenpflege einem berufsmäßigen Gärtner übertragen wurde, sind die Meister des Tees aufgefordert, sich mit der Pflege des Gartens zu befassen, damit sie auf diese Weise den Wechsel der Jahreszeiten erleben, schließlich ist dies ja einer der wesentlichen ästhetischen Aspekte der Tee-Zeremonie.

GESTALTUNGSTECHNIKEN

Durch die Einfriedung ergibt sich die Notwendigkeit von Pforten. Das Bild zeigt die äußere Eingangspforte zu einem Teegarten. Shōkadō, Kyoto

Wie man einen japanischen Garten gestaltet liegt vor allem im Verständnis von Gestaltungstechniken: Wie gibt man dem Garten einen Rahmen? Wie stellt man die Gestaltungselemente zusammen und gleicht sie untereinander aus?

Durch den geschickten Gebrauch der beschriebenen Techniken kann ein Gestalter einen Garten kreieren, der mit seinen vielfältigen Materialien japanisch anmutet und sowohl traditionell als auch zeitgemäss ist.

EINFRIEDUNG UND PFORTE

Japanische Gärten werden oft als reine Betrachtungsobjekte angesehen, doch es ist vielmehr ihre räumliche Gestaltung, die ihnen ihre Unverwechselbarkeit verleiht. Die japanischen Gartenkünstler schufen Räume, indem sie *Einfriedungen* definierten. Damit wurden *Pforten* notwendig. Einfriedung und Pforte werden in Japan immer deutlich akzentuiert.[1] Die Vorstellungen von Schwelle und Übergang sind in Japan unlösbar mit räumlichen Gestaltungsprinzipien verknüpft, denn sie stehen in Zusammenhang mit Grundzügen der japanischen Gesellschaft. Die Japaner werden häufig als ausgesprochen gruppenorientierte Menschen angesehen, die dazu neigen, sich selbst immer über die Gruppe, der sie angehören, zu definieren – sei es die Familie, die Firma, die Schule oder ein Club. Es ist also von großer gesellschaftlicher Bedeutung, wenn man Mitglied einer Gruppe wird. Dieses soziale Grundmuster findet auch bei der Garten- und Landschaftsgestaltung seinen Widerhall und zwar in den Gestaltungselementen Einfriedung und Pforte.

Die Japanischen Gärten besitzen zumeist eine deutlich erkennbare Umfriedung. Manchmal ist es auf die Begrenztheit der Grundstücke in den Städten zurückzuführen, aber oft wird die Einfriedung auch als willkommener Rahmen genutzt. Dem Gestalter dient er als Einfassung, um die Betrachtung des Gartenkunstwerkes zu lenken und das Einwirken der Umgebung zu steuern. Wenn es keine Umfassungsmauern gäbe, würde der Garten seiner Umgebung unmittelbar gegenüberstehen, und die subtilen maßstäblichen Bezüge könnten vor ihr nicht bestehen. Die Einfriedung erlaubt es, den Garten als eigenständiges Kunstwerk zu betrachten – man denke zum Beispiel an die *kare-san-sui* der Zen-Tempel, die man wie gerahmte Bilder betrachtet. Eine Umfriedung bedingt Pforte, Portal oder Tor. Normalerweise verwenden die Gartenkünstler Portale, um den Garten mit der Außenwelt zu verbinden oder ihn in unterschiedliche räumliche Bereiche einzuteilen. Ein gutes Beispiel für diese Art der räumlichen Gliederung findet man in den Wandelgärten der daimyō-Landgüter aus der Edo-Zeit. Hier wurde eine Abfolge von malerisch gestalteten Ausblicken geschaffen, die sich nacheinander eröffnen, wenn man einen bestimmten Gartenweg entlang geht. Die unterschiedlichen Landschaftsszenerien werden auch durch Holztore räumlich voneinander getrennt. In vielen Fällen werden die Übergänge auch von kleinen Hainen oder durch eine Wegbiegung, eine kleine Steigung oder eine andere, kaum wahrnehmbare „Pforte" markiert, die der Gartenbesucher durchqueren muss. Ein weiteres Beispiel für die Art und Weise, wie man einen Garten betritt, zeigt uns in einem ungleich kleineren Maßstab der Eingang zum Teegarten. Hier ist der Zugang nicht nur im räumlichen, sondern auch im geistigen Sinne zu verstehen.

Wenn es keine Umfassungsmauer gäbe, würde die Nachbarschaft in den Garten hineinwirken. Die subtilen Bezüge der Gestaltung würden dann unter dem Druck des Umfeldes sofort zusammenbrechen. Ryōgen-in, Daitoku-ji, Kyoto.

KANJI	AUSSPRACHE	WÖRTLICHE BEDEUTUNG	DEFINITION
間	ma		Raum, Zeit
間	aida		Intervall (von Raum oder Zeit)
間	ken		linearer, eindimensionaler Raum; die Länge einer Tatami-Matte und das Standardmodul für Architektur
間	ma		ebener, zweidimensionaler Raum, wie in *hiro-ma*, einem großen Raum für Veranstaltungen
空間	kukan	Leere + ma	dreidimensionaler Raum
時間	jikan	Zeit + ma	Zeit
人間	ningen	Person + ma	Menschen

LEERE UND AKZENTUIERUNG

Ma *ist das Ergebnis von Ereignissen oder Gegenständen, die einen leeren Raum „rahmen" und ihn damit zum „Leben" erwecken.* Hakusasonsō, Kyoto.

Rechts: Ein leerer Raum kann dazu dienen, das Konzept von mu, dem Nichts, einem zentralen Postulat des Zen-Buddhismus, darzustellen. Tokai-an, Myōshin-ji, Kyoto

Eine weitere wichtige Technik ist die Gestaltung ausdrucksstarker leerer Räume, *ma* genannt. Dieses Wort hat verschiedene komplexe Bedeutungen, die sich sowohl auf den Raum als auch auf die Zeit beziehen. Da man das Schriftzeichen für *ma* unterschiedlich aussprechen kann – *ma, aida, ken, kan* und *gen* – muss man sich eingehend mit diesem Wort beschäftigen. Ein Blick auf die Tabelle (oben) zeigt, die zahlreichen Nuancen, die mit diesem Wort assoziiert werden. Der Begriff *ma* wird als Raum oder leerer Raum definiert – sowohl im physischen und im sozialen Sinne, als auch in Bezug auf die Zeit oder in einer Kombination all dieser Faktoren. Ma ist das Ergebnis von Ereignissen oder Gegenständen, die der Leere „einen Rahmen verleihen" und sie erst *wirklich entstehen lassen*. Zusätzlich ist *ma* aber nicht einfach das Ergebnis dieser rahmenden Elemente, sondern der Mittelpunkt selbst. Die Betonung der Bewegung im japanischen Tanz oder im Noh-Theater, die soziale Distanz zwischen Gastgeber und Gast während der Tee-Zeremonie, sie alle werden mit dem Begriff *ma* bezeichnet. Gartengestaltungen erzeugen *ma* auf ganz unterschiedliche Art und Weise: Als physischen Raum, den man erlebt, wenn man im Garten umhergeht; als visuellen Raum in einem Kontemplationsgarten, den man nur mit seinem Verstand erfassen kann oder ein Zeit-Raum – eine Unterbrechung der Bewegung durch den Garten selbst, die dazu dient, die Wertschätzung, die man für den Garten empfindet, hervorzuheben. *Ma* wird eingesetzt, um die Vorstellung von *mu*, dem Nichts, einem zentralen Postulat des Zen-Buddhismus, darzustellen. In Bezug auf die Schönheitslehre benutzen die Gestalter *ma*, um *yohaku-no-bi*, die Schönheit des Kargen, darzustellen.

AUSGE-WOGENHEIT

Ausgewogenheit gehört zusammen mit *ma* zu den wichtigsten Gestaltungstechniken im Japanischen Garten. Er kann mit den Begriffen asymmetrisch, außermittig und auf Dreiergruppen basierend beschrieben werden.

Asymmetrie

Ausgewogenheit, wie man sie im Japanischen Garten findet, ist eher von Formen abgeleitet, die in der Natur vorkommen, als von abstrakten Strukturen. Selbstverständlich wissen die Japaner was Symmetrie ist, schließlich waren alle frühen Grundrisse der Tempel- und Stadtanlagen, die sich an chinesischen Vorbildern orientierten, symmetrisch. Dennoch konnte sich die Symmetrie in Japan bei der Gestaltung nicht durchsetzen. Pläne für Tempelanlagen oder für Städte, die ursprünglich symmetrisch waren, veränderten sich zu organischen Formen. Gärten wurden allerdings nie mit symmetrischen Gesetzmäßigkeiten entworfen.

Bei einem Kontemplationsgarten, dessen Anblick von einer Öffnung in einem Gebäude gerahmt wird, ist der Garten so angelegt, dass er seine Ausgewogenheit nicht aus der Symmetrie bezieht. Der Gestalter präsentiert dem Betrachter vielmehr ein reizvolles Arrangement von Formen, von denen aber keine eine dominante Rolle einnimmt. Auch wenn es eine Hierarchie der Formen gibt, wird der Blick nicht zu einem Höhepunkt hingeleitet, sondern er wird immer wieder zum Ausgangspunkt zurückgeführt, von dem er dann wieder anfangen kann umherzuschweifen.

Rechts: Der Ausblick wird von Architekturelementen gerahmt. Der Garten ist so gestaltet, dass er trotz seiner Asymmetrie vollkommen ausgewogen ist. Enman-in, Shiga

Unten: Selbst wenn die Pfade gerade verlaufen, ist ihre Blickachse immer so angelegt, dass der Blick des Besuchers bei einer Mauer oder einer Hecke endet. Urasenke, Konnichi-an, Kyoto

Aussermittigkeit

Normalerweise vermeiden es die japanischen Gartengestalter, dass der Entwurf einen einzigen, dominierenden Blickpunkt hat, der dann außerdem noch im Zentrum des Entwurfes liegt. In Japan arbeitet man bei Entwürfen nur sehr selten mit einem zentralperspektivischen Aufbau, weder in der Gartenkunst noch bei graphischen Darstellungen, bei der Kunst des Blumensteckens oder bei dem Arrangement von Speisen – man empfindet ihn als undynamisch und autoritär.[2] Im Garten werden beispielsweise nur sehr selten geradlinige Wege angelegt, da man eine Zentralachse vermeiden möchte. Selbst wenn ein Weg gerade verläuft, ist seine Achse so angelegt, dass der Blick desjenigen, der sich auf diesem Pfad bewegt, von einer Mauer oder einer Hecke aufgehalten wird oder auf ein besonderes Element, wie zum Beispiel ein Tor oder ein Teehaus gelenkt wird.

Dreiergruppen

Optisches Gleichgewicht erreichen die japanischen Gartengestalter auch ohne Symmetrie und ohne zentrale Blickpunkte. Sie arbeiten stattdessen mit Dreiklängen und Dreiecksformationen. Das Dreieck ist zum Beispiel auch eine Grundfigur bei der Blumensteckkunst,

den Bonsais und den Arrangements von Kunstwerken in den *tokonoma* – der Ausstellungsnische in den Teeräumen.[3] Die Steingruppen zeigen am besten, wie die Gartengestalter mit Dreiergruppierungen arbeiten. In der Frontansicht oder im Grundriss sind die Felsen im Dreieck gesetzt, und wenn es mehrere Gruppen in einem Garten gibt, kann man eine ganze Reihe von komplexen Dreiecksbeziehungen zwischen ihnen herausfinden. Steinsetzungen in einer Dreiergruppe können auch eine symbolische Darstellung der buddhistischen Trinität (*sanzon-seki-gumi*) sein, wobei der größte Stein Shaka oder Amida Nyorai – dies sind zwei der zahlreich existierenden Buddhas – repräsentiert und die beiden kleineren, flankierenden Steine ihr Gefolge (*bosatsu*) symbolisieren. Kiefern sind die Gartenbäume, die besonders häufig durch Formschnitt gestaltet werden, und sie gelten deswegen in ganz besonderem Maße als Bäume mit skulpturalen Qualitäten. Sie werden üblicherweise zu einer Dreiecksform oder, besser gesagt, zu einer Pyramidenform geschnitten. Das *tsukubai*, ein Arrangement von Felsen in einem Teegarten, zu dem ein niedriges Handwaschbecken gehört, ist häufig so gestaltet, dass als Hintergrundelement eine Laterne, ein Fels oder eine besonders schöne Pflanze platziert ist. Die Beziehung zwischen der Felsgruppe, die das tsukubai bildet, und dem Hintergrundelement ist wiederum eine Dreiecksform. Eine andere Art des Dreiklangs ist das Zusammenspiel von vertikalen, horizontalen und diagonalen Elementen, denen die symbolische Bedeutung von Himmel, Erde und Mensch zugeschrieben wird. Die Felsenarrangements, zum Beispiel, beziehen diese Ausrichtungen ganz bewusst mit ein.

Die Dreiergruppierung von Steinen bietet nicht nur eine optische Ausgewogenheit und Stabilität, sie kann auch eine religiöse Metapher darstellen – in diesem Fall handelt es sich um eine buddhistische Trinität. Ryōtan-ji, Shizuoka

FLÄCHE UND KÖRPER

Die Gartengestalter spielen gerne mit der Wechselbeziehung zwischen zweidimensionalen, flächigen Elementen und dreidimensionalen, körperhaften Elementen. Die Grundidee dazu könnte aus der chinesischen Gartenkunst stammen: In der harmonischen Beziehung der Elemente von Yin und Yang, die zum Beispiel auch in dem Gegensatzpaar Wasserfläche und Gebirgsmassiv ihren Ausdruck findet. Die Wasseroberfläche ist ein flächiges Element und die Berge sind ein plastisches Element. Die chinesischen Gärtner maßen diesem Gleichgewicht eine geradezu metaphysische Bedeutung bei. In der Ausgewogenheit beider Elemente ließ sich ein ästhetischer Anspruch erfüllen.

Die japanischen Gartengestalter bemühen sich ebenfalls um ein ausgewogenes Verhältnis von flächigen und plastischen Elementen. Dies kann man am ehesten in einem Gartenstil erkennen, der als *hira-niwa* oder „flächiger Garten" bekannt ist. Bei ihm ist entscheidend, wie die Fläche (*jiban*) behandelt wird. Das Konzept kann man im frühen Ausdruck für Gestaltung erkennen, *chi-wari*, das heißt wörtlich „den Boden untergliedern". Der erste Entwurfsschritt ist also die Entscheidung, wie man den Grundriss entwickelt. Die Ruhe (*tomé*) und Ausgewogenheit eines Gartenentwurfs liegt immer im Grundriss begründet.

Mit ebenen Flächen arbeitet der Gestalter aber nicht nur im Grundriss, sondern auch an anderer Stelle wie zum Beispiel bei Zäunen, Mauern und Hecken. Sie dienen als Rahmen für den Garten – in diesem Falle bieten sie den glatten Hintergrund für die einzelnen Gartenelemente – oder sie werden zwischen optisch komplexe Elemente gesetzt – Pflanzungen oder künstlich aufgeschüttete „Berge". Sie verleihen dem Garten Tiefe.

Die flächigen Elemente bilden einen Kontrast zu den plastischen Elementen, den Steinen und den beschnittenen Gehölzen. Im Zusammenspiel entsteht dann eine ausgewogene Komposition. Dies wird nirgendwo deutlicher als in der Gestaltung der *kare-san-sui*-Gärten. Hier gibt es ein wirkungsvolles Zusammenspiel von Felsen und akkurat beschnittenen immergrünen Gehölzen mit der nackten Fläche des geharkten Sandes und den Flächen der rahmenden Mauern und Hecken. Die Elemente in den kare-san-sui-Gärten sind alle auf ein Höchstmaß an Schlichtheit reduziert – nämlich einfache glatte Flächen und plastische Körper.

Ebene Flächen und plastische Volumen: Die Hecken, die den Garten umschließen und die zu plastischen Volumen beschnittenen immergrünen Gehölze werden als Hintergrund für die schlichte, glatte Fläche aus geharktem Sand benutzt. Ikkyū-ji, Kyoto

SYMBOLIK

Die Gärten besitzen eine tiefere Bedeutung durch die Symbolik, die von den Gartenkünstlern mit eingewoben wird. Oft sind es Anspielungen religiösen, philosophischen oder kulturellen Inhalts. Damit die Bilder aber wirklich eine Bedeutung haben, müssen die Gartenbesitzer die Symbole in der gleichen Weise verstehen wie die Gestalter.[4] Meist gehörten diese Symbole zum festen Bestandteil des gesellschaftlichen Erbes. Sie werden sowohl für den Gartengestalter als auch für den Auftraggeber ohne weitere Erklärungen verständlich gewesen sein.

Das Arbeiten mit Symbolen ist in den Japanischen Gärten eine sehr weit verbreitete Gestaltungstechnik. Es gibt unzählige symbolische Darstellungen. Allein die Tatsache, dass Symbolik eine so bedeutende und allgegenwärtige Rolle im Garten spielt, lässt darauf schließen, dass Gärten als Kunstwerke mit metaphorischem Inhalt entworfen wurden. Auch wenn die Symbole ihre Wurzeln in Gesellschaften und Philosophien der Vergangenheit haben und sie manchmal sogar banal oder stereotyp wirken, so halten viele von ihnen Lektionen bereit, die heute noch die gleiche Bedeutung besitzen wie früher.

RELIGION

Religiöse Symbole im Garten sind weit verbreitet und beziehen sich sowohl auf Bilder des Shintoismus als auch des Buddhismus – man denke zum Beispiel an die Felsendreiergruppe, die als Bild des Buddha und seines Gefolges verstanden werden. Die religiöse Symbolik findet ihren Höhepunkt in den Entwürfen, in denen der gesamte Garten Abbild einer religiösen Idealvorstellung ist, wie zum Beispiel die alten Paradiesgärten. Der in der späten Heian-Zeit angelegte Garten in Byōdō-in, der das Westliche Paradies des Amida Buddha symbolisiert, ist ein gutes Beispiel für diesen Gartentypus.

GÜNSTIGES SCHICKSAL ODER EIN LANGES LEBEN

Die bildlichen Darstellungen der Insel beziehungsweise des Berges Hōrai, von dem gesagt wird, dass dort die Unsterblichen leben, und den damit in Verbindung stehenden Inseln der Schildkröte und des Kranichs, sind die häufigsten Glückssymbole. Das Bild des Berges Hōrai wird durch einen ungewöhnlich geformten Felsblock dargestellt, der in einen Teich oder, falls es sich um einen Trockenlandschaftsgarten handelt, in den Sand gesetzt wird. Die Schildkröteninsel ist ein kleiner Hügel im Wasser oder im Sand, der üblicherweise mit Kiefern bepflanzt ist. Ein besonders gestalteter Fels, der Ähnlichkeit mit einem Schildkrötenkopf aufweist, wird an einer Seite des Hügels platziert und erinnert an eine Schildkröte, die ihren Kopf aus dem Wasser streckt. Vier weitere Felsen sind als „Füße" an den entsprechenden Stellen platziert.

Die Kranichinsel ist ebenfalls ein kleiner, mit Kiefern bepflanzter Hügel. Für den Kranich wird ein langgestreckter Felsen so platziert, dass er horizontal aus dem Hügel herausragt und so den lang ausgestreckten Hals eines fliegendes Kranichs darstellt. Aufrecht stehende Steine auf einem Hügel stellen die wie im Flug nach oben gerichteten Schwingen eines Kranichs dar.

Landschaftsbilder

Die Gartengestalter verwenden die symbolischen Bilder auch, um die Weite einer Landschaft in den engen Grenzen eines kleinen Gartens darzustellen. Diese Technik wird häufig als Miniaturisierung bezeichnet, doch dieser Begriff ist irreführend. Die Nachbildung einer Landschaftsszene in einem Garten ist nicht vergleichbar mit dem Bau eines Modells, bei dem alle Elemente in verkleinertem Maßstab dargestellt werden. Es ist eher so, dass bestimmte Gartenelemente als Symbol verwendet werden, um den natürlichen Anblick teilweise darzustellen. So werden Bergketten zu einer Gruppe aufrecht stehender Felsblöcke, und der Ozean findet sein entsprechendes Bild in einer weißen Sandfläche, eine einzige Kiefer kann die windzerklüfteten Klippen am Ozean darstellen, und eine Gruppe sorgfältig beschnittener Kamelien symbolisiert das Bild eines verborgenen tiefen Tales.

Schule fürs Leben

Im besten Fall lehrt uns die Gartenkunst etwas über das Leben und enthüllt dabei dem aufmerksamen Beobachter bestimmte Weisheiten. Zum Beispiel wird das Gegensatzpaar *Ewigkeit* und *Augenblick* vom Gartengestalter mit einer Kiefer und einem Pflaumenbaum dargestellt. Die Kiefer, ein großer immergrüner Baum, repräsentiert Dauerhaftigkeit und steht für die ewigen Gesetze des Lebens. Im Gegensatz dazu steht der Pflaumenbaum mit seiner kurzlebigen Blütenpracht, die vom Wind davongetragen und verstreut wird.

Das Bild des mythischen Berges Hōrai ist hier auf seine wesentlichen Komponenten reduziert: Eine Kiefer, die auf einem bizarr geformten Felsen wächst. Rikugi-en, Tokio.

Hiei-zan, der in der Ferne sichtbare Schutzberg von Kyoto, wird hier als „geborgte Landschaft" in die Komposition einbezogen.
Shōden-ji, Kyoto.

GEBORGTE LANDSCHAFT

Das Gestalten mit „geborgter Landschaft", *shakkei*, ist eine Technik, mit der man die Größe eines Gartens über seine tatsächlichen Grenzen hinaus optisch erweitern kann: Der Ausblick in den Landschaftsraum wird zum Bestandteil der Gartenkomposition gemacht. Diese Gestaltungstechnik hat ihren Ursprung in religiösen Grundgedanken, die man zum Beispiel bei einigen Zen-Tempeln der Muromachi-Zeit findet. Damals wählte der Oberpriester eines Tempels oder ein Berater zehn markante Punkte in der umgebenden Landschaft aus und gab ihnen häufig chinesische Namen, die jeweils eine Botschaft des Buddhismus beinhalteten.[5] Die Fixpunkte, die normalerweise Naturerscheinungen waren, aber auch vom Menschen gebaut sein konnten, wie zum Beispiel Brücken, wurden die zehn Stufen oder die zehn Grenzen (*jikkyō*) genannt. Dadurch, dass der Tempel mit der Umgebung verbunden wurde, verliehen die Priester dem Landschaftsraum in der Umgebung des Tempels eine Bedeutung im Sinne der buddhistischen Lehre und erweiterten dadurch den Herrschaftsbereich des Tempel auf die gesamte Umgebung. Sie maßen diesem Vorgang eine religiöse oder metaphysische Dimension bei – eine Qualität, die in der Edo-Zeit verlorenging, als die Gartengestalter die Technik der geborgten Landschaft nur noch wegen ihrer malerischen Qualitäten anwandten.

Die Idee der geborgten Landschaft, wie sie in der Edo-Zeit verstanden wurde, war eine Kompositionstechnik, die sich aus den mit Tusche gemalten Landschaftsbildern der chinesischen Sung-Dynastie und dem mittelalterlichen Japan entwickelt hatte. Es war typisch für diese Landschaftsdarstellungen, dass sie im Vordergrund eine vom Menschen gestaltete Szenerie zeigen, die im Verhältnis zur riesigen Weite der Natur winzig ist. Im Hintergrund wird ein majestätisches Naturschauspiel gezeigt, während der Mittelgrund durch sich dazwischenschiebende Wolkenfetzen oder Nebelschwaden gebildet wird. Diese Schichtung verleiht dem Gemälde eine perspektivische Wirkung. Die Gartengestalter übernahmen diese Kompositionstechnik und legten Gärten an, bei denen der Ausblick in die Ferne kompositorischer Bestandteil war.

Das Gesamtbild – der Garten und der Ausblick – sollten einem Gemälde gleichen, das man von einem vorgegebenen Punkt aus betrachtet, normalerweise von der Veranda des Gebäudes.6 Diese Perspektive unterscheidet sich grundlegend von dem „Blick aus dem Garten", bei dem ein in der Ferne liegendes Objekt oder eine bestimmte Aussicht ins Bild gerückt wird.

Der Hintergrund eines *shakkei*-Gartens besteht schon, bevor der Garten entworfen wird, sei es ein Berg in der Ferne, ein Wasserfall oder ein besonderes Bauwerk, wie zum Beispiel ein Tempel mit seinem geschwungenen Pagodendach. Der Gartengestalter muss sich nun nur noch dem Vorder- und dem Mittelgrund widmen. Den Vordergrund bildet der Garten selbst, den der Entwerfer mit der gleichen, höchst verfeinerten Farbpalette gestaltet wie die Malereien, die ihn inspiriert haben. Allerdings liegt der Schlüssel für eine richtige shakkei in der Gestaltung des Mittelgrundes. Unerwünschte Details zwischen dem Garten und der Aussicht in die Ferne werden eliminiert. Dadurch erreicht der Gestalter zweierlei: Die Tiefe des Landschaftsraumes wird verkürzt. Der Vordergrund hingegen, das heißt der Garten selbst, gewinnt an Tiefe und bekommt in der Ferne einen Bezugspunkt. Der Mittelgrund, gleichgültig, ob er durch eine Mauer, einen Zaun oder eine Hecke dargestellt wird, ist ein notwendiges Bindeglied, um den Garten im Vordergrund mit dem Blick in die Ferne zu verknüpfen.

Oben: Beschnittene Azaleen ahmen die Gestalt eines Berges nach und verbinden so den Garten mit der Landschaft im Hintergrund. Kengei-in, Kyoto.

Links: In diesem Wandelgarten übernimmt die in der Ferne sichtbare Burg die Rolle der „geborgten Landschaft". Genkyū-en, Burg Hikone, Shiga.

MITATE

Mitate ist eine Gestaltungstechnik, die vor allem mit dem Teegarten in Verbindung gebracht wird. Die freie Übersetzung für mitate lautet „mit neuen Augen sehen". Es geht darum, für etwas Altes eine neue Nutzung zu finden. Die in neuen Zusammenhängen verwendeten Gegenstände werden *mitate-mono* genannt.[7] Als Beispiel seien die steinernen Handwaschbecken (*chōzubachi*) in den Teegärten genannt, in denen sich die Gäste die Hände und den Mund reinigen, bevor sie den Teeraum betreten. Viele dieser chōzubachi sind aus Steinen gefertigt, die früher einmal einen ganz anderen Zweck erfüllten – vielleicht waren sie Teil einer Stupa, eines Brückenpfeilers oder des Sockels einer Laterne.[8]

Die Gartengestalter verwendeten alte Werksteine auch gerne als Pflastermaterial. Häufig wurden dabei bearbeitete Steine mit natürlich belassenen Steinen kombiniert. Sie wurden in Form von langgestreckten, rechteckigen Abschnitten verlegt, *nobe-dan* oder *ishi-datami* (Stein-Tatami) genannt. Mitate-Steine wurden auch gerne als Zäsur zwischen natürliche Trittsteine verlegt, und da sie zumeist recht großflächig waren, ließen sie sich als Ruhepunkte in einem Pfad verwenden, wo man anhält und den Blick über den Garten schweifen lässt, bevor man weitergeht.

Die Gartengestalter verwenden oft auch alte Dachziegel als mitate-mono. Sie werden senkrecht geschichtet in den Boden eingelassen und dienen als Pflastermaterial. Oder sie können Teil eines nobe-dan sein. Oft werden auch die Flächen zum Auffangen des Regenwassers (*ama-ochi*) – mit Kies aufgefüllte Gräben – mit senkrecht stehenden Dachziegeln eingefasst. Die *chiri-ana*, die Abfallgrube in den Teegärten, wird ebenfalls aus Ziegeln gebaut.

Oben: Alte Mühlsteine bekommen als Trittsteine eine neue Nutzung. Isui-en, Nara.
Links: Das Fragment eines Granitblocks wurde bewusst hier aufgestellt, weil seine Form an ein Boot erinnert. Tōkō-ji, Yamanashi

DER WEG

Im Kabuki-Theater entspricht die Bewegung eines Schauspielers im Raum der Bewegung in der Zeit – ein Vorgang, der *michiyuki* genannt wird.[9] Für die Gartengestalter hat ein Gartenweg immer mit michiyuki zu tun. Der Weg wird als die Leitlinie durch den Garten verstanden. Der Weg soll den Garten schichtenweise (*chōjō*) enthüllen und zugleich die einzelnen Erlebnispunkte in die richtige Abfolge bringen.

Für den Gartengestalter sind Wege mehr als nur ein Gestaltungselement. Durch die sorgfältige Gestaltung der Wege steuert der Gestalter sowohl den Rhythmus, mit dem man sich durch den Garten bewegt, als auch die Art und Weise, wie man den Garten sieht und erlebt. Wege sind nicht einfach nur Teile des Gesamtplans, sondern sie sind ein Gestaltungsmittel, um den Garten schrittweise zu enthüllen. Diese Technik erlebte in den spätmittelalterlichen Teegärten ihren Höhepunkt, und die Gartengestalter setzen sie seitdem immer noch in vielen unterschiedlichen Gartenstilen ein.

Man denke zum Beispiel an einen Weg aus Trittsteinen in einem Teegarten. Wenn der Gast über die Trittsteine (*tobi-ishi*) geht, muss er sein Augenmerk ganz auf den Weg richten, weil er sonst leicht danebentreten könnte. So wird er einen Moment lang davon abgehalten, in die Runde zu schauen. Aber nach einer kurzen Wegstrecke folgt mit Sicherheit ein größerer Stein, vielleicht an einer Weggabelung oder vor dem tsukubai. An dieser Stelle kann der Gast innehalten, den Kopf heben und sich nun im Garten umschauen. Der Gartengestalter hat den Platz wegen des besonderen Blicks sorgfältig ausgewählt.

Statt einzelne große Steine zu verwenden, um eine große ebene Fläche zu bekommen, hat der Gartengestalter die Möglichkeit, aus kleineren Steinen eine *nobe-dan* zu schaffen. Die nobe-dan erlaubt dem Gast, mit erhobenem Kopf zu gehen. In diesem Fall wird sein Blick nicht zu Boden gerichtet sein, sondern auf irgend etwas am Ende des Weges. Der Gartengestalter hat die nobe-dan so platziert und so ausgerichtet, dass ein bestimmtes Gartendetail in der Ferne den Blick auf sich zieht – eine Laterne oder das auskragende Dach eines Teehauses.

In den größeren Wandelgärten bestimmt die Gestaltung der Wege auch die Route. In jedem Fall ist der Weg durch den Garten so angelegt, dass man sich durch eine Vielzahl von Räumen bewegt, von denen einige offen und andere geschlossen sind. Wenn man durch den Garten geht, öffnen und verbergen sich abwechselnd unterschiedliche „Szenerien". Diese Technik nennt man *mie-gakure*.

Oben: Wenn der Gast über unebene Steine seinen Weg suchen muss, ist er gezwungen, vorsichtig zu gehen und gesenkten Blickes auf den Weg zu achten. Dokuraku-an, Tokio.

Unten: Ein großer Stein, in diesem Fall handelt es sich um eine Säulenbasis, unterbricht den Rhythmus der Trittsteine, so dass der Gast hier Gelegenheit hat, innezuhalten und den Garten zu betrachten. Kankyū-an, Kyoto

DIE DETAILS UND DER GESAMTPLAN

Heutzutage ist es allgemein üblich, dass ein Gartengestalter, insbesondere bei größeren Gartenanlagen, zuerst einen Gesamtplan entwickelt, bevor mit der Ausführung begonnen wird. Dies ist eine ausgesprochen westliche Arbeitsmethode, die von den japanischen Gartengestaltern erst seit kurzem übernommen wurde. In der Vergangenheit hat man vielleicht mit dem Pinsel Tuscheskizzen gemacht, um einen Gesamteindruck des Gartens zu gewinnen, aber in den meisten Fällen wurden die Gärten erst im Zuge ihrer Ausführung gestaltet. Mit Sicherheit hatte der Gartenkünstler eine Vorstellung, wie die Gesamtanlage einmal werden sollte – wie zum Beispiel die Abmessungen und der Umriss des Teiches sein sollten, oder wie die Felsen angeordnet werden sollten – aber all diese Überlegungen wurden im Laufe der Bauarbeiten immer wieder verändert.

Japanische Gärten werden mit Naturmaterialien gestaltet, die immer einen eigenen Ausdruck haben. In der Vergangenheit wurden diese Materialien direkt in der Umgebung gesammelt, heute sind es meist Stücke aus dem Lager des Gartengestalters oder aus dem Angebot eines Gartencenters. In jedem Fall werden die Materialien als Einzelstücke behandelt und wegen ihrer individuellen Merkmale geschätzt.[10] Zum Beispiel wird gesagt, dass Felsen ein Gesicht (*kao*) und eine Spitze (*ten*, das heißt Himmel) haben. Der Gartengestalter setzt den Felsen mit seinem Gesicht zum Garten und mit der Spitze natürlich nach oben. Bäume und Gehölze werden immer nach ihrem charakteristischen Umriß ausgewählt – in der Art, wie der Stamm geneigt ist oder in welchem Winkel sich ein Ast verzweigt.

Der Gartengestalter sammelt diese unterschiedlichen Elemente auf dem Grundstück und rückt sie mit großer Sorgfalt an ihren idealen Platz. Je nach Anordnung eines Elementes wirkt sich dies aber auch auf die Ausgewogenheit der ganzen Anlage aus. Es kommt vor, dass ein Gartengestalter Pflanzen oder Felsen neu platziert, nachdem sie schon gesetzt sind, um die Ausgewogenheit zu verbessern. Man kann sagen, dass japanische Gärten eher „vom Detail zum Ganzen" als „von Gesamtplan zum Detail" entworfen werden.

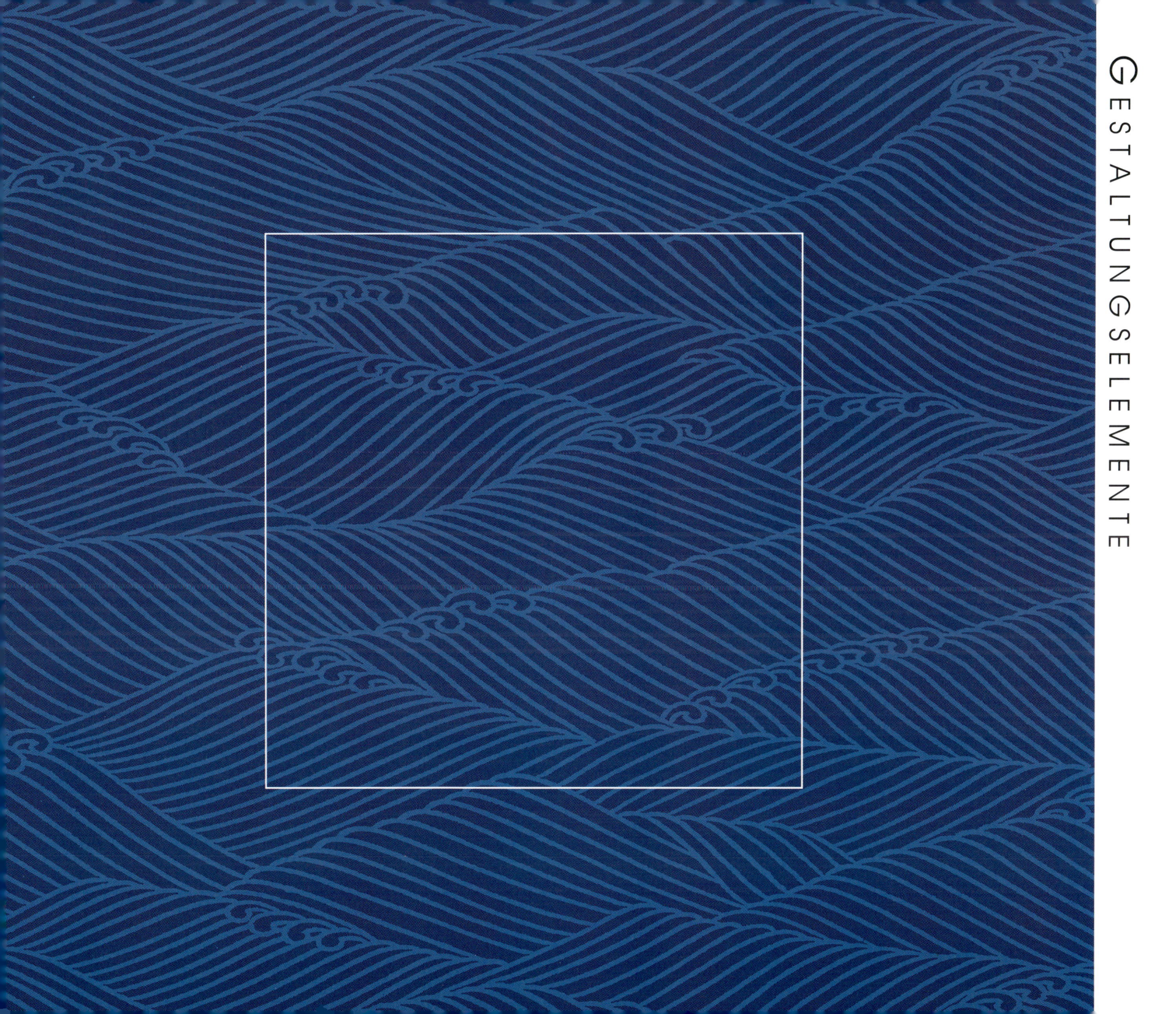

GESTALTUNGSELEMENTE

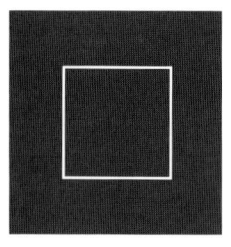

DIE VERSCHIEDENEN ELEMENTE, MIT DENEN EIN JAPANISCHER GARTEN GESTALTET WIRD – PFLANZEN, STEINE UND DEKORATIONSSTAFFAGEN – SIND SO POPULÄR, DASS SIE HEUTZUTAGE ALS REPRÄSENTATIV FÜR DIE JAPANISCHE GARTENKUNST GELTEN. ALLERDINGS IST DIE AUFFASSUNG, DASS DIE JAPANISCHE GARTENKUNST IHRE VOLLENDUNG ALLEIN IN DER VERWENDUNG VON KIEFERN, WEIßEM SAND UND STEINLATERNEN FINDET, VÖLLIG UNZUTREFFEND. DENNOCH IST ES MIT SICHERHEIT WISSENSWERT, WARUM BESTIMMTE KLISCHEEBEHAFTETE ELEMENTE DOCH IMMER WIEDER IN DIE GÄRTEN EINBEZOGEN WERDEN UND WELCHE PHILOSOPHISCHEN UND SYMBOLISCHEN WERTE SIE FRÜHER EINMAL BEINHALTETEN.

FELSBLÖCKE
ISHI

Bei der Gestaltung mit Felsblöcken spielen vier Aspekte eine Rolle: einerseits sind Felsblöcke ein animistisches Element und eine religiöse Metapher, andererseits ein malerisches Element und eine Art Skulptur. Im Laufe der Zeit hat sich allerdings die Bedeutung der Felsen verändert. Waren sie in alten Zeiten vor allem Ausdruck animistischer Vorstellungen, erhielten sie in der Heian-Zeit eine religiöse Bedeutung und im Spätmittelalter wurden sie nur noch als malerische Elemente verwendet. In allen Epochen wurden Felsblöcke zwar auch wegen ihrer skulpturalen Eigenschaften verwendet, aber dies ist wohl in besonderem Maße bezeichnend für die Edo-Epoche.

Die alten *iwakura* und die Verwendung der Felsblöcke im Geiste der Geomantie in den frühen klassischen Epochen war eindeutig von animistischen Auffassungen geprägt – in beiden Fällen wurde in den Felsen die Wohnstatt von Göttern gesehen. Es wurde angenommen, dass die Felsen übernatürliche Kräfte besäßen. In manchen späten Gärten findet man „Geisterfelsen", wie zum Beispiel den *yōgō-seki* (den Stein, der dem Schatten zugewandt ist) in dem Saihō-ji-Garten in Kyoto. Es ist allerdings kaum anzunehmen, dass diese Felsen von Gartengestaltern aufgestellt wurden, sondern dem Geist des Steines wurde Respekt erwiesen, indem man ihn in den Gartenentwurf integrierte.

Gemäß dem Gedankengut der Geomantie, in der Nara- und in der Heian-Zeit, hatten besonders gestaltete Felsen oder solche mit einer besonderen Farbe bestimmte Kräfte und wurden mit entsprechenden Namen bedacht.[1] Man glaubte nicht, dass die mit geomatischen Kräften ausgestatteten Felsen Wohnstätten der Götter waren, man hielt sie eher für Leiter oder Umwandler von *ki* – der Lebensenergie.

❶ Animismus
Es wird geglaubt, dass besondere Felsen von Geistern bewohnt werden: Der „dem Schatten zugewandte Stein". Saihōji, Kyoto.

❷ Religiöse Darstellungen
Darstellungen von heiligen Bergen findet man überall in den Gärten, hier ist es der Berg Shumisen. Erin-ji, Yamanashi.

❸ Malerische Darstellungen
Mit Felsblöcken werden unterschiedliche Elemente, wie zum Beispiel Brücken und Boote dargestellt, genauso wie man sie von den Tuschemalereien kannte. Villa Itō, Fukui.

❹ Skulpturen
Der große Felsblock wird eboshi-ishi genannt, weil er an die in der Heian-Zeit übliche Haartracht erinnert. Jōju-in, Kiyomizu-dera, Kyoto

❶

❷

❸

❹

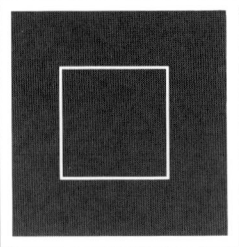

WEISSER SAND
SHIRAKAWA SUNA

Die japanischen Gartengestalter verbanden die Felsen mit religiösen Symbolen. Überall findet man die Darstellung von heiligen Bergen, vor allem des Berges Hōrai und des Weltenberges Shumisen.[2] Zen-Priester benutzten Felsen, um religiöse Symbole darzustellen, zum Beispiel den Karpfenstein, den Wasserfall des Drachen und die „hohen Berge mit den geheimnisvollen Tälern". Ein weiteres Bild des Buddhismus, das mit Steinen dargestellt wurde, ist die Dreieinigkeit des Buddha. Im Garten der Katsura-Villa in der Präfektur Yamaguchi gibt es einen Stein, dessen religiöse Symbolik nicht aus dem Buddhismus stammt. Dieser Garten wurde für nächtliche Mondrituale benutzt und deshalb befinden sich in ihm einige ungewöhnlich geformte Felsen, die mit großer Sorgfalt so gesetzt wurden, dass sie in einer Reihe und außerdem in der gleichen Himmelsrichtung wie der aufgehende Mond stehen.[3]

Die Verwendung von Felsen im Japanischen Garten unter dem Aspekt des Malerischen leitete sich aus den mittelalterlichen Tuschemalereien ab. In diesem Falle verwendeten die Gartengestalter Felsen, um verschiedene Elemente nachzugestalten, die sie in den Schwarz-Weiß-Malereien gesehen hatten, wie zum Beispiel Gebirge, Brücken und Boote. Felsen, die die Form eines Bootes hatten, waren ganz besonders geschätzt. Die meisten Findlinge hatten durch den langen Verwitterungs- und Abriebprozess mehr oder weniger gerundete Konturen. So war es wirklich ein seltener Glücksfall, wenn man einen Felsbrocken fand, der nicht nur eine längliche, schmale Form hatte, sondern außerdem noch wie ein Schiffsrumpf gekrümmt war. Viele der schiffsförmigen Felsen in den Gärten der Edo-Zeit waren nicht von Natur aus so geformt, sondern es waren Bruchsteinbrocken, die man in Steinbrüchen gefunden hatte.

Ohne Zweifel schätzten die Gartengestalter in allen Epochen die skulpturalen Qualitäten der Felsen, selbst wenn die Hauptbedeutung des Steines in seinem religiösen Symbolgehalt oder seinen geomantischen Eigenschaften lag. In der Edo-Zeit jedoch haben einige Gartengestalter Felsen ausschließlich wegen ihrer skulpturalen Schönheit verwendet. Im Garten des Jōju-in, des Haupttempels im Kiyomizu-dera-Komplex in Kyoto wurde ein Stein nur wegen seiner ungewöhnlichen Form an prominenter Stelle platziert. Dieser Stein, der einerseits einem Horn gleicht und andererseits so wirkt, als sei er aus Lehmbrocken zusammengesetzt, wird nach der typischen Haartracht der Heian-Zeit *eboshi-ishi* genannt. Das Handwaschbecken in diesem Garten wird Kimonoärmel – *tagasode* - genannt, eine Namensgebung, die zweifelsohne in seiner Form begründet ist.

Weißer Sand ist fast zum Synonym für Japanische Gärten geworden. Zuerst wurde weißer Sand wahrscheinlich bei der Bezeichnung heiliger Orte, *kekkai*, verwendet – Lichtungen, die im Wald um besondere Bäume oder Felsen geschlagen wurden. Noch heute ist es bei Schreinen üblich, den heiligen Boden mit weißem Sand als Zeichen der Reinigung zu bestreuen. Vielleicht datiert diese Praxis noch aus alten Zeiten.

In Kyoto war es recht einfach, weißen Sand zu beschaffen, da er überall vorhanden war. Ein Großteil des Gebirgszuges, der östlich von Kyoto verläuft, des Higashi-yama, besteht aus weißem Granit, der aus drei Mineralien besteht: Weißem Feldspat, grauem Quartz und schwarzem Muskovit, einer Glimmerart. Wenn Granit der Witterung ausgesetzt ist, zerfällt er zu grobkörnigem Sand (*masago*), der von den Bächen und Flüssen der Umgebung fortgetragen wird. Deshalb wird der Hauptfluss, der aus dem Gebirge kommt, Weißer Fluss – Shirakawa – genannt; und der übliche Name für Sand ist *shira-kawa-suna*, wobei das Suffix *suna* Sand heißt. Auch wenn der Sand größtenteils weiß ist, gibt es doch einen geringen Anteil von grauen und schwarzen Partikeln. Dadurch wird die Farbe des Materials vielschichtiger und ist nicht so ermüdend für das Auge wie zum Beispiel rein weißer Marmor.

Weißer Sand eignet sich hervorragend dazu, die leeren, weißbelassenen Stellen der Tuschemalereien im Garten nachzubilden. Jishō-ji (Giankakuji), Kyoto

Japan ist vom Meer umschlossen und hat hohe Niederschläge. Der Regen füllt die Flüsse und Seen. Das in der Landschaft allgegenwärtige Wasser führt dazu, dass Gartenkünstler nicht nur in konkreter Form mit Wasser gestalten, sondern es auch mit Hilfe von Sand, Kies oder kleinen Steinen darstellten. Dieses Konzept ist für Gartengestalter in ariden Zonen undenkbar. Die Darstellung von Wasser durch ein „trockenes" Element kann man sich nur in einem Land wie Japan leisten, wo es nie an Wasser mangelt. Die Erbauer der Zen-Tempel waren die ersten, die Wasser durch Sand ersetzten. Ob der Sand von Anfang an weiß war oder nicht, kann man nicht genau sagen. Da aber weißer Sand zur Verfügung stand und man mit ihm die weißen Stellen auf den Tuschemalereien, die damals sehr beliebt waren, nachgestalten konnte, kann man davon ausgehen, dass der Sand in vielen Trockenlandschaftsgärten eine weiße Farbe hatte. In diesen Gärten symbolisiert der weiße Sand Bäche, Wasserfälle, Flüsse oder den weiten Ozean. In den Sand geharkte Linien stellen die rhythmische Bewegung der Wellen dar. Bei der Betrachtung im Mondlicht wirken sie ätherisch.

Wasser im Garten hat häufig auch eine allegorische Bedeutung. Für die Buddhisten ist das Wasser eine Metapher für die menschliche Existenz – die im Gebirge entspringende Quelle, der Bach, der auf seinem Weg ins Tal an Kraft gewinnt und schließlich der Fluss, der sich ruhig ins Meer ergießt. Geburt, Wachstum, Tod und Wiedergeburt – der Buddhismus lehrt, dass für denjenigen, der ein reines Leben geführt hat, der letzte Schritt nicht die Wiedergeburt, sondern der Aufstieg in das Nirwana ist und er damit den Kreislauf von Leben und Tod überwindet. Die große Sandfläche in den Kontemplationsgärten vermittelt nicht nur eine optische Ruhe, sie deutet auch auf den Frieden des Jenseits hin.

Wasser mit seiner Kühle, mit seinem Geruch, seinem Geräusch und dem Glitzern des Lichts auf seiner Oberfläche – die sensorischen Eigenschaften des Wassers gehören zum Japanischen Garten wie zu jedem anderen Wassergarten auch, aber hier gibt es noch einen weiteren Aspekt, der insbesondere für die Gärten in Japan von Bedeutung ist – die optische Erweiterung des Raumes, der durch eine Wasserfläche entsteht. Der Landschaftsraum ist in Japan überall sehr knapp bemessen: Die Berge sind steil und stehen dicht an dicht, die Täler sind eng und bieten nur schmale Ausblicke. Diese Wirkung wird noch durch den Reisanbau verstärkt. Da die Reisfelder sehr schnell den größten Teil des zur Verfügung stehenden flachen Landes für sich beanspruchten, entstanden dichtbesiedelte Dörfer. Unter diesem Aspekt betrachtet ist es ein großer Luxus, einen optisch weiten Raum vor sich zu haben, auch wenn man ihn nicht betreten kann.

WASSER
MIZU

Manchmal wird Wasser mit Kies oder faustgroßen Steinen dargestellt. Diese Konzeption wäre für Gartengestalter in ariden Zonen völlig undenkbar.
Shinnyō-in, Kyoto

Zeitgleich mit der Notwendigkeit, Gärten auf räumlich immer stärker begrenzten Grundstücken zu gestalten, fingen die Gartengestalter an, Gehölze so zu beschneiden, daß sie zu dichten, gerundeten Formen wuchsen. Auf diesem Bild werden die Sieben Glücklichen Gottheiten dargestellt. **Daichi-ji, Shiga**

DIE BEPFLANZUNG
SHOKUBUTSU

Die Pflanzen im Japanischen Garten haben unterschiedliche Bestimmungen: es gibt Hecken, Blütenpflanzen für alle Jahreszeiten, schattenspendende Pflanzen und so weiter. In der Heian-Zeit hatten die Pflanzen sowohl eine poetische als auch eine geomantische Bedeutung. Heute werden diese Aspekte bei der Anlage von Gärten nicht besonders hervorgehoben. Zusätzlich setzten die Gartengestalter der Heian-Zeit noch andere Pflanzen ein, die heute keine Verwendung mehr im Garten finden, insbesondere handelt es sich um Blumen und Gräser. Der Verzicht auf mehrjährige Pflanzen im Garten lässt sich auf den Einfluss den Zen-Buddhismus im Mittelalter zurückführen. Die Kunst jener Zeit ist bekannt für ihre höchst verfeinerte Farbenpalette, und die Gartenkunst bildet keine Ausnahme. Obwohl die Anzahl der Pflanzen seit der Heian-Zeit bis in unsere Tage ständig zugenommen hat, verwendete man in den kargen Gärten der mittelalterlichen Zen-Tempel nur eine geringe Anzahl, die auch heute noch als *niwa-ki* – Gartenpflanzen – bezeichnet werden. Dazu gehören, um nur die bekanntesten zu nennen, die Kiefer, der Ahorn, die Azaleen und die Kamelien. Als die Gartengestalter im Mittelalter begannen, Gärten in immer knapper bemessenen Räumen anzulegen, entwickelte sich der Brauch, die Gehölze sorgfältig zu dichten hügeligen Formen (*kari-komi*)[4] zu schneiden.

Kiefern

Einige der Pflanzen, die zum Klischeebild des Japanischen Gartens gehören, haben eine symbolische Bedeutung, die der Gartengestalter einsetzt, um die Bedeutungstiefe des Gartens zu erhöhen. So werden Kiefern als Bild für Langlebigkeit gepflanzt. Dieser Brauch geht auf das uralte Bild der dicht mit Kiefern bewachsenen Insel Hōrai zurück, nicht so sehr auf die tatsächliche Lebensspanne der Kiefer in der Natur. Weil Kiefern immergrüne Bäume sind, stehen sie auch für Beständigkeit, als Gegensatz zu den ansonsten ständig wechselnden Erscheinungsformen in der Natur. Außerdem sind zwei der beliebtesten Gartenkiefernarten, nämlich die Japanische Kiefer und die Japanische Schwarz-Kiefer, Symbole für die Gebirge beziehungsweise das Meeresufer. Da sie ihren natürlichen Lebensraum widerspiegeln, werden diese Kiefernarten im Garten mit viel Bedacht eingesetzt, um das Bild eines Meeresufers oder einer Gebirgslandschaft wiederzugeben. Diese Vorgehensweise ist ein gutes Beispiel für das „Lernen von der Natur".

Die Japanische Kiefer wird auch als *men-matsu*, die weibliche Kiefer, und die Schwarzkiefer als *on-matsu*, die männliche Kiefer bezeichnet, weil man in ihren Ästen und der Art ihrer Nadeln männliche, respektive weibliche Eigenschaften erkennt. Beide Kiefernarten werden sehr stark beschnitten, um ihnen eine Gestalt zu geben, die sie in der Natur nur durch den Einfluß eines ständigen starken Windes erhalten würden. Dadurch werden Kiefern zu den pflegeaufwendigsten Gartenpflanzen. Um die richtige Form auszubilden und zu erhalten, muss der Baum mindestens einmal im Jahr beschnitten werden. Dies geschieht üblicherweise wenn sie neu austreiben, indem man kontrolliert, wieviel von jedem neuen Austrieb stehenbleiben darf. Durch den Schnitt steuert man Form und die Wuchsrichtung des Baumes. Bei größeren Kiefern sind mehrere Gärtner zwei oder drei Tage lang mit dem Formschnitt beschäftigt.

Bambus

Bambus ist wahrscheinlich die vielseitigste Pflanze in Asien, auch wenn sie in der Gartengestaltung meist nur als raumbildendes Element und nicht als dekorative Pflanze eingesetzt wird. Großwachsender Bambus wird im Garten selten verwendet, weil er sich einfach zu unkontrolliert ausbreitet. Kleinere Sorten kann man in ihrer Form und ihrer Höhe besser unter Kontrolle halten. Bambus steht für Biegsamkeit. Dies ist aufgrund seines zarten Habitus gut zu verstehen. Obwohl in den Tuschemalereien das Motiv des Bambus Eingang fand, weil sein hohler Stamm als Metapher das Prinzip des leeren Herzens (*mushin*) im Zen-Buddhismus darstellte, ist es schwer zu sagen, ob dieses Bild absichtlich in die Gartenkunst aufgenommen wurde oder nicht.

Pflaumenbaum und Kirschbaum

Pflaumen- und Kirschbäume sind beides Symbole der Vergänglichkeit und gehören zu den beliebtesten Gartenpflanzen seit der Heian-Zeit. In den Kaiserpalästen der Heian-Zeit wurden die Haupttreppen, die vom südlichen Hof zum Palast führten, von einem laubabwerfenden und von einem immergrünen Baum flankiert – einem Zitrusbaum oder einer Kiefer und einem Pflaumenbaum. Im Mittelalter wurde das Leben der samurai mit der Kürze und der Erhabenheit der Pflaumenblüte gleichgesetzt. Die härtesten Männer der mittelalterlichen Gesellschaft in Japan wurden ausgerechnet mit einem Bild hervorgehoben, das im Westen als weiblich gilt. Pflaume und Kirsche werden im Garten allerdings auf unterschiedliche Weise eingesetzt. Der Kirschbaum darf frei zu seiner vollen Größe auswachsen, ja es werden sogar Spalierkonstruktionen eingesetzt, um seine Äste noch weiter in die Breite wachsen zu lassen. Der Pflaumenbaum hingegen wird sehr stark beschnitten, um ein kunstvolles Astwerk zu erhalten, so dass der Baum häufig aus einem knorrigen alten Stamm mit schlanken jungen Trieben besteht. Dies ist darauf zurückzuführen, dass man Pflaumenbäume stark beschneiden kann, wohingegen Kirschbäume den Formschnitt nicht so gut vertragen.[5]

Kiefer, Bambus und Pflaumenbaum sind das klassische botanische Trio in Japan. Auf Malereien werden sie oft gemeinsam dargestellt, und man kann sie auch als Rangfolge betrachten. Mit der Bezeichnung *shō, chiku,*

bai repräsentieren sie drei gute Dinge in absteigender Reihenfolge, etwa: am besten, hervorragend und gut. In Gärten, die für Gasthäuser oder Restaurants angelegt werden, findet man manchmal eine Kombination dieser drei Pflanzen als Glückssymbol.

BRÜCKEN

HASHI

Mit Hilfe von Brücken überquert man das Wasser, aber sie besitzen noch einen zusätzlichen symbolischen Aspekt. *Hashi*, das japanische Wort für Brücke, ist zugleich Homonym für das Wort Ufer. So überbrückt eine hashi symbolisch den leeren Raum (*ma*) von einem Ufer zum anderen und verbindet zwei Welten, zum Beispiel die Welt der Menschen und die Welt der Götter.[6] In den Teichgärten der Heian-Zeit stellte die zentrale Hauptinsel *naka-jima* das Reine Land des Amida Buddha dar. Eine bogenförmige Brücke (*sori-bashi*) verband den südlichen Hof mit der Insel und stellte so eine symbolische Verbindung zwischen „dieser Welt" und dem „Himmel" her. Damit wurde auch die Möglichkeit der Wiedergeburt im Paradies angedeutet.

Bei den Kontemplationsgärten der Zen-Tempel bauten die Gestalter häufig in den en miniature nachempfundenen Landschaftsszenerien Brücken über die mit weißem Sand dargestellten Wasserläufe. Dies waren die ersten Brücken aus großen Steinplatten. Vor dem Mittelalter gab es nur Holzbrücken, die manchmal rot lackiert waren. Die Kontemplationsgärten wurden im Stil der chinesischen Landschaftsmalereien gestaltet, deren Hauptthema der Einsiedler war, der in der Naturbetrachtung nach dem tieferen Sinn des Lebens suchte. Die Brücken auf diesen Gemälden stellen den Weg aus der engen Welt des Menschen in die geweitete Welt der Natur dar. Sie symbolisieren den Übergang von der gewöhnlichen zu einer höheren Bewusstseinsebene. Diese Symbolik der Brücken auf den Gemälden wurde auch in die Gartengestaltung übertragen.

SKULPTURALE DEKORATIONSSTÜCKE
TENKEIBUTSU

Steinerne Laternen werden in erster Linie als skulpturale Elemente verwendet. Ihre Funktion als Leuchte ist zumeist nur zweitrangig. Kotoji-tōrō, Kenrokuen, Ishikawa

Obwohl die japanischen Gartengestalter es immer vermieden haben, skulpturale Elemente in den Vordergrund ihrer Gestaltungen zu setzen, haben sie diese doch häufig in diskreter Art und Weise verwendet.[7] So werden zum Beispiel die steinernen Laternen oft als skulpturale Elemente aufgestellt. Ihre Funktion als Leuchte ist nur zweitrangig. In früheren Zeiten, als es noch kein elektrisches Licht gab, wurden die Laternen sicherlich häufiger als heute angezündet. Ihr Licht war aber sehr schwach und nur dazu geeignet, eine besondere Stimmung zu schaffen. Die Tee-Meister des Mittelalters waren die ersten, die Laternen in den Gärten aufstellten. Vorher durften sie ausschließlich für die Eingänge von Schreinen oder Tempeln benutzt werden.

Steinerne Stupas sind ein weiteres Beispiel für ein Gartenelement, das wegen seiner bildhauerischen Qualitäten verwendet wird, obwohl der offensichtliche Bezug der Stupas zum Buddhismus ihnen auch noch eine religiöse Komponente verleiht. Auch Felsblöcke wurden in den Gärten, ebenso wie Bäume und Gehölze, wegen ihrer skulpturalen Eigenschaften verwendet. So werden sehr stark beschnittene Kiefern in der Gartenkunst als „kunstvoll" (*gei wo shiteiru*) bezeichnet. Obwohl japanische Gärtner dafür bekannt sind, dass sie Skulpturen im Garten nicht so sehr schätzen, ist das sensible Zusammenspiel von Masse und Körper, das sie mit Hilfe von Steinen, Pflanzen und anderen Materialien schaffen, im Geiste ähnlich der Arbeit eines Bildhauers.

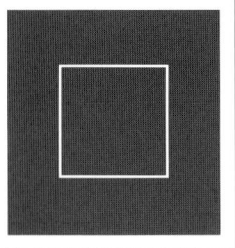

MAUERN UND ZÄUNE

KAKI TO HEI

Gartengestalter bauen Mauern oder Zäune, um den Garten zu umfrieden oder um Gartenbereiche zu unterteilen. Die Gestaltung der Mauer oder des Zaunes – Höhe, Platzierung und Grad der Transparenz – entscheidet darüber, ob der Blick eher versperrt oder enthüllt wird. Gartenzäune sind in Japan häufig mit einer Abdeckung versehen, damit sie vor den zerstörerischen Kräften der heftigen Regenfälle geschützt sind. Die Abdeckung ist meistens so konstruiert, dass ein schmaler Zwischenraum zwischen Zaun und Abdeckung entsteht, der den optischen Eindruck des Zaunes etwas mildert, indem die Linie zwischen Zaun und dem dahinterliegenden Ausblick etwas weicher gezeichnet wird.

Solide Mauern in Lehmstampfbauweise werden in den unterschiedlichsten Formen gestaltet. Mauern innerhalb der Gärten sind – im Gegensatz zu den schützenden Außenmauern – häufig sehr niedrig, sie reichen nur bis Augenhöhe. Diese Höhe erlaubt eine großzügige Sicht auf das, was jenseits der Mauer liegt und vermittelt auf dem Platz, wo man steht, eine private Atmosphäre. Manchmal sind die Zäune wie Wandschirme gestaltet, die etwas nur teilweise verbergen, zum Beispiel aus Bambusstämmen zu einem hölzernen Rahmen verbundene Zäune (*teppō-gaki*).[8] Die Schlitze zwischen den vertikalen Stäben zeigen mit unterschiedlicher Deutlichkeit, was sich hinter dem Zaun verbirgt, je nachdem, unter welchem Winkel man ihn betrachtet – von vorn kann man kaum etwas erkennen, und schräg von der Seite hat man den besten Durchblick. Wenn man an einem solchen Zaun vorbeigeht, wird das Dahinterliegende mal gezeigt, mal verborgen. Diesen Zaun-Typ gibt es auch in einer besonderen Variante, bei der die oberen drei Viertel geschlossen sind und nur der untere Teil offen ist, so dass man den Boden jenseits des Zaunes sehen kann. Der Zaun ist unten offen, um den Blick auf etwas Besonderes auf der anderen Seite zu lenken – Blumen, einen Bach oder ein Arrangement von Steinen – dabei bleibt der größte Teil der Szenerie verborgen.

Der sogenannte Sichtblendenzaun (*sode-gaki*), der die Architektur mit dem Garten verbindet, ist ebenfalls bemerkenswert.[9] Es ist ein kleiner, normalerweise nur schulterhoher Zaun, der etwas schmaler ist als hoch. Auf einer Seite ist er mit dem Gebäude verbunden und ragt in den Garten hinein. Der Gartengestalter verwendet den Sichtblendenzaun, um genau zu steuern, wieviel eine Person vom Garten sehen kann, wenn sie auf der Veranda sitzt. Er setzt ihn also wie die textile Kulisse auf ei-

Oben: Die Gestaltung der Mauern und Zäune bietet dem Gartengestalter Gelegenheit, seinem künstlerischen Empfinden Ausdruck zu verleihen. Detail der Palastanlage der Katsura Villa, Kyoto

Rechts: Eleganz wird durch Einfachheit betont: Diese Mauer in Lehmstampfbauweise mit einem Strohdach stellt den vollendeten Geschmack des Gestalters unter Beweis. Detail der Katsura Villa, Kyoto

ner Theaterbühne ein. Durch die sorgfältige Lenkung der Ausblicke ist der Gartengestalter in der Lage, verschiedenen Räumen eines versetzt angelegten Gebäudes, wie zum Beispiel eines traditionellen japanischen Gasthauses, eine intime Atmosphäre zu verleihen, obgleich doch alle Räume auf denselben Garten orientiert sind.

Obwohl die japanische Gartengestaltung wegen ihres Understatements gerühmt wird, das die gestaltende Hand des Entwerfers verbirgt, sind Zäune und Mauern häufig sehr dekorativ gestaltet. Mehr als jedes andere Gartenelement geben Zäune und Mauern dem Gestalter Gelegenheit, seinen Kunstsinn unter Beweis zu stellen. Es gibt allein fünfundzwanzig verschiedene Arten von Bambuszäunen, hinzu kommen Holzzäune, Zäune aus gebündelten Zweigen und Mauern aus gestampftem Lehm. Innerhalb jeder Kategorie stehen dem Gestalter unendlich viele Möglichkeiten zur Verfügung, die traditionellen Themen zu variieren.

AUSBLICK

Ausblick

Während der gesamten Edo-Zeit war Japan praktisch von der Außenwelt abgeschlossen. Mit der Öffnung der Grenzen in der Meji-Zeit begann abendländisches Gedankengut alle Bereiche der japanischen Gesellschaft zu beeinflussen – Regierung, Bildungswesen, Gewerbe und selbstverständlich auch die Kunst. Die Aufnahme dieses so unterschiedlichen und neuartigen Gedankenguts war ein schwieriger Prozess, der häufig nur durch Kompromisse möglich war, wie es der moderne Begriff *wayō-secchū* „ein Kompromiss zwischen der japanischen und der westlichen Kultur" zum Ausdruck bringt. Auch in der Gartenkunst machten sich westliche Einflüsse bemerkbar. Einige Elemente der abendländischen Gartenkunst, wie zum Beispiel der Rasen, gehören heute in Japan zu den bevorzugten Möglichkeiten, die die Gestaltungspalette anbietet.

Heutzutage beschäftigen sich die Gartengestalter wieder mit der Frage, wie der Japanische Garten in einer modernen Großstadt bestehen kann. Ein Beispiel, wie heute Neuerungen in der Gartengestaltung aussehen können, zeigen einige Gestalter, die gespaltene Granitsteine in ihren Gärten benutzen und nicht die früher üblichen Findlinge. Die Gebäude der Vergangenheit wurden aus sehr unauffälligen Materialien gebaut, dazu passten Felsblöcke aus den Flüssen oder aus den Bergen, die eine gewisse Patina hatten. Heute dominieren auch in den Gärten industriell hergestellte Materialien. Die Gartenkünstler haben ein Gefühl dafür entwickelt, dass die heutige Gartenarchitektur nach neuen Materialien verlangt, deren sinnliche Eigenschaften denen ihrer Umgebung entsprechen.

Wie wird sich die japanische Gartenkunst in Zukunft weiterentwickeln? Die Antwort auf diese Frage gründet sicherlich in dem Erfahrungsschatz, der sich in der Vergangenheit angesammelt hat – nicht einfach nur im Hinblick auf die Materialien und Formen, sondern auch im Verständnis des Essentiellen. Wir haben gesehen, dass ein Garten zum Beispiel aus einer animistisch geprägten Anschauung wahrgenommen werden kann. Dann ist er mehr als ein hübsches Bild und ist ein lebendiges und beseeltes Wesen. Ein Garten kann aber auch als Gemälde, als Gegenstand der Kontemplation oder als ein religiöses Kunstwerk aufgefasst werden. All diese Auffassungen aus der Geschichte haben auch heute noch ihre Bedeutung, sofern sie von den Gartengestaltern mitgetragen werden. Neue Gartenideen fremder Kulturen werden integriert werden, zum Beispiel die „Gärten mit essbaren Früchten" oder der Ansatz, der den Garten als Therapieort vorsieht.

Gärten entstanden in einem gesellschaftlichen Umfeld, das von beginnenden Verstädterungsprozessen geprägt war. Die Menschen spürten den Naturverlust und begannen, die Natur in Gartenräume zurückzuholen. Gegenwärtig leben 45 Prozent der Weltbevölkerung in Großstädten. Die Tendenz ist steigend, und für das Jahr 2025 wird mit 60 Prozent gerechnet. Das Bedürfnis der Menschen nach Gärten wird also immer dringlicher werden. Die Japanischen Gärten sind aus verschiedenen historischen Gründen dem städtebaulichen Gefüge besonders gut angepasst. Der Umgang der japanischen Gartengestalter mit engen Räumen – man denke an die Gartenhöfe der mittelalterlichen Zen-Tempel, die Teegärten und die winzigen tsubo-Gärten der städtischen Kaufleute – enthalten unschätzbare Lektionen für die heutigen Gartengestalter, die auf der Suche danach sind, wie Elemente aus der Natur in eine städtische Umgebung integriert werden können.

Der Japanische Garten wird sich zweifelsohne in Rückkopplung mit den Veränderungen der modernen Gesellschaft weiterentwickeln. Man kann sich vorstellen, dass das Naturverständnis und die Empfindsamkeit für das Detail, die in den Japanischen Gärten so deutlich zum Ausdruck kommt, in größerem Maßstab von den Menschen auf ihre gesamte Umwelt angewandt werden könnte.

Links: Sanbō-in, Kyoto

FUSSNOTEN *Fußnoten der eingefügten Textteile

DER GEIST GOTTES IN DER NATUR: VORGESCHICHTLICHE QUELLEN, SEITE 3

[1] Die Anzahl der Vulkane sind der CD-ROM INFOPEDIA, San Diego; Future Vision Multimedia Inc. 1995 entnommen.

[2] Neuere archäologische Funde weisen auf eine frühe Form der Landwirtschaft in der späten Jōmon-Zeit hin. Aus Gründen der Einfachheit wird im vorliegenden Buch der Übergang von der Jōmon- zur Yayoi-Zeit als der Wandel von einer nicht agrarischen zu einer agrarischen Gesellschaft bezeichnet. Obwohl in der Yayoi-Zeit grundlegende Veränderungen in der Entwicklung von landwirtschaftlichen Fertigkeiten und eine weitere Verbreitung des Feldanbaus stattfanden, ist der Unterschied zwischen der Jōmon- und der Yayoi-Zeit nicht so deutlich.

[3] Nakamura Makoto. *The Twofold Beauties of the Japanese Garden*: Die doppelte Schönheit des Japanischen Gartens. *IFLA-Jahrbuch*, 1986/87, S. 195–197 sowie die Unterhaltung mit dem Autor.

[4] Übersetzung des Autors.

[5] Kojima, Noriyuki. *Nihon koten bungaku zensh, Man'yōshū*. Gedicht Nr. 256.

[6] Amino, Yoshihiko. *Nihon ron no shiza*. S. 269–280.

[7] Das Wort *sono* bedeutet eine umgrenzte, neugestaltete Landschaft. So ist es dem deutschen Wort „Garten" vergleichbar, das seine Wurzeln in den alten germanischen und englischen Wörtern *gart* und *geard* hat und einen umschlossenen Bereich bezeichnet. Zahlreiche andere deutsche Wörter haben einen ähnlichen etymologischen Ursprung, wie zum Beispiel Park oder Paradies.

[8] Levy, Ian Hideo. *Man'yōshū*. Gedicht Nr. 816.

[9] Kojima, Noriyuki. *Nihon koten bungaku zenshū; Man'yōshū*. Gedicht Nr. 816.

[10] Shintō, wörtlich: „Der Weg der Götter", hat seinen Anfang als eine unzusammenhängende Sammlung religiöser Praktiken und wurde als Reaktion auf die Einführung des Buddhismus dann zu einer institutionalisierten Religion mit einer eigenen Dogmatik, Literatur und einer eigenständigen Architektur.

[11] Aston, W. G. *Nihongi*. S. 60, 64.

[12] Hasegawa, Masami. *Nihon teien yōsetsu*. S. 160.

[13] *Shime-nawa* bedeutet zusammengebundenes Seil. Der Vorgang etwas zusammenzubinden war ein wichtiger Vorgang, um etwas abzugrenzen. Dies bezieht sich nicht nur auf die Religion, sondern auch auf die Grenzziehung um ein Stück Land. Bei religiösen Festen in Japan spielt das Binden von Gräsern oder Seilen häufig eine Rolle. Siehe Nitschke, Günter „Shime; Binding/Unbinding" *Architectural Design*, Dezember 1974.
Damit die Menschen in den heiligen Bezirk gelangen konnten, wurden die shime-nawa an einem Punkt mit einem einfachen Rahmen hochgehalten und bildeten so ein Tor. Der Rahmen überdauerte das kurzlebige Strohseil und so symbolisierte im Laufe der Zeit der Rahmen und weniger das Seil den Zugang zum heiligen Bezirk. Diese einfachen Tore werden heute *torii* genannt. Bei manchen Schreinen, wie zum Beispiel *miwa jinja* südlich von Nara (dort wird eine vorbuddhistische Form des Shintoismus ausgeübt), kann man das shime-nawa sehen, wie es mit Pfosten hochgehalten und als Tor benutzt wird. Dieses durch ein Seil markierte Tor wird *shime-bashira* genannt.

[14] Masami Hasegawa bezeichnet die heiligen Steinringe *himorogi*. Die meisten anderen Texte benutzen einfach den englischen Ausdruck „stone circle" – Steinkreise. Hasegawa, Masami. *Nihon teien yōsetsu*. S. 164.
Himorigi ist ein komplexer Begriff mit mehreren Bedeutungen. Heute wird er häufig in der Bedeutung von „Opfergaben für die Götter" benutzt, üblicherweise handelt es sich um Reis und Saké, ursprünglich war es aber gekochtes oder rohes Fleisch.

[15] * Jahrtausendelang sind Menschen aus oder durch Korea nach Japan gekommen. „Koreanische Gemeinde" bezieht sich auf kürzlich angekommene Koreaner, die noch ihre Muttersprache sprechen und ihre Bräuche ausüben.

PARADIESDICHTUNG: GÄRTEN DER HEIAN-ARISTOKRATIE, SEITE 19

[1] Morris, Ivan. *The World of the Shining Prince*. S. 153.

[2] Sein Familienname Kong zusammen mit Fuzi, was Meister bedeutet, wurde lateinisiert zu Konfuzius – auf japanisch heißt er *Kōshi*.

[3] *Fūsui* heißt auf chinesisch *feng-shui*.

[4] Die beiden Hauptelemente des chinesischen Gartens sind Berge (chinesisch: *shan*; japanisch: *san* oder *sen*) und Wasser (chinesisch: *shui*; japanisch: *sui*). Die Berge sind eine Masse (das *Yang*-Element), das Wasser eine Flüssigkeit (das *Yin*-Element). Dr. Evelyn Lipp. *Feng Shui Environments of Power*. S. 92. Auch die Japaner verwendeten den Ausdruck „Berg-Wasser" (*senzui*) in der Bedeutung von Garten.

[5] Aston, W. G. *Nihongi. Chronicles of Japan from the Earliest Times to AD 697*. Band 2. S. 65.

[6] Vollständiger Text „Western Paradise Pure Land" (*saihō gokuraku jōdo*).

[7] Aston, W. G. *Nihongi. Chronicles of Japan from the Earliest Times to AD 697*. Band 2, S. 144.

[8] In den ersten Jahren der Geschichte der japanischen Gartenkunst werden die Gärten oft unterschiedlich bezeichnet. Der heutige, allgemein übliche Begriff lautet in der wörtlichen Übersetzung „Steine aufrecht setzen" (*ishi wo taten koto*). Manchmal wird ein Garten mit *sono* bezeichnet, obwohl dies meistens ein Nutzgarten ist. Häufiger wird der Garten mit den Worten für Berg (*yama* oder *Sumi/Shumisen*), Insel (*shima*), Teich (*ike*) oder Bepflanzung (*senzai*) bezeichnet.

[9] Die auf rasterförmigem Grundriß angelegten Städte in China, die für Heian-kyō als Vorbild dienten, waren von mächtigen, hohen Verteidigungsmauern umgeben. Da Heian-kyō eher eine Beamtenstadt als eine Militärfestung war, wurde sie nur von einem relativ niedrigen Wall in Lehmstampfbauweise (*dai-tsuiji-bei*) oder einer Uferböschung umgeben.

[10] Chang'an (heute heißt sie X'ian), bedeutet Langdauernder Friede; Heian bedeutet Harmonischer Friede und nimmt damit eindeutig Bezug auf die Stadt, die als Modell diente.

[11] Es gab an der nördlichen Ecke von Heian-kyō eine zusätzliche Reihe von Baublöcken, die im nord-südlichen Verlauf nur halb so groß waren wie die Standardgröße eines *jō*. Diese Reihe wurde *kita hen* genannt.

[12] Die Verwendung des Wortes Wind (*fu*) in *fuzei* und *fūsui* bezieht sich nicht auf den richtigen Wind, hier ist er eher etwas dem griechischen Begriff „Äther" (griechisch: *aitherios*) Vergleichbares gemeint – ein unsichtbares Element, das alle körper-

liche Materie durchdringt und verbindet. Es ist damit auch den lateinischen und griechischen Wurzeln des englischen Wortes air verwandt in seiner Bedeutung als Atmosphäre, Ort, Art. Diese Angabe erfolgt unter Bezugnahme eines Vortrages von Wybe Kuitert am 17. November 1995 in der Japan Foundation in Kyoto sowie auf sein Buch *Themes, Scenes, and Taste in the History of Japanese Garden Art*.

[13] Diese politischen Intrigen sind möglicherweise in bestimmter Hinsicht die Ursache für das kulturelle Interesse gewesen. Da den Höflingen durch die Machenschaften der Mächtigen die Möglichkeit genommen war, in der Politik Einfluss zu nehmen, kamen viele von ihnen zu der Überzeugung, dass die Beschäftigung mit Kunst der einzig sinnvolle Zeitvertreib sei.

[14] Der Verwandlungsprozess vom Leben zum Tod ist auf dem Gemälde *Kusōshi e-maki* und anderen dargestellt worden. Auf dem *Kusōshi e-maki* ist der Körper einer schönen Frau, Ono no Komachi, die zu ihrer Zeit wegen ihrer Schönheit zu den berühmtesten Frauen gehörte, in neun Stadien des Verfalls dargestellt – von der Schönheit bis zum Skelett. Diese makabren Malereien waren gegen Ende der Heian-Zeit und in der frühen Kamakura-Zeit weit verbreitet.

[15] Die stilistischen Begriffe für Gärten, aber auch für jede andere Kunstart, wurden normalerweise von den folgenden Generationen nach dem Sachverhalt bezeichnet. Viele Begriffe im vorliegenden Buch, die sich auf die Gartenstile beziehen – Seetour-Garten (*chisen shūyū teien*) für die Gärten der Heian-Zeit, Kontemplationsgärten (*kanshoniwa*) für die Gärten des Mittelalters und Wandelgärten (*kaiyū shiki teien*) für die Gärten der Edo-Zeit – stammen aus heutiger Zeit. Obwohl diese Begriffe den Garten beschreiben und deshalb informativ sind, handelt es sich nicht um die ursprünglich verwendeten.

[16] Auf Malereien, die das Leben am Hof in früheren Zeiten darstellen, kann man Enten erkennen, z. B. auf dem *Kasuga gongen kenki e-maki*, Grillen werden in der *Geschichte des Prinzen Genji* erwähnt. Die Vielzahl der Pflanzenarten wird einerseits in zeitgenössischen Schriften, wie der *Geschichte des Prinzen Genji*, andererseits durch archäologische Funde, bei denen gut erhaltene Samen oder Blätter von mindestens 25 Arten gefunden wurden, nachgewiesen; darunter Koniferen, wie Kiefer, Tanne und Hemlocktanne; Obstbäume, wie Pflaumen-, Kirsch-, Birn- und Pfirsichbäume; breitblättrige immergrüne Bäume, wie Lorbeerbaum und Steineiche, laubabwerfende Bäume, wie Ahorn und der sehr hoch wachsende Japanische Zürgelbaum sowie Gewürzpflanzen, zum Beispiel Japanischer Pfeffer. *Kyoto no teien: iseki ni mieru heian jidai no teien*, S. 61.

[17] Izutsu, Toshihiko und Toyo. *The Theoriy of Beauty in Classical Aesthetics of Japan*. S: 18.

[18] Kuitert, Wybe. *Themes, Scenes, and Taste in the History of Japanese Garden Art*, Teil eins: *Themes*.

[19] Der Shingon-Buddhismus gehört zur Richtung des Mahayana oder esoterischen Buddhismus – *mikkyō* (Geheimlehren) auf japanisch. Shingon bedeutet „wahres Wort", in Sanskrit heißt es *mantra*.

[20] Das Wort *mandala* bedeutet in Sanskrit „Kreis/Scheibe" oder „Versammlung" und nimmt sowohl Bezug auf die manchmal kreisförmige Gestalt als auch auf die Ansammlung der Kräfte des Universums, die in ihm dargestellt werden. Mandalas sind vorbuddhistischen Ursprungs – die frühesten Formen stellen Hindugottheiten dar.

[21] In dem Tōji-Tempel sind die 21 Buddha-Statuen in der Halle der Lehre in Form eines Mandala aufgestellt. Hempel, Rose. *The Golden Age of Japan*. S. 33.

[22]* Viele dieser Bilder werden in der *Geschichte des Prinzen Genji*, Edward Seidensticker oder in den *Tales of Ise*, Helen Craig McCullough, beschrieben.

DIE KUNST DER LEERE:
DIE GÄRTEN DES ZEN-BUDDHISMUS, SEITE 45

[1] *Kōan* sind Rätsel, das berühmteste, das auch als erstes einem neu in die Sekte Aufgenommenen gestellt wird, lautet: „Welches Geräusch macht eine Hand beim Klatschen?"

[2] Während des Mittelalters war die Religion des Zen-Buddhismus in Japan noch in ihren Anfangsgründen. Der Begriff „Zen-Buddhismus" als solcher wurde offensichtlich nicht benutzt, da das Bewusstsein darüber, dass Zen etwas anders war, sich noch nicht vollständig entwickelt hatte. Stattdessen verwendete man die Begriffe Rinzai-Sekte oder Sōtō-Sekte.

[3] Der *hōjō* (nicht zu verwechseln mit der Familie Hōjō) ist das Wohnhaus des Abts und der Name drückt den Wunsch nach einem einfachen, von der Welt losgelösten Leben aus, wie in dem 1212 geschriebenen Werk *Die zehn Fuß im Quadrat große Hütte (Hōjō-ki)* beschrieben wird. Hōjō bedeutet ein quadratischer *jō* – dies ist ein traditionelles Maß, das zehn Fuß entspricht. Deshalb ist ein hōjō etwa 100 Quadratfuß groß, es wird allerdings häufig als „zehn Fuß im Quadrat" übersetzt, um die geringe Größe zu betonen.

[4] Hall und Takeshi. *Japan in the Muromachi Age*. S. 227–239.

[5] Im Falle der Zen-Tempel kam als weiterer Faktor für die Verlagerung des Eingangsweges noch der Wandel im Verhältnis zum Kaiserhaus hinzu. Im Mittelalter besuchten die Mitglieder des kaiserlichen Hofes häufig die Tempel, während die Besuche nun reduziert wurden. So wurden zum Beispiel die Besuche der kaiserlichen Familie bei dem Daitoku-ji-Tempel der Rinzai-Sekte nur noch auf alle fünfzig Jahre festgelegt, wenn ein Bote des kaiserlichen Hofes einen neuen posthumen Namen verkündet, der vom Kaiser dem Tempelgründer verliehen wird. Dann werden die beiden Haufen aus weißem Sand, die in einer Linie mit den Pfosten des Tores angehäuft sind, verstreut, um den Garten für diesen Besuch zu reinigen. Außer zu den täglichen Pflegezwecken wird der Garten nur bei diesem Besuch betreten.

[6] Der Wasserfall, gleichgültig ob er nun Wasser hat oder nicht, wird üblicherweise aus einem oder mehreren flachen Steinen in der Mitte gebildet, über die das Wasser hinunterfällt. An den Seiten sind große, gerundete Felsblöcke angeordnet, die einen optischen Rahmen bilden und die Steinplatten um die Mitte tragen. Am Fuß des Wasserfalls, in der Mitte des „Flusses", befindet sich ein einziger nach oben gerichteter Stein, der den kämpfenden Fisch darstellt und Karpfen-Stein (*rigyo-seki*) genannt wird.

[7] Die Meditation angesichts des Gartens *unsui* (Wolke-Wasser) wird nur von jungen Priesternovizen regelmäßig durchgeführt, die in einem besonderen Tempelbereich (*senmon dōjō*) zusammenleben, der ausschließlich für die Ausbildung im Zen-Buddhismus dient. Die Ausbildung ist nicht

Fussnoten

für alle Novizen identisch. Im Daitoku-ji-Tempel sieht der Tagesablauf wie folgt aus: Früh, je nach Jahreszeit zwischen zwei und drei Uhr aufstehen und die Hausarbeit erledigen, Gebet und religiöse Unterweisung. Bei der Rinzai-Sekte schließt dies den Zen *mondō* ein. Mit Beginn der Abenddämmerung beginnt die gemeinschaftliche Meditation in der *zendō*-Halle. Nach etwa drei Stunden *zazen* gehen die Novizen auf die Veranda einer nahegelegenen Halle, setzen sich dort nieder und meditieren angesichts des Gartens (*yaza*). Ob nun der Garten wirklich gesehen werden kann, hängt vom Mondlicht ab. Nachdem die Novizen ihre Ausbildungszeit im Tempel beendet und die Priesterweihe empfangen haben, ist die Meditation angesichts des Gartens nicht mehr Bestandteil ihres religiösen Lebens.

[8] Man kann die Zen-Meditation in zwei Gruppen unterteilen: Meditation in der Ruhe und Meditation in der Bewegung. Zazen gehört zum ersteren Typus, die auch „Methode der Stille" (*jōchū no kofū*) genannt wird. Im Gegensatz dazu werden die tägliche Hausarbeit einschließlich der Gartenarbeit als Meditation in der Bewegung angesehen und wird *samu* oder „Methode der Bewegung" (*dōchū no kofū*) genannt.

[9] Fotografien aus der Zeit zu Beginn des Jahrhunderts zeigen bei dem Daisen-in-Tempel, dass der Garten im Vergleich zu heute östlich des *hōjō* doppelt so groß und der Boden mit Moos und nicht mit Sand bedeckt war. Wenn man bedenkt, dass der Garten der Lehre dient, ist es für die dort wohnenden Priester unerheblich, ob der Garten historisch authentisch ist.

[10] Da die *kare-san-sui* Kunstwerke sind, die religiöse Werte zum Ausdruck bringen, kann man sie beispielsweise mit den Totempfählen der Indianer im Nordwesten Amerikas, den Ikonen der Russisch-Orthodoxen Kirche oder den tibetanischen Sand-Mandalas vergleichen.

[11]* *Senzui narabi ni yagyō no* ist von David Slawson in seinem Buch *Secret Teachings in the Art of Japanese Gardens* ins Englische übertragen worden.

[12]* Das *kawara* (Flussufer) fiel unter kein Reglement der Regierung. Deshalb konnten Schausteller und Schauspieler hier ohne Erlaubnis vorübergehend ihre Theater aufbauen. Aus diesem Grund wurden die *kawara-mono* auch mit den Schauspielern assoziiert, die aus ihren Reihen kamen. Das Kabuki-Theater soll seine Ursprünge in einer solchen Schauspielergemeinschaft haben.

[13]*Hall und Toyoda. *Japan in the Muromachi Age*. S. 144.

**DER GEISTIGE WEG:
DER TEEGARTEN, SEITE 67**

[1] Diese Ratgeber in Fragen der Ästhetik waren allgemein als *dōbōshū* bekannt. Höflingen der niederen Ränge versuchten ihren Status zu verbessern, indem sie sich zu Priestern weihen ließen und damit zu *tonsei-sha* wurden. Obwohl die wörtliche Übersetzung dieses Begriffs „in der Einsiedelei lebender Eremit" bedeutet, nutzten zahlreiche neugeweihte Priester ihren neuen Status, um Akzeptanz in den Kreisen der *dōbōshū* zu gewinnen. Viele der *tonsei-sha* gehörten der buddhistischen Ji-Sekte an und fügten deshalb ihrem Namen ein *a* oder *ami* an. So zum Beispiel Nōami, Geiami und Sōami, die Ratgeber von Ashikaga Yoshimasa waren, dem Erbauer des Landsitzes, der unter dem Namen Silberpavillon (Ginkaku-ji) bekannt ist. Hall und Toyoda. *Japan in the Muromachi Age*. S. 186–191.

[2] Bekannt unter dem Namen Zeit der kriegführenden Staaten (*sengoku jidai*).

[3] Heute kostet dieses Deckenmaterial bis zu zehnmal mehr pro Quadratmeter als der durchschnittliche Quadratmeterpreis eines Gebäudes selbst, und auch in der Muromachi-Zeit wird es vergleichsweise teuer gewesen sein.

[4] Auch Gärten werden nach den Kategorien des *shin-gyō-sō* eingeteilt, aber diese Einteilung nach Kategorien findet man erst in der späten Edo-Zeit, in der alles systematisiert wurde und die Beispiele manchmal sehr an den Haaren herbeigezogen wirken.

[5] Aus zeitgenössischen Dokumenten geht hervor, dass die Sen no Rikyū blühende Pflanzen im Teegarten aus zwei Gründen nicht mochten: Die Wirkung des Blumenarrangements, das in dem *tokonoma* des Teehauses plaziert war, würde durch eine üppige Blütenpracht im Garten abgeschwächt und die *wabi*-Atmosphäre würde zerstört, wenn die Farben der Jahreszeit zu sehr im Vordergrund stehen. Andere Gestalter von Teegärten folgten nicht dieser Gestaltungsrichtung des *wabi-cha*. Es gab anscheinend sogar einen Garten, der vollständig mit *Cycas*-Bäumen – *sotetsu* – einem palmenähnlichen Baum bepflanzt war.

[6] „Durchgang sechs Teile; Landschaft vier" (*watari rokubun, kei yonbun*): Dieser Satz drückt auch das Gefühl von Rikyū aus, dass die *roji* und die *cha-no-yu* im allgemeinen ein bisschen mehr nach ihrer Funktion als nach künstlerischen Gesichtspunkten gestaltet werden sollten. Andere Meister des Tees – wie Oribe und Enshu – haben die Dinge anders betrachtet.

[7] Nicht alle Teegärten sind in einen inneren und einen äußeren *roji* unterteilt – manche sind kleiner und einfacher. Die unterteilten Teegärten heißen *nijū-roji* (Zwei-Schichten-roji) oder *tajū roji* (Mehrschichten-roji).

[8] Aus den Memoiren des Mönchs Nanbō, eines Zeitgenossen von Sen no Rikyū.
Izutsu, Toshihiko und Toyo. *Theory of Beauty in the Classical Aesthetics of Japan*. S. 144.

[9] Es gibt auch eine Art mittleres Tor, *naga-kuguri* genannt, das aussieht, als sei eine Mauer des Tee-Hauses separat, mitten durch den Garten gebaut worden. Häufig hat sie ein Fenster und eine kleine Türöffnung, wie ein *nijiri-guchi*, zum Hindurchgehen.

[10] Das Wort *tsukubai* ist vom Verb *tsukubau* abgeleitet, das knien bedeutet und auf die niedrige Anordnung der Steine hindeutet. Bevor die tsukubai eingeführt wurden, werden Personen von hohem Rang ein stehendes Wasserbassin (*tachi-bachi*) benutzt haben, um sich die Hände und den Mund zu waschen. Die niedrige Position des tsukubai erzwang eine demütige Haltung, weil man sich bücken mußte, bevor man an das Wasser kam.

**PRIVATE PLÄTZE:
TSUBO-GÄRTEN, SEITE 83:**

[1] Das jährliche Gion Fest in Kyoto – das zuerst im zehnten Jahrhundert durchgeführt wurde, erfuhr in der späten Muromachi-Zeit durch die *machi-shū* Gesellschaften eine Neubelebung, als jede Gruppe einen eigenen geschmückten Wagen (*yama* oder *hoko*) für dieses Ereignis baute.

² Es gab noch andere Klassen, die von der Regierung anerkannt waren, einschließlich der Priester, Adeligen und der Ausgestoßenen. Zu den Ausgestoßenen gehörten die *eta* (voller Schmutz), zu denen auch die kawara-mono gehörten. Am untersten Ende der Skala kamen die *hinin* (Nicht-Menschen).

³ Die Viertel der Kaufleute in anderen Städten der Edo-Zeit, die nicht über eine solch lange Tradition der Stadtplanung wie Kyoto verfügten, vollzogen diese Entwicklung nicht. Ihre Viertel der Kaufleute entstanden spontan aus dem Nichts und meistens erkennt man ihr organisches Wachstum an dem willkürlichen Muster, das der Verlauf ihrer Straßen zeichnet.

⁴ Hisamatsu, Sen'ichi. *The Vocabulary of Japanese Literary Aesthetics*. S. 63–66.

DER PARK EINES SAMMLERS: WANDELGÄRTEN DER EDO-ZEIT, SEITE 97

¹ Den Titel *daimyō* erhielten diejenigen, deren Landbesitz mindesten 10 000 *koku* wert war. Ein koku (180 Liter) war die Menge Reis, die ein Dienstbote im Jahr zum Leben brauchte. Die reichste daimyō-Familie, die Maeda's herrschten über Ländereien im Wert von über einer Million koku, und es gab weitere 22 daimyō mit sehr großen Lehen. Auch wenn die meisten daimyō über kleinere Lehen verfügten, waren sie doch meistens so reich, dass sie ohne Schwierigkeiten die gesamte Bevölkerung ihrer Ländereien hätten versorgen können.

² Von einem daimyō wurde verlangt, allein in Edo drei Paläste zu unterhalten – *kami-yashiki*, *naka-yashiki* und *shimo-yashiki*. Shirahata, Yozaburo. *Edo no daimyō teien*. S. 4.

³ Shirahata, Yozaburo. *Edo no daimyō teien*.

⁴ Shirahata, Yozaburo. *Edo no daimyō teien* und aufgrund eines Gesprächs mit dem Autor.

⁵ Hisamatsu, Sen'ichi. *The Vocabulary of Japanese Literary Aesthetics*. S. 20.

⁶ McCullough, Helen Craig. *Tales of Ise*. S. 74.

⁷ Der Westliche See ist der Xi-fu-See in Hangzhou, Provinz Zheijiang, China.

⁸* *Ueki-ya* (wörtlich Baumpflanzer) scheint der älteste Begriff für diese Berufsgruppe der Gärtner zu sein. Eine andere Bezeichnung ist *niwa-shi*. Der Ursprung dieses Begriffs ist zeitlich nicht genau festzustellen. Nach den *Nihon kokugo daijiten* soll Kunikida Doppo, ein Dichter der Meji-Zeit, diesen Begriff zum erstenmal geprägt haben. In der Edo-Zeit erlebte auch die Gartenkunst (*shugei*, *jugei* oder *geishoku*) ebenso wie die Pflanzenzüchter (*uekiya*, *geika* oder *kako*) eine Blütezeit; *Nihon nōsho zenshū; Kadanchi kinshō*. Shadan Hōjin, Nōsan Gyoson Bunka Kyōkai. S. 6.

⁹* Die Spezialisierung des Handwerks ist ein allgemeines Merkmal der Edo-Zeit. Holzschnitte wurden zum Beispiel von mindestens drei verschiedenen Handwerkern gefertigt: Dem Künstler, der für den Entwurf verantwortlich war, dem Holzschnitzer und schließlich dem Drucker. Auch das Zimmerhandwerk hatte eine ähnlich hierarchische Struktur: Die Waldeigentümer oder Pächter (*yamanushi*), diejenigen, die das Holz aus den Bergen holten und es zu Bauholz zersägten (*kobiki*), diejenigen, die das Holz lagerten und verkauften (*zaimoku-ya*) und die Zimmerleute selbst (*daiku*).

GESTALTUNG, SEITE 115

¹ Raum und Kultur des heutigen Japan unterscheiden sich von dem vor-modernen Japan so, wie sich heute die japanische und die amerikanische Kultur unterscheiden. Man kann daraus schließen, dass der traditionelle Japanische Garten im modernen Japan ein ebenso fremdes Element ist, wie es der Japanische Garten beispielsweise in Los Angeles wäre.

GESTALTUNGSPRINZIPIEN, SEITE 117

¹ Übersetzung des Autors nach einer modernen japanischen Transliteration in *Sakuteiki: gendaigo taiyaku to kaisetsu*. Takei, Jiro.

² Manche *chōzubachi* sind Steine, deren Bassins auf natürlichem Weg durch Wassererosion entstanden sind. Aber nicht alle chōzubachi sind Findlinge. Manche sind aus Fundstücken gefertigt, wie zum Beispiel aus Teilen von Stupas oder Brückenpfeilern.

³ Die Lotusblume hat ihre Wurzeln im Schlamm und Erdreich auf dem Boden des Teiches und streckt ihren Stengel über die Oberfläche des schlammigen Wassers, wo sie sich zu einer Blüte von unvergleichlicher Schönheit öffnet. Buddhisten sehen darin eine Analogie zur Fähigkeit des Menschen, sich über seine erbärmliche Existenz auf Erden zu erheben und in Buddha einzugehen. Dieses Stadium der Reinheit wird durch die silbrig glänzenden Regentropfen symbolisiert, die sich in dem becherförmigen Lotusblatt sammeln. Fedrig-fransig Rosa, auf japanisch *nadeshiko*, bedeutet wörtlich „verwöhntes, zärtlich liebkostes Kind" und bezieht sich auf junge Mädchen.

⁴ Die Gegend im Nordwesten von Kyoto ist bekannt für ihre Kirsch- und Ahornbäume. Es ist vielleicht interessant zu wissen, dass diese Bäume hier nicht heimisch sind, sondern dass sie in der Frühzeit und im Mittelalter von Menschen gepflanzt wurden, die die Aussicht „verschönern" wollten. Damit kommt auch die Frage auf, was denn eine „natürliche Landschaft" ist. Bereits im dreizehnten Jahrhundert erfahren wir aus einer Notiz des Kaisers Gosaga, dass Kirschbäume aus Yoshino, in der Nähe von Nara, nach Arashiyama gebracht wurden. Siehe *Process Architecture*. Nr. 116. S. 18.

⁵ Nach der Heian-Zeit verschwanden die Gräser aus dem Japanischen Garten. Dies ist zum Teil mit der geringen Größe der späteren Gärten zu erklären, aber auch mit der allgemeinen Vorliebe für immergrüne Gehölze mit skulpturalen Qualitäten, die sich bereits im Mittelalter entwickelt hatten.

⁶ Übersetzung des Autors, nach einer modernen japanischen Transliteration in *Sakuteiki:gendaigo taiyaku to kaisetsu*. Takei, Jiro.

⁷ Umgeschrieben aus *Form, Style, Tradition*. Kato, Shuichi, S. 4.

⁸ Diese Übersetzung ist entnommen aus *This Moment: A Collection of Haiku* von Margaret Chula, von der letzten Seite des Buches.

⁹ Aufzeichnungen des Mönches Nanbō (*Nanbō roku*). Itsuzu, Toshihiko und Toyo. *Theory of Beauty in the Classical Aesthetics of Japan*. S. 136–158.

Fussnoten

GESTALTUNGSTECHNIKEN, SEITE 129

[1] Der Eingang zu einem Japanische Garten kann ganz konkret sein, wie in den weiträumigen Wandelgärten oder in den winzig kleinen Teegärten, aber der Zugang kann auch eine rein geistige Übung sein wie zum Beispiel bei den Kontemplationsgärten.

[2] Neben den ästhetischen Gründen, ein zentriertes Arrangement zu vermeiden, gibt es auch eine Regel, die es verbietet, einen einzelnen Baum in die Mitte eines Hofes zu pflanzen, denn das stellt bildlich das chinesische Schriftzeichen für Kummer, *komaru*, dar – es wird als Baum in einer Kiste geschrieben. Aus ähnlichen Gründen wird ein *bonsai* nie in die Mitte eines Topfes gepflanzt.

[3] Die Kunst des Blumenarrangements hat ihren Ursprung in den Opfergaben vor den buddhistischen Altären. Auch hier gab es drei Komponenten (*mitsu-gusoku*), nämlich eine Räucherpfanne, einen Kerzenhalter und eine Blumenvase.

[4] Manchmal beinhaltet die sensorische Qualität der Gestaltung eine symbolische Botschaft, selbst in solchen Fällen, wo die zugrunde liegende Philosophie nicht bekannt ist. So ist zum Beispiel der geharkte Sand in den Gärten der Zen-Tempel für alle ein deutliches Zeichen für Kargheit und Reinheit, selbst wenn man von dem Prinzip der Leere (*mu*) des Zen-Buddhismus nichts weiß.

[5] Der erste uns bekannte Berater war ein Hohepriester der Sung-Dynastie in China, der das Konzept des *jikkyō* bei dem Tempel Higashiyama Kennin-ji in Kyoto während der Muromachi-Zeit einführte. *Process Architecture*. Nr. 116. S. 20.

[6] *Shakkei* wurde in die Wandelgärten der Edo-Zeit mit einbezogen. Der Betrachter erlebte eine Landschaftsszene von mehreren Aussichtspunkten aus, deren Wirkung jeweils zu einem eigenen shakkei wurde.

[7] Das Gegenteil zu *mitate-mono* ist *sōsaku-mono*, etwas, das speziell für die Verwendung im Garten entworfen wurde.

[8] Eine detaillierte Beschreibung zahlreicher unterschiedlicher Arten von chōzubachi (auf englisch und japanisch), vergleiche: Yoshikawa, Isao. *Chōzubachi; teienbi no zōkei*, graphischer Teil.

[9] Eine besonders bekannte Ausdrucksform für *michiyuki* im Kabuki-Theater, ist die Prozession eines jungen Liebespaares, das der Welt entsagt hat und zum doppelten Selbstmord (*shinjū*) bereit ist. Sie werden durch den langen Eingangsweg (*hanamichi*) auf die Bühne geführt.

[10] Neuerdings sind Dekorationstücke für den Garten, wie Laternen und Trittsteine, industriell gefertigte Massenprodukte, die für den Handel bestimmt sind. Deshalb gibt es viele fast identische Stücke, deren Wert demzufolge auch gering ist.

GESTALTUNGSELEMENTE, SEITE 145

[1] Eine vollständige Beschreibung der verschiedenen, hier genannten Steine. Vergleiche: *Secret Teachings in the Art of Japanese Gardens* von Slawson, David.

[2] Der Shumisen ist eindeutig ein buddhistisches/hinduistisches Bild; Hōrai hat seinen Ursprung in alten chinesischen Legenden und ist nicht so leicht einzuordnen.

[3] Ohashi, Haruzō und Saito, Tadakazu. *Nihon teien kanshō jiten*. S. 146.

[4] Der skulpturale Formschnitt wurde sicherlich unterstützt durch die Fortschritte in der Technik der Metallbearbeitung, durch die bessere Gartengeräte entwickelt werden konnten. Es ist wahrscheinlich, dass in der Muromachi-Zeit Scheren aus Metall von den Bonsai- und Ikebanakünstlern aber auch von den Gärtnern verwendet wurden. Hido, Norio. *Teien shokusai rekishi (muromachi jidai no shokusai) – nihon bijutsu kogei*.

[5] Es gibt ein geflügeltes Wort bei japanischen Gärtnern: „Der Dumme beschneidet den Kirschbaum, aber nicht den Pflaumenbaum." (*sakura kiru baka, ume kiran baka*).

[6] Im Noh-Theater ist der Spiegelraum (*kagami-no-ma*) – dort setzt der Darsteller seine Maske auf und denkt sich in seine Rolle hinein – mit der Bühne (*butai*) über eine Brücke oder einen Steg, *hashi-gakari* genannt, verbunden. Die Eingänge zu den Zen-Tempeln wurden häufig mit einer Brücke markiert, die über einen Teich (*han-chi*) führte und die Schwelle zwischen der „äußeren Welt" und der Welt des Tempels symbolisierte. Auch in der prototypischen Architektur der Schreine war der Eingang zum Schrein mit dem Erdboden durch eine lange Holztreppe verbunden, die Brücke (*hashi*) oder Leiter (*kake-hashi*) genannt wird.

[7] Aus Gründen der Korrektheit sollte an dieser Stelle gesagt werden, dass es einige Freiraumskulpturen aus der Zeit vor der Heian-Epoche gibt. Hierzu gehört eine bildhauerische, in Stein gearbeitete Darstellung des Berges Shumisen. Diese Skulptur ist zugleich ein Brunnen, und das Wasser konnte in die vier Himmelsrichtungen geleitet werden, – eine Referenz auf die Legenden über den Berg Shumisen, die besagen, das vier Flüsse auf ihm entspringen und in die vier Himmelsrichtungen fließen.

Es gibt noch eine Reihe anderer Gartenskulpturen aus dieser alten Zeit, die eindeutig nicht-japanischen Ursprungs sind und das männliche Element darstellen. Die Gestalter dieser Skulpturen, sowohl der Figuren als auch der Darstellung des Berges Shumisen, waren höchstwahrscheinlich ausländische Handwerker.

[8] Zäune, die zur Raumtrennung gestaltet werden, heißen *shahei-gaki*. Zäune, die nur als „Teil-Wände" dienen, werden als *sukashi-gaki* bezeichnet – das sind offen gearbeitete Zäune oder Durchblick-Zäune.

[9] Sode bedeutet auf japanisch Ärmel (*gaki* oder *kaki* heißt Zaun). So bezieht sich *sode-gaki* auf die Form dieser kleinen Zäune, die an den Kimonoärmel einer Frau erinnern, wenn sie ihren Arm ausstreckt und die Ärmel dekorativ nach unten fallen.

In diesem shakkei-Garten ersetzt das große geschwungene Dach die übliche Berg-Szenerie. Tiger-Tal, Nishihongan-ji, Kyoto

ZEITTAFEL

JAHR	EPOCHE	JAPANISCHE GÄRTEN	JAPANISCHE KULTUR	WELTGESCHICHTE	WICHTIGE GÄRTEN DER WELT
10000 v.Chr. 300 v.Chr. 300 n.Chr. 400 500 600 700	JŌMON 10000–300 v.Chr. YAYOI 300 v.Chr. n.Chr. 300 KOFUN 300–552 ASUKA 552–710	**Prähistorische Gartenkultur:** ANIMISTISCHE WAHRNEHMUNG DER NATURWELT. DIE AUSÜBUNG RELIGIÖSER RITEN FINDET IN DER NATUR STATT: HEILIGE STEINE UND TEICHE (IWAKURA AND KAMI-IKE)	JÄGER UND SAMMLER. SPÄTE JŌMON-ZEIT: ACKERBAU MIT BRANDRODUNG, FRÜHE SIEDLUNGSFORM MIT STROHGEDECKTEN GRUBEN SCHNELLE ENTWICKLUNG DES WASSER-REISANBAUS. WERKZEUGE AUS BRONZE UND EISEN. AUF DER TÖPFERSCHEIBE GEDREHTE KERAMIKEN. BAU GROSSER GRABHÜGEL. CLANS SIND DIE GRUNDLAGE DER SOZIALEN ORDNUNG; DIE KAISERLICHE FAMILIE ENTSTEHT AUS EINEM SOLCHEN CLAN BUDDHISMUS UND CHINESISCHE KULTUR WIRD NACH JAPAN EINGEFÜHRT	ETWA 3000 V. CHR. ÄGYPTISCHE PHARAOS ETWA 1800 V. CHR. BABYLON ETWA 500 V. CHR.: KONFUZIUS, BUDDHA (SIDDHARTHA GUATAMA) 317-589 N.CHR.: NÖRDLICHE UND SÜDLICHE DYNASTIEN IN CHINA ETWA 500: DARUMA KOMMT NACH CHINA ETWA 600: MOHAMED, GRÜNDUNG DES ISLAM 607–907: T'ANG DYNASTIE	ETWA 3000 V. CHR.: FRÜHE NUTZGÄRTEN IN ÄGYPTEN. ETWA 2000 V. CHR.: STONEHENGE, CARNAC. ASSYRISCHE OBSTGÄRTEN IN MESOPOTAMIEN. ETWA 1000 V. CHR.: KAISERLICHE PARKS IN CHINA. ETWA 600 V. CHR.: PERSISCHE PARADIESGÄRTEN ETWA 200 V. CHR.: RÖMISCHE GÄRTEN ETWA 600 N. CHR.: BYZANTINISCHE GÄRTEN. CHINA: DIE GÄRTEN DER IN DER EINSAMKEIT LEBENDEN PHILOSOPHEN. EUROPA: KLOSTERGÄRTEN.
	NARA 710–794	**Einführung der Gartenkunst aus Korea und China:** GÄRTEN WURDEN VON AUSLÄNDISCHEN HANDWERKERN GESTALTET. VORBILDER WAREN DIE GÄRTEN DES FESTLANDS	ETWA 700: *MAN'YŌSHŪ* UND *DIE CHRONIK JAPANS (NIHONGI)* ENTWICKLUNG DER SHINDEN-ARCHITEKTUR		
800 900 1000 1100	HEIAN 794–1185	**Neue Form:** STIL DES TEICH- UND INSELGARTENS DER SHINDEN-PALÄSTE **Wichtige Einflüsse:** GEOMANTIE (FUSUI) BILDERSYMBOLIK (FUZEI) PARADIESBILDER (Z.B. JŌDŌ) **Gestalter:** ARISTOKRATEN, SHINGON-PRIESTER (ISHI-TATE-SŌ)	ETWA 1000: *DIE GESCHICHTE DES PRINZEN GENJI* MITTE DES 11. JHDS.: *DAS HANDBUCH DER GARTENKUNST (SAKUTEIKI)*	960–1127: NÖRDLICHE SUNG-DYNASTIE 1127–1279: SÜDLICHE SUNG-DYNASTIE	ETWA 800: MAURISCHE GÄRTEN IN SPANIEN ETWA 1000: DURCH MALEREIEN INSPIRIERTE GÄRTEN IN CHINA

JAHR	EPOCHE	JAPANISCHE GÄRTEN	JAPANISCHE KULTUR	WELTGESCHICHTE	WICHTIGE GÄRTEN DER WELT
1200	KAMAKURA 1185–1333	**Neue Form:** TROCKENLANDSCHAFTSGARTEN DER ZEN-TEMPEL UND DER PALÄSTE DER SAMURAI	FRÜHES 13. JHD.: ZEN-BUDDHISMUS GELANGT AUS CHINA NACH JAPAN ENTWICKLUNG DER STÄDTE IM UMFELD DER BURGEN	1274: EINFALL DER MONGOLEN NACH CHINA	13. JHD.: ITALIEN: FRÜHE BOTANISCHE GÄRTEN. NORDAMERIKA: KULTISCHE ERDGESTALTUNGEN (SCHLANGENHÜGEL)
1300	MUROMACHI 1333–1568	**Wichtigste Einflüsse:** KULTUR DER CHINESISCHEN LITERATEN. CH'AN/ZEN BUDDHISMUS.	ETWA 1300: TUSCHEMALEREIEN WERDEN IN JAPAN POPULÄR	ETWA 1300: AUFSTIEG DES OSMANISCHEN REICHES	
1400		**Gestalter:** ZEN PRIESTER (*ISHI-TATE-SŌ*) LEUTE VOM FLUSSUFER (*KAWARAMONO*)	SPÄTES 14. JHD.: ARCHITEKTUR IM SHOIN-STIL MITTE 15. JHD.: GARTENTEXT (*Senzui narabini yagyō no zu*)	1368–1644: MING-DYNASTIE	
1500				ETWA 1500: ERFORSCHUNG DER WELT VON EUROPA AUS; ITALIENISCHE RENAISSANCE	16. JHD.: INDIEN: WASSER-GÄRTEN DER MOGULZEIT. ENGLAND: KNOTENGÄRTEN. ITALIEN: VILLENGÄRTEN DER RENAISSANCE
1600	MOMOYAMA 1568–1600 EDO 1600–1868	**Neue Form:** TEEGARTEN WANDELGARTEN MACHIYA-TSUBO GARTEN **Wichtigster Einfluß:** TEEZEREMONIE **Gestalter:** TEE-MEISTER (*CHA-NO-YUSHA*) BERUFSGÄRTNER (*UEKI-YA*)	ENTWICKLUNG DER WABI TEE-ZEREMONIE ENTWICKLUNG DER *MACHIYA*-ARCHITEKTUR KABUKI-THEATER HOLZSCHNITTE (*UKIYO-E*) SYSTEM DER GROSSMEISTER (*IEMOTO*) WEG DES TEES (*SADŌ, CHADŌ*) WEG DER BLUME (*KADO*) WEG DES SCHWERTES (*KENDO*) WEG DES BOGENS (*KYUDŌ*) USW.	1600: BAROCKZEIT IN EUROPA; KOLONISIERUNG VON NORDAMERIKA SPÄTES 18. JHD.: FRANZÖSISCHE UND AMERIKANISCHE REVOLUTION MITTE DES 19. JHDS.: INDUSTRIELLE REVOLUTION	17. JHD.: PORTUGAL: GÄRTEN MIT WASSERBECKEN MITTE DES 17. JHDS.: INDIEN: HÖHEPUNKT DER MOGULGÄRTEN FRANKREICH: BELVEDERE-GÄRTEN 18. JHD.: ENGLAND: LANDSCHAFTSGÄRTEN MITTE DES 19. JHDS.: IN EUROPA UND AMERIKA ÖFFENTLICHE ARBORENTEN UND PARKS
1700					
1800					
1900	ZEITALTER DER MODERNE: MEIJI: 1868–1912 TAISHO: 1912–1926 SHOWA: 1926–1989 HEISEI: SEIT 1989	**Wichtigster Einfluß:** EUROPÄISCHE GÄRTEN **Gestalter:** PROFESSIONELLE GÄRTNER (*NIWA-SHI*) VIELE WANDELGÄRTEN WERDEN ZU ÖFFENTLICHEN PARKS (ETWA 1870)	EINFLUSS DES WESTENS AUF JAPAN	COMPUTERREVOLUTION	20. JHD.: DER BERUFSSTAND DES GARTEN- UND LANDSCHAFTSARCHITEKTEN WIRD FORMELL ANERKANNT

Im Text genannte Pflanzen

DEUTSCH	JAPANISCH	BOTANISCHER NAME
Immergrüne Gehölze		
Blau-Eiche	*arakashi*	Quercus glauca
Gagelstrauch	*yamamomo*	Myrica rubra
Japanische Hemlocktanne	*tsuga*	Tsuga sieboldii
Japanische Kiefer	*akamatsu*	Pinus densiflora
Japanische Schwarz-Kiefer	*kuromatsu*	Pinus thunbergii
Japanische Tanne	*momi*	Abies firma
Japanische Weiß-Eiche	*shirakashi*	Quercus myrsinaefolia
Japanische Weiß-Kiefer	*goyōmatsu*	Pinus pentaphylla
Mandarine	*tachibana*	Citrus tachibana
Laubabwerfende Gehölze		
Kirsche	*sakura*	Prunus spp.
Chinesische Birne	*nashi*	Pyrus pyrifolia
Japanischer Ahorn	*momiji, kaede*	Acer palmatum
Japanische Aprikose	*ume*	Prunus mume
Japanische Magnolie	*kobushi*	Magnolia kobus
Japanischer Zürgelbaum	*enoki*	Celtis sinensis var. jap.
Magnolie	*mokuren*	Magnolia liliflora
Pfirsich	*momo*	Prunus persica
Weide	*shidare yanagi*	Salix babylonica
Immergrüne Sträucher		
Azalee	*tsutsuji, satsuki*	Rhododendron indicum
Kamelie	*tsubaki*	Camellia japonica
Gardenie	*kuchinashi*	Gardenia jasminoides
Jap. Gelbholz	*sanshō*	Zanthoxylum piperitum
Seidelbast	*jinchoge*	Daphne odora
Duftblüte	*kinmokusei*	Osmanthus fragrans
Laubabwerfende Sträucher		
Buschklee	*hagi*	Lespedeza bicolor
Japanische Deutzie	*unohana, utsuki*	Deutzia crenata
Japanische Zaubernuß	*mansaku*	Hamamelis japonica
Japanische Kerrie	*yamabuki*	Kerria japonica
Stauden		
Haselwurz	*aoi*	Asarum subspec.
Japanische Ballonblume	*kikyō*	Platycodon grandiflorum
Chrysantheme	*kiku*	Dendranthema subspec.
Prachtnelke	*nadeshiko*	Dianthus superbus
Japanische Iris	*ayame, kakitsubata*	Iris subspec.
Chinaschilf	*susuki*	Miscanthus sinensis
Indische Lotusblume	*hasu*	Nelumbo nucifera
Andere Pflanzen		
Bambus	*take*	Phyllostachys subspec.
Zedermoos	*sugi koke*	Pogonatum subspec.
Japanische Glyzine	*fuji*	Wisteria floribunda

Bezüglich einer vollständigen Liste von Japanischen Gartenpflanzen werden folgende Werke empfohlen: Richard & Kaneko, *Japanische Pflanzen* (Japanische, Englische und botanische Namen). *Zoengaku yogoshu, Yokendo* (Japanische, Englische und botanische Namen).

GLOSSAR

( ) = chinesische Schriftzeichen
unterstrichen = im Glossar aufgeführt

aida (間) Ein Intervall, ein Zwischenraum zwischen zwei Dingen. Eine der Ausspachversionen des Schriftzeichens ma.

ama-kudaru-kami (天下る神) Götter die von oben, vom Himmel oder den Berggipfeln, kommen. Der Lehre zufolge ist dies eine der beiden alten Gottheiten der <u>tōrai-kami</u>.

Amida (阿弥陀) Amitabha Buddha; eine der zahlreichen Inkarnationen des Buddha, Wächter des Westlichen Paradieses (<u>jōdo</u>) in das die reinen Seelen hineingeboren werden können.

asobi (遊び) Verspieltheit; ein Begriff der Ästhetik aus der Edo-Zeit.

awaré (哀れ) Ein intensives emotionales Gefühl, das man angesichts von Schönheit empfindet, besonders, wenn es sich um eine subtile, flüchtige Schönheit handelt oder angesichts der dem Leben an sich innewohnenden Traurigkeit; ein Begriff der Ästhetik aus der Heian-Zeit.

bakufu (幕府) Militärregierung im Mittelalter; wörtlich Vorhang-Regierung: Damit wird auf die Sitte Bezug genommen, einen Bereich eines Militärlagers mit langen, mannshohen Stoffvorhängen abzutrennen, der als Versammlungsort der höheren Offiziersränge diente.

bō (坊) Die großen, in Nord-Süd-Richtung verlaufenden Unterteilungen auf dem ursprünglichen Rastergrundriss der Hauptstadt Heian.

bonsai (盆栽) Ein zwergwüchsig erzogenes Gehölz, das in eine flache Schale gepflanzt ist. Diese Praktik wurde im frühen Mittelalter von China nach Japan eingeführt.

bonseki (盆石) Eine Miniaturlandschaft, die auf einem Tablett gestaltet ist, ähnlich den <u>bonsai.</u> Hier wird mit Steinen eine Landschaftsszene komponiert.

buke-yashiki (武家屋敷) Der Palast eines Kriegers; dieser Architekturstil entwickelte sich im Mittelalter als Folge früherer Adelspaläste (<u>shinden</u>).

bushi (武士) Ein Krieger, ein <u>samurai</u>; in der Edo-Zeit Bezeichnung für eine bestimmte soziale Gesellschaftsschicht.

bushidō (武士道) Der Weg eines Kriegers; eine soziale Institution, die sich während der Edo-Zeit entwickelte und die besonderen Wert auf das Rittertum und den Gehorsam gegenüber den Vorgesetzten legte.

cha-ji (茶事) Eine Zusammenkunft, normalerweise mit wenigen Gästen, zu einer kunstvollen Tee-Zeremonie. Dabei werden geschlagener grüner Tee (<u>koi-cha</u>, dicker Tee und <u>usu-cha</u>, dünner Tee) eine Mahlzeit (*kaiseki*) und Süßigkeiten verzehrt. Außerdem werden verschiedene Kunstgegenstände betrachtet.

cha-kai (茶会) Eine Zusammenkunft, häufig mit zahlreichen Gästen, zu einer einfachen Tee-Zermonie, bei der geschlagener grüner Tee (<u>usu-cha</u>, dünner Tee) und Süßigkeiten verzehrt und verschiedene Kunstgegenstände betrachtet werden.

cha-no-yu (茶の湯) Der korrekte Ausdruck für die „Tee-Zeremonie"; wörtlich „heißes Wasser für Tee"; der Begriff zeigt deutlich das Understatement, das der Welt des Tees eigen ist.

cha-no-yusha (茶の湯者) Ein Meister der Tee-Zeremonie; jemand, der die ästhetischen Vorstellungen und den Geschmack, die von der <u>cha-no-yu</u> gefördert werden, beherrscht.

chadō (茶道) Der Weg des Tees; siehe <u>cha-no-yu</u>.

chigai-dana (違い棚) Versetzt angeordnete Regalborde, die im Teeraum neben dem *tokonoma* befestigt sind und auf denen Kunstgegenstände arrangiert sind.

chiriana (塵穴) Eine kleine Abfallgrube im Teegarten (<u>roji</u>); ursprünglich wurden hier Gartenabfälle zwischengelagert; in der <u>cha-no-yu</u> symbolisiert sie die Vorbereitungen, die der Gastgeber für seine Gäste getroffen hat.

chisen-shūjū-teien (池泉周遊庭園) Teichgärten der Heian-Zeit; wörtlich: „Seetour-Gärten".

chi-wari (地割) Eine frühe Bezeichnung für Gartengestaltung, möglicherweise aus der Edo-Zeit; wörtlich „den Boden untergliedern".

chō (町) Ein Teil im Rasterplan der Hauptstadt Heian; ein chō (120 x120 Meter) war die Grundstücksgröße, die normalerweise für den Palast eines Aristokraten zugewiesen wurde (<u>shinden</u>).

chōjō (重畳) Verschiedene Schichtungen in einem Garten; sensorische Erfahrungen oder malerische Ausblicke, die sich schichtenweise im Raum aufbauen.

chōnin (町人) Seit dem Mittelalter verwendete Bezeichnung für Städter; bezieht sich insbesondere auf Handwerker und Kaufleute.

chōzubachi (手水鉢) Ein Wasserbassin; manchmal Teil eines <u>tsukubai</u>-Arrangements; ursprünglich nur zum Händewaschen (nach dem Gang zur Toilette) gedacht; als Symbol der geistigen Reinigung ist es Teil des Teegartens.

chū-mon (中門) Das mittlere Tor; ein einfaches Tor in der Mitte des Teegartens (<u>roji</u>), das den inneren vom äußeren Teegarten trennt; durchschreitet man das mittlere Tor, gerät man symbolisch in ein tieferes Bewußtseinsstadium.

daimyō (大名) Ein Feudalherr; während des frühen Mittelalters waren die daimyō Kriegsherren, die ihre Ländereien durch militärische Eroberungen erlangten und erhielten; während der Edo-Zeit standen sie an der Spitze einer streng gegliederten Klassenstrukur und bauten viele große Wandelgärten.

Dharma (Sanskrit) Gesamte Lehre Buddhas oder das wahre Wesen des Lebens; es gehört zu den wichtigsten Zielen des Buddhismus, das Dharma zu verstehen.

dhyana (Sanskrit) Meditation; Zentrum des religiösen Lebens im Buddhismus.

dō (道) Ein „Weg", eine Denkschule; ein Begriff der Edo-Zeit, als zahlreiche, bereits existierende Künste, sowohl Kriegskunst als auch die schönen Künste, nach einem Kodex gegliedert und in ein strenges hierarchisches System eingebunden wurden.

dōbōshū (同朋衆) Künstlerische Berater; häufig Laienpriester der buddhistischen Ji-Sekte; dienten den mittelalterlichen daimyō als Berater in Geschmacksfragen.

domin (土民) Leibeigene in der Heian-Zeit; sie verrichteten die Erdarbeiten und waren oft die eigentlichen Erbauer der Gärten.

Edo (江戸) Der ehemalige Name für Tokio; Sitz der Militärregierung von 1600 bis 1868.

eki (易) Weissagung; auf chinesisch *yi*; der veränderliche Zustand der Dinge und das Zusammenspiel von positiven und negativen Aspekten in der Natur; siehe Geomantie.

Fujiwara-kyō (藤原京) Japans Hauptstadt von 694 bis 710; die erste große Hauptstadt, die in Japan gebaut wurde; dem Vorbild der chinesischen Hauptstadt Chang'an folgend, war sie auf einem Raster angelegt und hatte breite Avenuen.

fukan-bi (俯瞰美) Vogelperspektive; in der Gartenplanung dient sie dazu, die Strukturen des Grundrisses (*chi-wari*) besser zu veranschaulichen.

fūsui (風水) Geomantie, wörtlich: Wind-Wasser.

fuzei (風情) Geschmack, Sensibilität gegenüber der Gestaltung; ein Begriff, der insbesondere in der Heian-Zeit auf die Gartengestaltung angewandt wurde; er wird mit den Schriftzeichen für Wind und Emotion geschrieben; fuzei ist eine emotionale Antwort auf die Natur.

genkan (玄関) Eingangshalle; in Nachfolge der höckergiebligen Kutschenvorfahrt (*karahafu*), die man in den frühen Palästen der samurai fand.

Geomantie. Eine Theorie über den Aufbau des Universums; Ursprung China; gründet sich auf den gegensätzlichen und zugleich sich ergänzenden Prinzipien von *in*, der negativen, passiven Kraft und *yō*, der positiven, aktiven Kraft und ihrer Auswirkungen auf die fünf Grundelemente: Holz, Feuer, Erde, Metall (Gold) und Wasser; eine pseudophysikalische Wissenschaft, die sich auf Aspekte der Klimatologie, der Ökologie und der Geophysik (z. B. den Magnetismus) beruft; wird bei der Stadtplanung, bei der Planung von Gebäuden und Gärten eingesetzt; japanisch: *fūsui*, chinesisch: *feng-shui*.

gōsō (豪壮) Pracht, Üppigkeit; ein Begriff der Ästhetik in der Edo-Zeit mit chinesischem Unterton.

gyoen (御苑) Ein kaiserlicher Garten.

haha-guni (姙国) Das Land der Vorväter; wörtlich: das Mutterland; bezieht sich auf eine mythische Insel jenseits des Ozeans; die Wohnstatt der alten Gottheiten.

hana-mi (花見) Blumen betrachten; bezieht sich normalerweise auf das alljährlich wiederkehrende Schauspiel der Betrachtung der Kirschblüte.

hanchi (泮池, 畔池) Teich im Eingangsbereich der Zen-Tempel; symbolisiert die Schwelle zwischen dem heiligen Innenraum und dem profanen Außenraum.

hashi (橋) Brücke; Homonym für Rand, Kante; mit Brücken werden zwei Ränder verbunden – die gegenüberliegenden Ufer eines Flusses oder „Diesseits" und „Jenseits".

hatsu-hana (初花) Die ersten Blüten des Jahres; bezieht sich nicht auf richtige Blüten, sondern die Schneehäubchen auf den Ästen der laubabwerfenden Bäume im Spätwinter.

Heian-kyō (平安京) Der Sitz des Kaiserhauses von 794 bis 1868; seit dem Mittelalter unter dem Namen Kyoto bekannt; Heian-kyō war die größte der alten Hauptstädte, die nach dem Vorbild der chinesischen Hauptstadt Chang'an (長安) gebaut wurden.

henushi (戸主) Die kleinste Einheit im Rasterplan von Heian-kyō; etwa 15 x 30 Meter; Grundstücksgröße, die einem Bürgerlichen bewilligt wurde.

himorogi (神籬) Eine den Göttern dargebrachte Gabe, ursprünglich Fleisch, neuerdings Reis oder Saké.

hira-niwa (平庭) Ein ebener Garten, in dem keine künstlichen Berge gestaltet wurden (*tsuki-yama*).

hō (保) Die größte Einheit im Rasterplan der Hauptstadt Heian, unterteilt in vier *chō*.

hōjō (方丈) Wohnung des obersten Abtes innerhalb des Tempels; wird häufig als „Zehn-Fuß-im-Quadrat-Hütte" übersetzt, ein jō ist

Glossar

etwa 3 Meter lang, so ist also ein hōjō, das ist ein jō im Quadrat, etwa neun Quadratmeter groß.

honcha (本茶) „Wahrer" Tee; Tee der von der Originalteesorte hergestellt wird, die im späten 12. Jhd. von dem buddhistischen Priester Eisai von China nach Japan gebracht wurde.

Hōrai (蓬莱) Mythischer Berg aus dem chinesischen Legendenschatz; man glaubte, dass er die Wohnstätte der Unsterblichen war. Nachbildungen des Berges Hōrai wurden in den Gärten gebaut, um die Unsterblichen anzulocken, die durch ihren Besuch dem gesamten Haus und seinen Bewohnern Langlebigkeit bescheren sollten.

ike (池) Teich; einer der frühesten Begriffe, die in der Bedeutung von Garten verwendet wurden.

iki (粋) Chic, ein Begriff der Schönheitslehre der Edo-Zeit.

ishi (石) Fels.

ishi-datami (石畳) Eine Art des Pflasterbelages, bei dem verschiedenartige Steine mit glatter Oberfläche in einem rechteckigen Band angeordnet werden; wörtlich: Stein-*tatami.*

ishi-tate-sō (石立て僧) Priester, die als Gartengestalter tätig waren, ursprünglich wurde dieser Ausdruck während der Heian-Zeit in Bezug auf die Priester der Shingon-Sekte verwendet (besonders diejenigen, die zum Ninnaji-Tempel in Kyoto gehörten); später, im Mittelalter, wurde dieser Begriff allgemein auf die Priester der Zen-Sekte angewandt.

ishi-wo-tatsu (石を立つ) Das Bauen von Gärten; wörtlich: Steine aufrecht setzen; ein Begriff, der seinen Ursprung in der Heian-Periode hat, oder sogar früher.

iwa (岩) Felsblock.

iwakura (磐座, 岩座) Felsblöcke, die seit der Frühzeit als Gebetsstätten benutzt wurden; es wird gesagt, dass den iwakura eine Gottheit (*kami*) innewohnt oder dass über sie eine Verbindung zur Götterwelt herzustellen ist.

iwasaka (磐境) Eine Form der heiligen Felsblöcke, ähnlich den *iwakura*; Zwillingsfelsen, die an das weibliche Geschlechtsteil erinnern; einer Theorie zufolge sind die iwakura ein Ort, wo man zu den alten Gottheiten betet bei den *iwasaka* betet man um Nachkommenschaft.

izumidono (泉殿) Quellpavillon; wurde in den Garten der *shinden*-Paläste der Heian-Zeit gebaut.

jiban (地盤) Boden, Grundriss.

jikkyō (十境) Zehn Bereiche, zehn Grenzen, zehn Landmarken in der Umgebung eines Tempels, denen Namen mit einer bestimmten Bedeutung in der buddhistischen Religion gegeben wird, und sie dadurch in den erweiterten Gesamtplan des Tempels einbezogen werden.

jiriki (自力) Selbsthilfe / Stärke; ein Prinzip des Zen-Buddhismus, demzufolge Erleuchtung durch eigene Anstrengung möglich ist, zum Beispiel durch Ausdauer bei der Meditation; siehe *tariki*.

jō (条) Die großen, in ost-westlicher Richtung verlaufenden Achsen des ursprünglichen Rasterplans der Hauptstadt Heian.

jōdo (浄土) Das Reine Land; ein im Amida Buddhismus beschriebener Himmel; eigentlich *saihō-gokuraku-jōdo* (西方極楽浄土), das paradiesische Reine Land im Westen.

jōdo-teien (浄土庭園) Ein Garten im Reinen Land; ein Gartenstil der Heian-Zeit, in dem das Reine Land (*jōdo*) des *Amida* Buddha nachgebildet wurde; jōdo wurde ursprünglich als Insel in einem Teich dargestellt, die über eine Brücke mit dem Ufer verbunden war, das die Möglichkeit des Heils und der Erlösung andeutete.

jōka machi (城下町) Städte, die sich um die Burgen ansiedelten, eine Entwicklung des Mittelalters.

kaiyū-shiki-teien (回遊式庭園) Ein Wandelgarten; ein Gartenstil, der sich in der Edo-Zeit auf den großen Landgütern der daimyō entwickelte; in den Gesamtplan wurde eine Reihe von „Szenerien" eingebaut, die sich während des Spaziergehens auf einem gewundenen Pfad nacheinander erschlossen.

kake-kotoba (掛詞) Ein Wortspiel; eine literarische Technik, die besonders in der Dichtkunst der Heian-Zeit weit verbreitet war; Bilder, die bei diesen Wortspielen zum Standard gehörten – häufig Bilder aus der Natur – wurden auch bei der Gartengestaltung als Motive benutzt.

kami (神) Gottheit, Geist.

kami-ike (神池) Teiche, die in alter Zeit als Gebetsstätten benutzt wurden; Inseln, die als Darstellung des *haha-guni* oder des Landes der Vorväter in Teiche gebaut wurden, waren Gegenstand der Verehrung; andere Aussprache: *shinchi*.

kanshō-niwa (観賞庭) Kontemplationsgarten; eine Gartenform; die sich im Mittelalter entwickelte; die Absicht war, ihn nicht zu betreten, sondern von den Räumen des angrenzenden Gebäudes aus zu betrachten.

kare-san-sui (枯山水) Wörtlich: Trockener-Berg-Wasser-Garten, in diesem Gartenstil werden mit Hilfe von Sand, Stein und manchmal einer sparsamen Bepflanzung Berge und Wasser dargestellt. Man findet den Begriff in den Gartentexten der Heian-Zeit, aber kare-san-sui-Gärten werden üblicherweise mit den buddhistischen Zen-Tempeln der Muromachi-Zeit in Verbindung gebracht.

kare-taki (枯れ滝) Trockener Wasserfall. Siehe *ryū-mon-baku*.

karei (華麗) Herrlich, phantastisch; ein Begriff der Ästhetik in der Edo-Zeit.

kari-niwa (狩庭) Jagdrevier.

kawara-mono (河原者) Ein abschätziger Begriff für eine untere Gesellschaftsklasse in Japan, der unangenehme Arbeiten, wie Schlachten, Gerben und grobe Bauarbeiten zugewiesen wurden; wörtlich die Leute vom Flussufer; siehe *senzui-kawara-mono*.

kekkai (結界) Ein heiliger Bezirk; bevor sich eine religiöse Architektur entwickelte, wurden in alter Zeit *kekkai* als Gebetsorte benutzt.

ken (間) Ein modulares Grundmaß, das in der japanischen Architektur verwendet wurde; ungefähr 1,80 Meter.

ki (気) Lebensenergie (auch Geist; Verstand, Seele); der östlichen Medizin und Geophysik entsprechend, ist alle Materie von ki durchdrungen; das Studium und die Lenkung von ki war ein zentrales Anliegen der *Geomantie*.

kimochi-ga-yoi (気持ちが良い) Angenehm, bequem; ein Begriff der Schönheitslehre der Edo-Zeit.

kimon (鬼門) In der *Geomantie* ist dies der nordöstliche Quadrant; die Himmelsrichtung, aus der das Böse (das negative *ki*) am ehesten Einzug nehmen kann.

kirei (綺麗) Schön; ein Begriff der Schönheitslehre der Edo-Zeit.

kōan (公案) Eine rätselhafte Aussage; von einem Zen-Meister seinem Schüler vorgehalten, das Nachsinnen über kōan soll das dualistische Denken aufbrechen und zur Selbstverwirklichung führen.

koi-cha (濃い茶) Dicker grüner Tee; pulverisierter grüner Tee, der mit heißem Wasser geschlagen wird, bis er eine cremige Konsistenz bekommt.

koshi-kake-machiai (腰掛け待合い) Überdachte Wartebank; in den Teegärten wird sie als Ort für die geistige Vorbereitung benutzt, bevor man das Teehaus betritt.

kū (空) Nichts, Leere (Sanskrit: sunyata); eine Lehre des Zen-Buddhismus.

kūkan (空間) Raum; ein dreidimensionaler leerer Raum.

kyoku-sui (曲水) Ein gewundener Bach; ein Element in manchen Gärten der Heian-Zeit, auch *yarimizu* genannt.

kyoku-sui-no-en (曲水の宴) Das Fest am gewundenen Bach; ein Dichterfest, das in den Gärten der Heian-Zeit gefeiert wurde.

kyaku-shitsu (客室) Gästezimmer; die meisten Gärten bei den Privatpalästen werden mit diesem Raum in Verbindung gebracht.

ma (間) Raum; je nach Nutzung kann ma lineare, ebene, volumetrische, zeitliche oder soziale Räume bezeichnen.

machiya (町家) Stadthaus; hölzerne Wohnhäuser unterschiedlicher Stilrichtungen, die innerhalb einer Stadt oder in einem Stadtkern gebaut werden.

makura-kotoba (枕詞) Ein Beiname; wörtlich: Kopfkissenwort; eine in der Dichtung der Heian-Zeit übliche literarische Technik.

mappō (末法) Die Spätzeit des buddhistischen Gesetzes; ein degeneriertes Zeitalter.

masago (真砂) Grobkörniger Sand aus verwittertem Granit.

matsu (松) Kiefer.

michiyuki (道行) Entwicklung durch Raum und / oder Zeit; Bewegung durch die unterschiedlichen „Schichten" eines Gartens. Die Bewegung eines Kabuki-Schauspielers durch den Raum, mit der die zeitliche Entwicklung der Geschichte zum Ausdruck gebracht wird.

mitate (見立て) Die Neunutzung alter Gegenstände im Garten; ursprünglich mit dem Teegarten in Verbindung gebracht, *mitate-mono* = wiederverwertete Gegenstände.

miyabi (雅び) Elegant, raffiniert, vornehm; ein Begriff der Schönheitslehre, den man mit der Aristokratie der Heian-Zeit in Verbindung setzt.

mizu (水) Wasser.

mono-no-awaré (物の哀れ) Eine Empfindsamkeit für das Schöne, das man im Pathos oder der Vergänglichkeit des Lebens findet; ein Begriff der Schönheitslehre, den man mit der Aristokratie der Heian-Zeit in Verbindung setzt.

mu (無) Nichts, Leere; eine Lehre des Zen-Buddhismus.

mujō (無常) Vergänglichkeit, Kurzlebigkeit, Veränderlichkeit; wird in der emotionalen Empfindung mujō-kan ausgedrückt.

naka-jima (中島) Die zentrale Insel in einem Teichgarten; häufig die Darstellung des Jenseits, wie zum Beispiel *jōdo*, das Reine Land des *Amida* Buddha; sie wurde auch als Bühne für Musiker benutzt.

nantei (南庭) Der offene, ebene Bereich unmittelbar südlich eines *shinden*-Palastes; wörtlich: südlicher Garten; aus formalen Gründen und wegen der einfachen Nutzungsmöglichkeiten mit Sand bedeckt; wurde für Veranstaltungen und Treffen genutzt.

nijiri-guchi (躙口) Die kleine Tür in einem Teehaus, die als Eingang für die Gäste dient; von dem Verb *nijiru*, sich vorsichtig auf etwas zubewegen.

Glossar

niwa (庭) Garten; in alter Zeit beinhaltete dieser Begriff die Bedeutung von Bezirk oder von einem Ort, an dem Veranstaltungen stattfanden.

niwa-ki (庭木) Gartenpflanzen; nimmt Bezug auf ein begrenztes Sortiment von Pflanzen, die in der Gartenkunst verwendet wurden, siehe *zōki*.

niwa-saki (庭先) Garten.

niwa-shi (庭師) Gärtner; dieser Begriff wurde in der Meji-Zeit geprägt und bezieht sich auf professionelle Gärtner.

nobe-dan (延段) Ein bestimmter Pflastertyp; enthält unterschiedliche Steine mit flacher Oberfläche, die in einem langen Band angeordnet werden.

nōson fūkei (農村風景) Eine Weide- oder Ackerlandschaft, die als Teil des Gesamtplans in die großen Wandelgärten der Edo-Zeit einbezogen wurden.

omoteya-zukuri (表屋造り) Eine Form der städtischen Architektur, die sich im späten Mittelalter und der frühen Edo-Zeit entwickelte; das Gebäude war ein in die Tiefe des Grundstücks gebautes, schmales Wohnhaus, der zur Straßenfront gelegene Teil war ein Ladengeschäft (*omote-ya*), im rückwärtigen Bereich schlossen sich die Wohnbereiche der Großfamilie an. Hier lebten die verschiedenen Generationen zusammen.

on-yō-ryō (陰陽寮) Die Behörde für Yin und Yang (auf japanisch *on-yō* oder *in-yō*), die in der alten Hauptstadt *Heian-kyō* eingerichtet wurde und die für die Angelegenheiten der geomantischen Weissagungen verantwortlich war.

ri-gyo-seki (鯉魚石) Ein Karpfen-Stein; Teil eines Wasserfall-Arrangements (*ryū-mon-baku*).

rittai-bi (立体美) Skulpturale oder dreidimensionale Schönheit; Gegensatz zu ebener Schönheit; wird ausgedrückt durch Felsblöcke und dichtgepflanzte, beschnittene Pflanzen.

roji (露地) Ein Teegarten; wörtlich: Taugrund; aus einem Homonym (路地), das Durchgang bedeutet.

ryū-mon-baku (龍門瀑) Ein Steinarrangement, das wie ein Wasserfall wirken soll, häufig ohne jedes Wasser, beinhaltet chinesische Symbolik und Symbolik des Zen-Buddhismus.

sabi (寂び) Eine verwitterte Patina; eine elegante Einfachheit; eine ästhetische Qualität eines Kunstwerks und von Gerätschaften für die Tee-Zeremonie, die von den Tee-Meistern seit der Momoyama-Zeit geschätzt wird.

sadō (茶道) Der Weg des Tees. Siehe *cha-no-yu*.

saké (酒) Japanischer Reiswein

sakui (作意, 作為) Persönliche Kreativität; wörtlich: etwas zugunsten von etwas machen.

sakuteiki (作庭記) Eine Schrift über die Gartenkunst aus dem 11. Jahrhundert; die Schrift wird Tachibana no Toshitsuna, dem Sohn eines Edelmanns aus der Familie der Fujiwara zugeschrieben.

samurai (侍) Ein Krieger; im frühen Mittelalter ein kämpfender Soldat, später, in der Edo-Zeit, waren die samurai die höchste Klasse innerhalb eines strengen Kastensystems.

sa-niwa (清庭, 斎場, 沙庭) Ein gereinigter Ort, an dem man die Geister anbetete und von ihnen Botschaften empfing.

san-sui (山水) Ein Begriff aus dem frühen Mittelalter, der Garten bedeutet; wörtlich: Berg-Wasser, auch *sen-zui* ausgesprochen.

san-sui-ga (山水画) Eine besondere Art der Tuschemalerei, in der Naturlandschaften dargestellt werden, wörtlich: Berg-Wasser-Malerei.

sanzon-ishi-gumi (三尊石組) Ein in Dreiecksform angeordnetes Arrangement von drei Steinen, das eine buddhistische Trinität darstellt.

sen-tai-shogun (征夷大将軍) Siehe *shōgun*.

sentei (剪定) Garten, ein Begriff, der nicht so sehr in Tokio oder Kyoto, sondern mehr in den Provinzen gebraucht wird; wörtlich: beschneiden.

senzai (前栽) Ein kleiner Garten, der zu den Stadthäusern (*machiya*) in Kyoto gehört.

senzui (山水) Eine andere Aussprache für *sansui*.

senzui-kawara-mono (山水河原者) Im Mittelalter eine gesellschaftliche Gruppierung von Gärtnern, ursprünglich Angehörige der *kawara-mono*-Klasse.

shahei-gaki (遮蔽垣) Ein Zaun, der als Trennwand dient.

shakkei (借景) Geborgte Landschaft; eine Gartentechnik, in der Ausblicke auf eine Landschaft in der Ferne in den Garten als einer seiner Bestandteile einbezogen wird. Die gesamte Szenerie ist wie ein Gemälde komponiert.

sharé (洒落) Modisch; ein Begriff der Schönheitslehre der Edo-Zeit.

shibumi (渋味) Ruhig, düster; eine Geschmacksvorstellung, die mit den *chōnin* der Edo-Zeit assoziiert wird.

shiki (四季) Die vier Jahreszeiten.

shima (島) Insel; einer der frühesten Begriffe mit der Bedeutung „Garten".

shime-nawa (注連縄) Ein Seil aus Reisstroh,

das um einen Bereich gespannt oder um ein Objekt gebunden ist und es dann als geheiligt ausweist.

shin-gyō-sō (真行草) Formal, halbformal, informal; ein Ordnungssystem, das anfangs, im Mittelalter, von den Meistern des Tees zur stilistischen Unterscheidung angewandt wurde.

shinden (寝殿) Die Haupthalle der Adelspaläste in der Heian-Zeit; davon abgeleitet ist der Begriff *shinden-zukuri*, der diesen Architekturstil im allgemeinen bezeichnet.

shi-nō-kō-shō (士農工商) Das gesellschaftliche Kastensystem der Edo-Zeit – Samurai, Bauern, Handwerker, Kaufmann.

shinrin (神林) Ein heiliger Wald; die bewaldete Gegend um einen Schrein herum.

shintō (神道) Einheimische animistische Religion in Japan; wörtlich: der Weg der Götter.

shinzan-yūkoku (深山幽谷) Das Geheimnis der wilden Natur; wörtlich: Hohe Berge, geheimnisvolle Täler; ein Bild, das sich auf buddhistische Zen-Priester und in Einsiedeleien lebende Philosophen bezieht, die den Sinn des Lebens im Naturstudium suchen.

shira-kawa-suna (白川砂) Weißer Sand; das Material, das am meisten mit der Gestaltung von *kare-san-sui* in Bezug gesetzt wird.

shō, chiku, bai (松竹梅) Kiefer, Bambus, Pflaumenbaum; wird als Ordnungssystem beziehungsweise als Werteskala im Sinne von „am besten, hervorragend, gut" verwendet.

shōen (荘園) Ein Anwesen, ein Landgut; speziell Begriff aus der Heian-Zeit, bezeichnet große Ländereien, die im Besitz von Aristokraten oder Tempeln waren.

shōgun (将軍) Ein General oder Befehlshaber; Staatsoberhaupt vom Mittelalter an und während der gesamten Edo-Zeit; eine Abkürzung von *seii-tai-sōgun* – Barbaren unterwerfender Generalissimus.

shoin (書院) Eine Schreibnische; ein architektonisches Detail, das erstmals in den Zen-Tempeln und in den Krieger-Palästen der Muromachi-Zeit eingeführt wurde.

shokusai (植栽) Bepflanzungen.

Shumisen (須弥山, 須彌山) Der zentrale, unbezwingbare Berg der buddhistischen Kosmologie; wird in den Japanischen Gärten durch einen einzelnen, aufrecht stehenden Felsblock dargestellt; eines der ersten religiösen Bilder, das in die Japanischen Gärten integriert wurde.

sōan (草庵) Teehaus; wörtlich: strohgedeckte Hütte; die typische Architektur der wabi-cha Tee-Kultur, die ihren Beginn in der Momoyama-Zeit hatte.

sode-gaki (袖垣) Sichtblendenzaun. Ein kleiner Zaun, der in der Verlängerung eines Gebäudes steht und den Blick begrenzt, wenn man aus einem Raum im Erdgeschoß in den Garten nach linsk oder rechts hinausblickt.

sono (園) Garten; häufig mit einer landwirtschaftlichen Konnotation.

sōsaku-mono (創作物) Ein „gestalteter Gegenstand" z. B. eine Laterne, ein Wasserbassin usw., der speziell für den Gebrauch im Garten entworfen wurde.

soto-mon (外門) Die äußere Pforte eines Teegartens, die den Garten von der äußeren Welt trennt.

soto-roji (外露地) Der äußere Teil des Teegartens.

sui (粋) Weltlich, wissend; ein Begriff der Ästhetik aus der Edo-Zeit.

sukashi-gaki (透かし垣) Durchblickzaun, offener Holzgitterzaun.

suki (数寄) Kunstfertigkeit; eine Begriff der Schönheitslehre der Edo-Zeit.

sukiya (数寄屋) Eine Form der Wohnhausarchitektur, die von dem Understatement und der Natürlichkeit der *sōan*-Architektur beeinflußt ist; in diesem Architekturstil drückt sich der Geschmack des Gestalters in einer Vielzahl eigener Details aus, z. B. Querbalken (*ranma*), Abdeckungen von Nägeln (*kugi-kakushi*) und der Ausstellungsnische (*toko no-ma*).

suna (砂) Sand; siehe *shira-kawa-suna*.

tainoya (対屋) Nebenhallen in einem *shinden*-Palast; an der Ost- oder Westseite der Haupthalle des shinden-Palastes angebaut; die tainoya waren mit den Gartenlauben durch überdachte Korridore verbunden.

tanka (短歌) Japanische Versform mit 31 Silben; allgemein übliche Dichtform der Heian-Zeit.

tanoshimi (楽しみ) Spaß, Verspieltheit; ein Begriff der Schönheitslehre der Edo-Zeit.

tariki (他力) Von außen kommende Hilfe / Errettung; Praxis einiger buddhistischer Sekten, z. B. des *Amida*-Buddhismus, durch Anrufung eines höheren Wesens im Gebet, um Fürsprache zur Rettung der Seele eines Menschen zu bitten; siehe *jiriki*.

tatami (畳) Strohmatte; wird seit dem Mittelalter als Bodenbelag in japanischen Häusern verwendet; eine Matte ist etwa 1,80 x 0,90 Meter groß.

teien (庭園) Gärten, im Sinne von dekorativen Gärten.

tenkei-butsu (添景物) Gartenornament, z. B. Laternen, Brücken und Wasserbassins.

GLOSSAR

teppō-gaki (鉄砲垣) Eine besondere Art Bambuszaun, im Ganzen belassene Bambusstäbe werden in vertikalen Reihen miteinander verbunden und in einen horizontalen Rahmen eingepasst; die regelmäßig angeordneten Pfosten erinnern an Gewehre, *teppō*.

tōcha (闘茶) Teeprobier-Wettbewerb; ein Zeitvertreib der Samuraielite im Mittelalter, Ziel dieses Wettbewerbs war es, den echten Tee (*honcha*) von anderen Teesorten zu unterscheiden. Bei diesen Gelegenheiten wurde auch große Mengen *saké* getrunken.

toko-no-ma (床の間) Eine Nische für die Ausstellung von Kunstgegenständen.

tokoyo-sisō (常世思想) Die Vorstellung von einem Leben nach dem Tod im Paradies, ewiges Leben oder Unsterblichkeit. Die Gestaltung der frühen Japanischen Gärten sollte das Bild einer solchen paradiesischen Welt heraufbeschwören.

tomé (止め) Stille, Ruhe, Unbewegtheit; Bezeichnung für eine Wasseroberfläche im Garten, eine geharkte Sandfläche oder für Steine mit ebener Oberfläche, die so angeordnet sind, dass ihre glatten Seiten eine Ebene bilden.

tōrai-kami (到来神) Jene einheimischen japanischen Gottheiten, von denen man glaubte, dass sie aus einem Land der Vorfahren (*haha-guni*) jenseits des Meeres kommen.

tsū (通) Kennertum, Professionalismus; ein Begriff der Schönheitslehre aus der Edo-Zeit.

tsubo-niwa (坪庭, 壺庭, 経穴庭) Ein winziger, umschlossener Garten, wie man ihn in den Stadthäusern (*machiya*) der Edo-Zeit fand.

tsuki-yama (築山) Ein künstlicher „Berg"; seine Größe variiert von einer einen Meter hohen Erdanhäufung bis zu einem richtigen kleinen Hügel; wird aus Erde gemacht, bei größeren Hügeln werden Felsbrocken als Füllmaterial verwendet und dann mit Erde aufgefüttert.

tsuiji-bei (築地塀) Eine Mauer in Lehmstampfbauweise; die äußeren Verteidigungsmauern der Städte und manchmal auch von Palästen.

tsukubai (蹲踞) Ein Arrangement von Steinen in einem Teegarten, mit einem Wasserbassin zum Reinigen der Hände und des Mundes, bevor man den Teeraum betritt.

tsuridono (釣り殿) Der „Fischerpavillon", wurde in den Gärten der *shinden*-Paläste in der Heian-Zeit gebaut.

ueki-ya (植木屋) Gärtner; die erste soziale Klasse von Berufsgärtnern, bildete sich im späten Mittelalter oder der frühen Edo-Zeit.

usu-cha (薄茶) Dünner grüner Tee; pulverisierter grüner Tee, der mit heißem Wasser schaumig geschlagen wird.

utsukushii (美しい) Schön; ein Begriff der Ästhetik aus der Edo-Zeit.

wabi (侘び) Unterschwellig wirksame Geschmacksvorstellung; ein Begriff der Schönheitslehre, Schönheitsideal der Tee-Kultur der Momoyama-Zeit, wird häufig in dem Ausdruck *wabi-sabi* verwendet, eine Würdigung der Dinge, denen *sabi* innewohnt.

wabi-cha (侘び茶) Die bäuerliche Teezeremonie, die sich in der Momoyama-Zeit entwickelte.

wa-fū (和風) Japanischer Stil.

wa-shin (和心) Japanischer Geist.

yama (山) Berg; einer der frühesten Begriffe mit der Bedeutung Garten.

yarimizu (遣水) Ein Bach im Garten; typisch für die Gärten der *shinden*-Paläste in der Heian-Zeit.

yaza (夜坐) Abend-*zazen*; Meditation angesichts eines Gartens wird häufig mit yaza assoziiert.

yohaku-no-bi (余白の美) Die Schönheit des Einfachen und Kargen; ein Schönheitslehre des Mittelalters, mit dem der ungenannte oder nicht ausgedrückte Teil eines Kunstwerkes gewürdigt wird.

yōjō (余情, 餘情) Spontane künstlerische Wirkung; wird mit der Dichtkunst der Heian-Zeit in Verbindung gebracht.

yūgen (幽玄) Subtile Tiefe, Rätselhaftigkeit; eine Form der Ästhetik im Mittelalter.

yu-niwa (斎庭) Ein gereinigter Bereich, an dem man die Geister anbetet und von ihnen göttliche Botschaften erhält.

zazen (坐禅) Meditation in einer sitzenden Position, wie sie im Zen-Buddhismus praktiziert wird.

zendō (禅堂) Eine Meditationshalle; das Zentrum der gemeinschaftlichen Meditation in der Zen-Sekte; häufig dunkel und nach außen abgeschieden, um ablenkende Einflüsse fernzuhalten.

zōki (雑木) Eine Mischung von verschiedenartigen Bäumen; Pflanzen, die im Bezug mit dem Teegarten stehen; die Bepflanzung mit einer Vielzahl von Pflanzen, die so wirken, als würden sie hier natürlich wachsen, wird einer strengen Auswahl gezüchteter Arten vorgezogen.; siehe *niwa-ki*.

Jōju-in, Kiyomizu-dera, Kyoto

Bibliographie

BÜCHER IN ENGLISCHER SPRACHE

Addiss, Stephen. *The Art of Zen*, New York: Harry Abrams, Inc. Publishers, 1989.

Aston, W.G. *Nihongi: Chronicles of Japan from the Earliest Times to A.D. 697*, Tokyo: Charles E. Tuttle Company, 1972.

Awakawa, Yasuichi. *Zen Painting*, Tokyo und New York: Kodansha International Ltd., 1970.

Carter, Dr. Jon and Covell, Alan. *Japan's Hidden History: Korean Impact on Japanese Culture.*, Elizabeth, NJ, Seoul: Hollym International, 1984.

Elison, George und Smith, Bardwell L., editors. *Warlords, Artists, and Commoners*, Honolulu: University of Hawaii Press, 1981.

Engel, Heinrich. *The Japanese House*, Tokyo: Charles E. Tuttle Company, 1964.

Hall, John W. und Takeshi, Toyoda, editors. *Japan in the Muromachi Age*, Berkley, Los Angeles, London: University of California Press, 1977.

Hempel, Rose. *The Golden Age of Japan 794-1192*, New York: Rizzoli International Publications, Inc., 1983.

Hisamatsu, Sen'ichi. *The Vocabulary of Japanese Literary Aesthetics*, Tokyo: The Centre for East Asian Cultural Studies, 1963.

Houser, Preston. *Invitation to Tea Gardens*, Kyoto: Mitsumura Suiko Shoin, 1992.

Itoh, Teiji (englische Übersetzung von Friedrich, Ralph und Shimamura, Masajiro). *Space and Illusion in the Japanese Garden*, New York, Tokyo und Kyoto: Weatherhill/Tankosha, 1983.

Itsuzu, Toshihiko and Toyo. *The Theory of Beauty in the Classical Aesthstics of Japan*, Den Haag, Boston, London: Martinus Nijhoff Publishers, 1981.

Kane, Daniel R. *The Epic of Tea: Tea ceremony as the Mythological Journey of the Hero*, Kyoto Journal, Vol. #1, 1987, pp. 12-22.

Kato, Shuichi. *Form, Style, and Tradition*, Tokyo, New York und San Francisco: Kodansha International Ltd., 1971.

Kodansha Encyclopedia of Japan, Tokyo, New York: Kodansha, 1983.

Koren, Leonard. *Wabi-Sabi for Artists, Designers, Poets and Philosphers*, Berkley: Stone Bridge Press, 1994.

Kuck, Loraine. *The World of the Japanese Garden*, New York und Tokyo: Weatherhill, 1984.

Kuitert, Wybe. *Themes, Scenes, and Taste in the History of Japanese Garden Art*, Amsterdam: J.C. Gieben, Publisher, 1988.

Levy, Ian Hideo. *Man'yōshū: Volume One*, Princeton, NJ: Princeton University Press, 1981.

Lip, Dr. Evelyn. *Feng Shui; Environments of Power*, London: Academy Group Ltd., 1995.

Mason, Penelope. *History of Japanese Art*, New York: Harry N. Abrams, Inc., Publishers, 1993.

McCullough, Helen Craig. *Tales of Ise.*, Tokyo: University of Tokyo Press, 1968.

Morris, Ivan. *The World of the Shining Prince*, England: Penguin Books Ltd., 1964.

Murakami, Hyoe und Seidensticker, Edward G., Editors. *Guides to Japanese Culture*, Tokyo: Japan Culture Institute, 1977.

Nakamura, Makoto. *The Twofold Beauties of the Japanese Garden*, International Federation of Landscape Architects (I.F.L.A.) Yearbook, 1986/87, pp. 195-198.

Naito, Akira. *Katsura; A Princely Retreat*, Tokyo, New York und San Francisco: Kodansha International Ltd., 1977.

Nelson, Andrew Nathaniel. *The Modern Reader's Japanese-English Character Dictionary: Second Revised Edition*, Tokyo: Charles E. Tuttle Company, 1974.

Nishi, Kazuo und Hozumi, Kazuo, englische Übersetzung von Horton, H. Mack. *What is Japanese Architecture?* Tokyo, New York: Kodansha International Ltd., 1983.

Okakura, Kakuzo. *The Book of Tea*, Tokyo: Charles E. Tuttle Company, 1956.

Richards, Betty W. und Kaneko, Anne. *Japanese Plants: Know Them & Use Them*, Tokyo: Shufunotomo Co. Ltd., 1988.

Rodd, Laurel Rasplica. *Kokinshu*, United Kingdom: Princeton University Press, 1984.

Sansom, G.B. *Japan; A Short Cultural History*, Tokyo: Charles E. Tuttle Company, 1931.

The Tale of Genji, Übersetzung ins Englische von Seidensticker, Edward G.. Tokyo: Charles E. Tuttle Company, 1976.

Sakuteiki; The Book of Garden, Übersetzung ins Englische von Shimoyama, Shigemaru. Tokyo: Town and City Panners, Inc., 1976.

Slawson, David. *Secret Teachings in the Art of Japanese Gardens*, Tokyo und New York: Kodansha International Ltd., 1987.

Stanley-Baker, Joan. *Japanese Art*, London: Thames and Hudson,1984.

Treib, Marc und Herman, Ron. *A Guide to the Gardens of Kyoto*, Tokyo: Shufunotomo Co. Ltd., 1980.

Ueda, Makoto. *Literary and Art Theories in Japan*, Ann Arbor, Michigan: Center for Japanese Studies, The University of Michigan, 1967.

Varley, Paul H. *Japanese Culture; A Short History*, Tokyo: Charles E. Tuttle Company, 1973.

Wright, Tom. *Zen Gardens*, Kyoto: Mitsumura Suiko Shoin, 1990.

Yamazaki, Masafumi, editor. *Process Architecture #116; Kyoto; Its Cityscape Traditions and Heritage* (Japanisch und Englisch), Tokyo: Process Arcitecture Co., Ltd., 1994.

Yoshikawa, Isao. *Chōzubachi; tienbi no zokei* (Japanisch und Englisch), Tokyo: Graphic-sha, 1991.

Yoshikawa, Isao. *Zendera no niwa* (Japanisch und Englisch), Tokyo: Graphic-sha, 1991.

BÜCHER IN JAPANISCHER SPRACHE

Amino, Yoshihiko. *Nihonron no shiza*, Tokyo: Shogakkan, 1991.

Hasegawa, Masami. *Nihon teien no genzō*, Kyoto: Shirakawa Shoin, 1978.

Hasegawa, Masami. *Nihon teien yōsetsu*, Kyoto: Shirakawa Shoin, 1983.

Hida, Norio. *Teien shokusai rekishi; Nihon bijutsu kōgei,* 1990–1991.

Hisayama, Kikuo. *Fiirudo gaido: daimonji yama*, Kyoto: Nakanishiya Shuppan, 1991.

Kanji-gen, Tokyo: Gakken, 1988.

Kogo daijiten, Tokyo: Shogakken, 1983.

Kojima, Noriyuki, et al. *Nihon koten bungaku zenshū: Man'yōshū,* Tokyo: Shogakkan, 1990.

Kyoto no meien: Sono kachi to hensen, Kyoto: Kyotoshi Bunkazai Bukkusu Dai 9 Shū, 1994.

Kyoto no teien: Iseki ni mieru heian jidai no teien, Kyoto: Kyotoshi Bunkazai Bukkusu Dai 5 Shū, 1990.

Kyoto rekishi atorasu, Tokyo: Chūō Kōronsha, 1994.

Meien wo aruku; Vols. 1-8, Tokyo: Mainichi Shinbunsha, 1990.

Nakane, Kinsaku. *Meitei no kansho to sakutei*, Osaka: Hoikusha, 1972.

Nihon kokugo daijiten, Tokyo: Shogakken, 1946.

Nihon nōsho zenshū: Kadanchi kinshō, Tokyo: Shadan Hōjin, Nōsan Gyoson Bunka, Kyokai, 1995.

Niwa zukuri yōgo jiten, Tokyo: Kenchiku Shiryo Kenkyusha,1987.

Ōhashi, Haruzō. *Niwa no rekishi wo aruku*, Tokyo: Sankosha, 1992.

Ōhashi, Haruzō and Saitō, Tadakazu. *Nihon teien kanshō jiten*, Tokyo: Tokyodo Shuppan, 1993.

Shirahata, Yozaburo. *Edo no daimyō teien*, Tokyo: INAX, 1994.

Takei, Jirō. *Sakuteiki: Gendaigo taiyaku to kaisetsu.*, Kyoto: Kyoto Geijutsu Tanki Daigaku, 1995.

Zōengaku yōgoshū, Tokyo: Yōkendō, 1979.

BÜCHER IN DEUTSCHER SPRACHE

Hrdlicka, Z. und Hrdlicka, V. *Japanische Gartenkunst*. Hanau: Werner Dausien Verlag, 1996

Japanische Gärten. Bearbeitet von Dieter Hezel. IRB-Literaturauslese. Stuttgart: IRB-Verlag, Frauenhofer Informationszentrum, 1995

Nitschke, Günter. *Japanische Gärten*. Köln: Benedikt Taschen International, 1993

Yun, Qiau. *Alte chinesische Gartenkunst*. München und Berlin: Koehler-Amelang Verlag, 1988

REGISTER

A

Amida 25, 27, 124, 154
Animismus 15, 147
asobi 106
Asymmetrie 134
Ausgewogenheit 134–136
Außermittigkeit 136
awaré 35, 37

B

Bambus 153
Bepflanzung 151
Beschnittene Gehölze 151
Bildhauerische Arbeiten 147, 155
bonsai 66
bonseki 66
Brücken 20, 58, 63, 95, 96, 107, 108, 154
Buddhismus
– und Dreiergruppen aus Felsblöcken 136
– Einfluß des 120
– und Gärten 59–63
– Geschichte des 25–26
– und *ma* 132
– und Mandala 43–44
– und Metaphern für Wasser 150
– und *mujō* 34
– und *Shumisen* 25
– Symbolik 138
– Zen 51–52
buke-yashiki 54, 55
Burg 74

C

cha-no-yu 73
cha-no-yusha 75
China
– und *Bonsai* 66
Einfluß auf die frühen Gärten 27
– in der Szenerie des Gartens 110
– Geographie 6
– Einfluss auf die Heian-Zeit 22
– und Meditation 62
– Malerei 64
– und Tee-Kultur 73
– Handelsmissionen nach 71
– und Wasserfälle 59
– und Schrift 42
– und Zen 51
chisen shūyū teien 36
chōnin 85–87, 92–94
Chronik von Japan, Die 15, 25–27

D

daimyō 71, 86, 99–109
daruma 47, 51
Das Buch der Gartenkunst, siehe *Sakutei ki*
Das Wilde und das Kontrollierte 14, 120–121
Dharma 25
Dichtkunst 26, 39–42, 112
Drachentor-Wasserfall 59, 63
Dreiergruppen 136

E

Eingang und Pforte 130, 131

F

Felsen 146–147
Fest am gewundenen Bachlauf 42
Flächen und plastische Volumen 137
Fujiwara, Familie 22–23, 26, 34, 39
fusui 24
fuzei 32, 39

G

Gärten der Heian-Zeit 36–44
Geborgte Landschaft 140–141
Genji Monogatari, siehe *Geschichte des Prinzen Genji*

Geomantie 24, 28, 38
Geschichte des Prinzen Genji 37–42, 94, 123
gōsō 106

H

Heian-kyō 28–30, 31
Heian-Zeit 21–44
Heilige Bereiche 15
Heilige Steine 15–18
Heilige Teiche 15–18
Hohe Berge, geheimnisvolle Täler 58, 63, 148
Holzschnitt 103, 110
Horai 63, 112, 124, 138, 139, 152

I

iki 92
in-yō 24, 110
ishi-tate-sō 50
iwa-kura 15–18, 146

J

Jahreszeiten 122–123
jikkyō 140
jōdō, siehe Reines Land
Jōmon-Zeit 8

K

kaiyūshiki teien 109
kake-kotoba, siehe Wortspiele
Kamakura-Zeit 48
kami 15
kami-ike 16, 18, 26
kare-san-sui 59–66, 131, 137
karei 106
Kaufleute 86–95
kawara-mono 50
kekkai 16, 148
ki 38, 96
Kiefer 40–41, 42, 152
kimon, siehe Tor des Teufels
Kirschbaum 153
kōan 51
Kofun-Zeit 22
Konfuzianismus 23, 29, 103, 125
Kontemplationsgärten 54, 59
Korea 6, 23, 27, 42
kyokusui-no-en 42
Kyushu 6, 8

L

Landwirtschaft 8, 9, 12, 13, 104
Laternen 78, 155
Lebensenergie 38, 96

M

ma 65, 132
machiya 90, 91
Malerei und Gärten 64–65, 140–141, 147
Mandala 43–44
Man'yōshū 10–11, 13
mappo 34
Mauern und Zäune 156–157
Meditation 62–63
Meditationshalle 62
Meister des Tees 75
mitate 80, 142
miyabi 34
mono no awaré 35
mujō (mujō-kan) 34, 122
Muromachi Zeit 49

N

nantei 36
Natur 10–11, 75, 118–119
niwa 10–14
nōson-fukei 104

P

Persönlicher Ausdruck 125
Pfade 86, 120, 134, 143
Pflaume 153

Pflege 62, 63, 127, 128
Pforte 130

R
Raum 132
Reines Land 25–27, 124, 154
roji 78–83
ryū-mon-baku 59

S
sabi 76
sakui 76
Sakuteiki 37–39, 59, 118, 125–126
samurai 48, 82, 86, 87, 103, 153
Schönheitslehre 34–35, 56–57, 76–77, 92–93, 106
Schrein 15, 164
Seetour-Gärten 36
shōgun 48–49, 70–71, 100
shakkei 140–141
sharé 92
shibumi 93
shime-nawa 10, 15, 17
shinden-Architektur 27, 32, 33, 104
Shingon-Buddhismus 43–44
shin-gyō-sō 77
Shintō 15

shinzan-yūkoku, siehe Hohe Berge
shoin-Architektur 54, 55
Shumisen 25, 27, 53, 147
sōan 74–75, 81
sono 13–14
Steingärten 59–66
Steinlaternen 78, 155
sui 92
suki 76
sukiya-Architektur 74–75
Sung-Dynastie 52, 64
Symbolik 138–139

T
tanoshimi 106
Teegarten 78–82
Teehaus 74–75, 79, 81, 82
Teekultur 73
teien 14
Tor 72, 81, 130, 131
Tor des Teufels 28, 38
Tradition 125
Trittsteine 78, 142–143
Trockengärten 59–66
tsū 13
tsubo-Gärten 94–96
tsukubai 68, 81–82
Tuschemalerei 64–65

U
ueki-ya 93–102
Utopie 124

W
wabi 76
Wallfahrt 103
Wandelgärten 105, 109–112
Wasser 16, 36–37, 59, 81–82, 150
Wasserbassin 68, 81–82
Wassertrog
Weißer Sand 65, 148–149
Wortspiele 40, 42

Y
yashiki 109
yatsuhashi 98, 109–110
Yayoi-Zeit 8
Yin und Yang 24, 99, 110
yohaku-no-bi 57, 65, 132
yūgen 56
yojō 35

Z
zazen 51–52
Zen-Buddhismus 51–52, 59–63, 81, 115, 132, 151
zendō 62